纺织非遗与现代服饰面料赏析

主编／佟　昀

西南交通大学出版社
·成都·

图书在版编目（CIP）数据

纺织非遗与现代服饰面料赏析 / 佟昀主编. —成都：西南交通大学出版社，2022.10
ISBN 978-7-5643-8948-2

Ⅰ. ①纺… Ⅱ. ①佟… Ⅲ. ①纺织工业 – 非物质文化遗产 – 介绍 – 世界②服装面料 – 鉴赏 – 世界 Ⅳ. ①F416.81②TS941.41

中国版本图书馆 CIP 数据核字（2022）第 190080 号

Fangzhi Feiyi yu Xiandai Fushi Mianliao Shangxi
纺织非遗与现代服饰面料赏析

主编 佟 昀

责任编辑	黄淑文
封面设计	佟 昀
出版发行	西南交通大学出版社 （四川省成都市金牛区二环路北一段 111 号 西南交通大学创新大厦 21 楼）
发行部电话	028-87600564 028-87600533
邮政编码	610031
网 址	http://www.xnjdcbs.com
印 刷	四川煤田地质制图印刷厂
成品尺寸	185 mm × 260 mm
印 张	18.5
字 数	462 千
版 次	2022 年 10 月第 1 版
印 次	2022 年 10 月第 1 次
书 号	ISBN 978-7-5643-8948-2
定 价	79.00 元

课件咨询电话：028-81435775
图书如有印装质量问题 本社负责退换

前 言

2021年8月，中共中央办公厅、国务院办公厅印发了《关于进一步加强非物质文化遗产保护工作的意见》，强调将非遗教育“融入国民教育体系……构建非物质文化遗产课程体系和教材体系，出版非物质文化遗产通识教育读本……加强高校非物质文化遗产学科体系和专业建设”。

我国的非物质文化遗产是中华优秀传统文化的重要组成部分，是文明绵延传承的生动见证，是联结民族情感的纽带，对于延续历史文脉、坚定文化自信、建设社会主义文化强国具有重要意义。

不同国家的非物质文化有着各自鲜明的历史、地理和民族特色，通过学习可以促进各不同文明交流互鉴、包容互通，加快构建人类命运共同体。

具有悠久历史的纺织是人类文明的重要组成部分，是人类社会赖以生存和发展的基础，纺织非遗的传承有着重要的历史和现实意义。

本书理念：以服务于纺织非遗传承教学为宗旨，基于中华民族文化自信和国家“一带一路”倡议，将纺织非遗的民族性、地域性、世界性相融合；将技艺与工艺、艺术相融合；将传承与创新相融合，将传统技艺与现代新工艺、新原料、新设备、新时尚相融合，适合时代需求，赋予传统技艺以新的生机和活力。

本书内容：本书包括国内、国外和现代服饰面料三个部分。国内部分涵盖缂丝、织锦、新疆艾德莱丝绸、织毯、刺绣、蓝印花、枫香染、扎（缬）染、泥染、蜡染、香云纱、漳绒、火草布、砍刀布、杭罗、吴罗、四经绞罗、夏布等民族和地方纺织技艺等，涉及20多个民族的典型纺织技艺。

国外部分包括亚洲、欧洲、非洲、南美洲、北美洲、中美洲等33个国家的织锦、地毯编织、挂毯编织、藕丝纺、西阵织、大岛紬、海丝绸、马毛纺织、蜡染、扎（缬）染、段染色织、苎麻纺织、泥染布等传统纺织技艺。

现代服饰面料部分涵盖丝织、色织、毛织、化纤纺织、针织等现代服饰面料，具有典型性或新颖性；介绍了市场流行面料的风格特征、技术特征和设计方法等，如剪花织物、浮雕感织物、曲线效应织物、功能性服饰面料等。

本书特色：本书涵盖面广，是纺织领域第一部综合性非遗通识读本，具有简明扼要、图文并茂、通俗易懂的特色，书中彩图超1000幅，画廊彩图超过5000幅。

本书为“文字解析+现场视频+音乐画廊”全景式、工具书式的立体化教材，信息量大，融技艺、艺术、人文、音乐为一体，读者可通过手机扫码延伸阅读，在愉悦中学习。

编写分工：本书第一章、第二章、第三章第八节，第四至第六章，第九章，第十章第一节和第二节，第十一章至第十七章由主编佟昀编写；第三章第一节至第七节由管蓓莉编写，第七章由马昀和佟昀共同编写，第八章由毛玉蓉编写，第十章第三节、第四节由南通中大纺织有限公司王平平编写，全书由佟昀统稿。全书二维码视频采集、编辑由佟昀完成。

作者在编写本书前经历了长期的素材积累和教学实践，在编写过程中走访了国内外很多博物馆、非遗聚集地、纺织企业、非遗传承人等，从央视、西瓜视频、哔哩哔哩等网站和网上发布的个人旅行记录等资源中也受益良多，在此一并致谢。

特别鸣谢“江苏省工艺美术名人”缂丝大师王玉祥、南京云锦木机妆花国家级大师金文、广西沂城壮锦竹笼机织锦传承人梁恒源、南通迈步纺织有限公司徐大秀总经理等为本书提供宝贵的第一手素材。

在此也感谢西安工程大学副校长戴鸿教授，常州纺织服装职业技术学院朱红教授，江苏工程职业技术学院尹桂波教授、丁永久副研究员等对本书提出的中肯意见。

本书可作为大中专院校非遗教学的教材或中小学非遗通识教育及劳动教育读本，也可供广大社会学习者学习参考。

由于作者水平有限，资源尚不丰富，缺点错误在所难免，恳请读者批评指正。

编　者

2022年7月5日

目　录

第十六章　非洲纺织非遗技艺

第十七章　南美洲、中美洲和北美洲纺织非遗技艺

第一章　遇见丝绸

本章内容：
（1）丝绸溯源；
（2）丝绸品种；
（3）丝绸生产；
（4）丝绸与生活；
（5）丝绸之路。

第一节 丝绸溯源

丝绸溯源

丝绸泛指经丝采用天然蚕丝、人造丝、合成纤维长丝织成的纺织品的总称。纯桑蚕丝、柞蚕丝等所织造的丝绸，又称为“真丝绸”。

传说黄帝的元妃嫘祖在桑树下洗头，蚕茧从树上掉落在热水中，从此发现了缫丝，在嫘祖的倡导下，开始了种桑、养蚕、缫丝、织绸的历史。后人为纪念嫘祖衣被天下的功绩，尊称她为“先蚕娘娘”。图 1-1 和图 1-2 为清代《耕织图》中描绘的古代养蚕和络丝的情景。

图 1-1　古代养蚕取茧

图 1-2　古代络丝

自然界中，蚕有吐丝结蚕的特性。蚕丝能够织成舒适轻薄、吸湿保健的丝绸。

蚕丝是一种含氮高分子化合物的长丝纤维，主要成分是丝素蛋白、甘氨酸、丙氨酸和丝氨酸等。蚕吐丝时，实际上吐出了两根丝，凝固定形后合并成一根长纤维，正因如此，蚕丝的断面类似于眼镜。按照蚕的食性不同，蚕丝分为桑蚕丝、柞蚕丝、木薯蚕丝、蓖麻蚕丝等品种。蚕丝经过缫丝、织造和染整等工艺，就能成为人人皆知的丝绸。从蚕到丝再到丝绸的过程如图 1-3 所示。

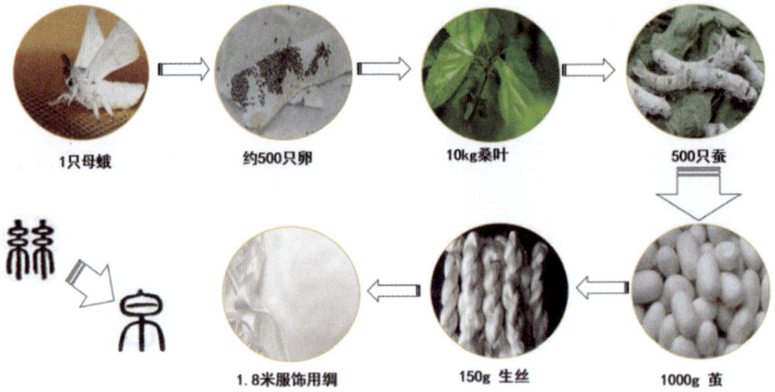

图 1-3　蚕的一生与丝绸的关系

第二节
丝绸品种

真丝面料

一、丝绸的 14 个大类

根据织物组织、经纬线组合、加工工艺和绸面表现形状，可以将丝绸品种划分成14大类，如表1-1所示。其中除纱、罗、绒不论花部、地部组织外，其他大类均按地部组织分类。每大类绸面都可具有素（练、漂、染）或花（织花、印花）等。

表1-1　丝绸的分类

序号	品种	技术特征	织物图片
1	纺	平纹组织，采用白织或半色织工艺，经纬一般不加捻或弱捻，绸面较平挺，质地轻薄坚韧	

续表

序号	品种	技术特征	织物图片
2	皱	平纹或其他组织，经或纬加强捻，或经纬均加强捻，呈明显皱柳并富有弹性	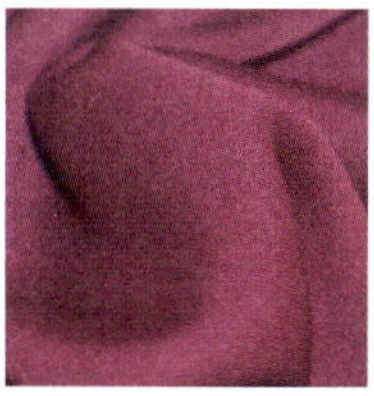
3	缎	缎纹组织，绸面平滑光亮	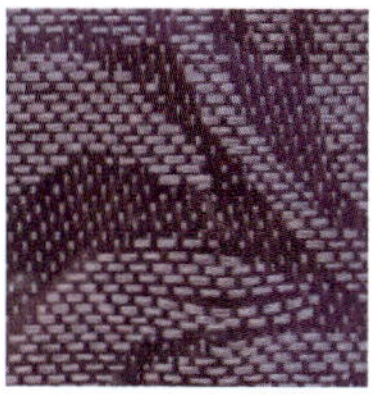
4	绫	斜纹组织或变则斜纹组织，绸面呈明显斜向纹路	
5	纱	全部或部分应用纱组织的织品，由甲、乙经丝每隔一根纬丝扭绞而成	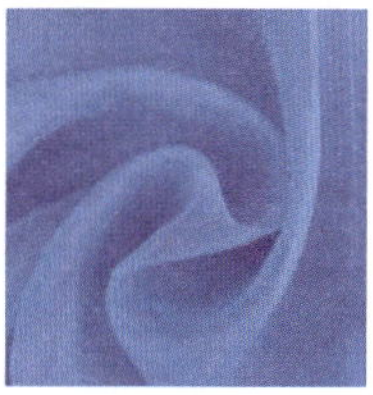
6	罗	全部或部分应用罗组织，由甲、乙经丝每隔一根或三根以上的奇数纬丝扭绞而成	
7	绒	全部应用绒组织，绸面呈绒毛或绒圈状	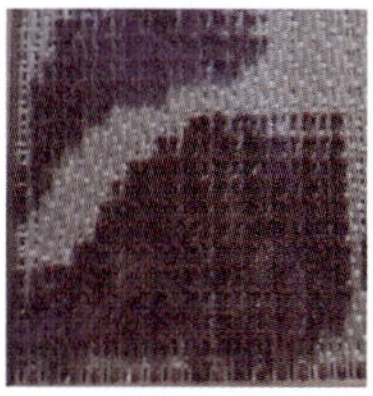
8	锦	应用缎纹、斜纹组织或重组织，花纹精致、多彩绚丽	

续表

序号	品种	技术特征	织物图片
9	绡	应用平纹或收纱组织，轻薄透孔	
10	呢	应用各种组织和较粗的经纬丝线，质地丰厚、有毛型感	
11	葛	应用平纹、斜纹及其变化组织，经屈纬疏、经细纬粗、质地厚实、绸面呈横向梭纹	
12	绨	应用平纹组织，长丝作经，棉或其他纱线为纬，质地较粗厚	
13	绸	应用平纹或变化组织，经纬交织紧密	
14	绢	应用平纹组织，质地细腻、平整、挺括	

二、丝绸的35个小类

（1）双绉：平纹组织，经无捻，纬采用二左二右强捻丝，绸面呈均匀绉效应的织品。

（2）乔其：应用平纹组织，经纬采用二左二右强捻丝，质地稀疏轻薄，绸面有纱眼和绉效应的织品。

（3）碧绉：经无捻，纬丝采用 2 根桑蚕丝 22.22/22.42 dtex（2/20/22 D），加 S 捻，16 捻/cm，再并 1 根 2.22/22.42 dtex（1/20/22 D）桑蚕丝，加Z捻，16 T/cm，是细密皱纹的织品。

（4）顺纡：经无捻，纬丝用单向强捻丝，绸面呈纵向皱纹的织品。

（5）塔夫：应用平纹组织，经纬先练染，质地细密挺括的熟织品。

（6）电力纺：桑蚕丝（柞蚕丝）生织平纹织品。

（7）薄纺：应用桑蚕丝生织，绸重在36 g/m^2及以下的平纹织品。

（8）绢纺：经纬均采用绢丝的平纹织品。

（9）. 绵绸：经纬均采用桑柚丝的平纹织品，绸面粗犷、丰厚少光泽，绵粒分布均匀，手感柔糯。经和纬均采用 34.5 tex（29公支）单股桑柚丝，以平纹织造。

（10）双宫：全部或部分采用双宫丝的织品。

（11）疙瘩：全部或部分采用疙瘩、竹节丝，呈疙瘩效应的织品。

（12）星纹：应用绉组织的织品。

（13）罗纹：单面或双面呈轻浮横条的织品。

（14）花线：全部或部分采用花色捻线或拼色线的织品。

（15）条：绸面呈现横直条形花纹的织品。

（16）格：绸面呈现格形花纹的织品。

（17）透凉：应用假纱组织，构成有似纱眼的透空织品。

（18）色织：全部或部分采用色丝的织品。

（19）双面：应用三重组织，正反面均具有同类型斜纹或缎纹组织的织品。

（20）凹凸：具有凹凸花纹的织品。

（21）山形：应用山形或锯齿斜纹组织，呈明显山形或锯齿花形的织品。

（22）花：提花织品。

（23）修花：经过修剪的提花织品。

（24）有光：有光粘胶丝或半光铜氨丝的纯人丝织品。

（25）无光：无光粘胶丝或无光铜氨丝的纯人丝织品。

（26）闪光：采用有光超光异形断面合纤长丝纯织或交织，呈闪光效应的织品。

（27）亮光：采用金银钱（铝皮）纯织或交织，呈亮光效应的织品。

（28）生：采用生丝织造，不经精练的织品。

（29）特染：经或纬丝采用扎染等特种染色工艺，呈二色及扎染花色效应。

（30）印经：经丝印花后再行织造的织品。

（31）拉绒：经过拉绒整理的织品。

（32）立绒：经过立绒整理的织品。

（33）和服：门幅在40 cm以下，或整幅中织有各40 cm以下开剪缝，供加工和服专用。

（34）大条：经纬采用柞大条丝的平纹织品。

（35）缂丝：通过通经断（回）纬的方式织造出以平纹组织为基础的花纹的特种丝织品。

丝绸生产

第三节 丝绸生产

一、天然蚕丝绸生产

天然丝绸生产主要分为缫丝、织造和染整三个阶段，分为生织和熟织两种方式，目前已经由传统手工操作（图 1-4、图 1-5）转化为现代自动化、智能化生产。

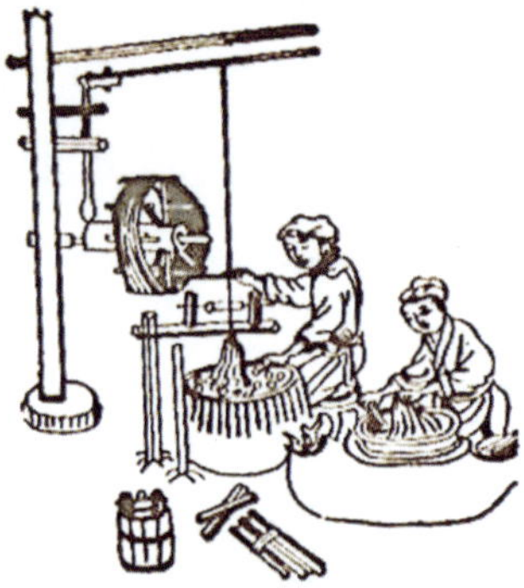

图 1-4　古代热釜缫丝

图 1-5　古代手工木织机

（一）生织

生织可以概括为“先织绸，后染色”，指经纬丝不经练染先制成织物，称之为坯绸，然后再将坯绸炼染成成品。这种生产方式成本低、过程短，是丝织生产中运用的主要方式。生产流程：蚕茧—收烘—煮茧—缫丝—烘丝—成绞—络丝—并丝—捻丝—卷纬—牵经—穿经—织绸—坯绸检验—脱胶—打卷—烘干—染色—烘干。

（二）熟织

熟织概括为“先染丝，后织绸”，指经纬丝在织造前先染色，织成后的坯绸不必再经练染即成成品。这种方式多用于高级丝织物的生产，如织锦缎、塔夫绸等。生产流程：蚕茧—收烘—煮茧—缫丝—烘丝—成绞—络丝—精练—染色—并丝—捻丝—卷纬—牵经—穿经—织绸—坯绸检验—打卷—烘干—烘干。

（三）主要工序

1. 缫丝

将蚕茧抽出蚕丝的工艺概称缫丝。原始的缫丝方法（图 1-6）是将蚕茧浸在热盆汤中，用手抽丝，卷绕于丝框上，成为织绸的原料。盆是原始的缫丝器具。一颗蚕茧可抽出约1000 m长的茧丝，若干根茧丝合并成为生丝。

现代缫丝机（图 1-7）根据产品规格要求，把若干粒煮熟茧的茧丝离解，合并制成生丝或柞蚕丝。按缫丝时蚕茧沉浮的不同，可分为浮缫、半沉缫、沉缫三种，蚕茧的浮沉主要取决于煮茧后茧腔内吸水量的多少。

图 1-6　手工缫丝

图 1-7　缫丝机

2. 精练

蚕丝由两根单丝组成，其主体为丝朊，外层包裹丝胶。大部分的色素、油脂、蜡质和无机盐等都存在于丝胶中。这些杂质对印染的效果有很大影响，所以必须在染色前将其去除。人们在长期实践中，掌握了丝胶受化学剂或酶的作用易溶解于热水的特性，并利用丝胶这一特点，将坯绸或生丝放入装有肥皂（或合成洗涤剂）与纯碱（碳酸钠）的混合溶液内进行加热，丝胶加热后进行水解。经过这样的精练，脱除丝胶而保存丝朊，并去除了色素、脂、蜡等杂质，从而取得色泽洁白的丝制品。精练又称脱胶，脱胶后的生丝称为熟丝。

熟织产品缫丝后先精练，后染色、再织造；生织产品先织造，后精练脱胶，再染色。

3. 织造

为能改善产品性能，可以进行络丝（图 1-8）、并丝（图 1-9）和捻丝（图 1-10），后道工序有整经、卷纬、穿经、插筘、织造等。经线和纬线按一定的组织规律相互交织形成丝织物，织机采用多色纬提花织物的剑杆织机生产（图 1-11）。

图 1-8　络丝成筒

图 1-9　并丝机

图1-10 倍捻机

图1-11 提花剑杆织机织造熟织丝绸

4. 染整

染整包括漂白、染色、印花和整理四道工序。

（1）漂白 脱胶后的丝纤维应进行漂白以除去天然色素，否则，染浅色时，因天然色素的存在会导致成品色泽发生变化。蚕丝可利用各种漂白剂的氧化或还原作用进行漂白。

（2）染色 色泽洁白的生织坯绸经精练之后，便进入染色阶段。染色就是使染料和蚕丝、坯绸等发生化学反应，让坯绸染上各种色彩的工艺。由于蚕丝属蛋白质纤维，不耐碱，因此染色宜在酸性或接近中性的染液中进行。用于丝织物的染料主要是酸性染料、活性染料、直接染料与还原染料等。用酸性染料染上的颜色比较鲜艳，染后用阳离子固色剂处理，可提高产品的水洗牢度。活性染料染在蚕丝上有良好的水洗牢度。织物的染色方法随织物的品种而异，如绉、纱类织物用绳状染色或溢流喷射染色，纺、绸、缎类织物则用平幅染色机（图 1-12）或常温常压卷染机（图 1-13）染色。

图1-12 生织丝绸连续平幅染色

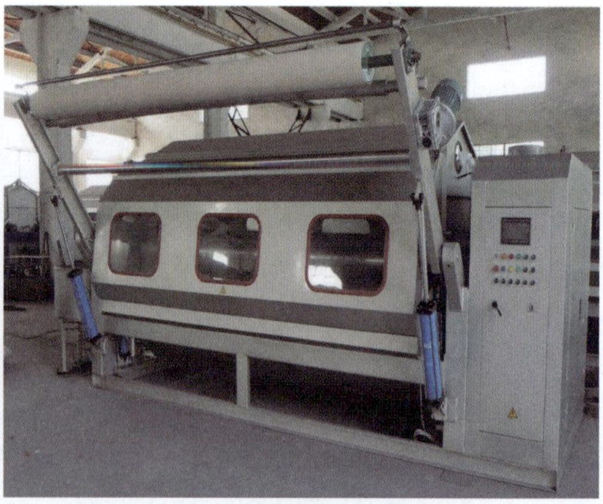

图1-13 生织丝绸间歇常压卷染

（3）印花 将染料按照设计好的花色印在织物上的工艺称为印花。常用的印花工艺有直接印花、防染印花、拔染印花、数码印花等。

直接印花指色浆直接通过筛网印花版印在丝织品上，是基本印花方法之一，可用多种染料共同印制，分为平网印花和圆网印花。常见的平网印花如图 1-14 所示，优点是可以印较大的花型，缺点是效率较低。圆网印花机如图 1-15，其优点是效率高，但花型较小。平网和圆网印花一般颜色总数不超过 6 色。

防染印花就是将丝织品按花样印上“防白”浆或“色防”浆，待干燥后再行染色。由于花样部位有“防白”浆或“色防”浆中的防染剂，不会染色，而其余部分则全部上色，如图 1-16 所示。

拔染印花是一种使用雕白剂拔染的工艺，印染前先用具有偶氮结构的酸性染料和活性染料将丝织品染色，再在色绸上按花样需要印上含有破坏色素的雕白剂制成的雕印（拔染）浆，经汽蒸后，印浆部位的地色便呈现白色，叫“雕白”，如图 1-17 所示。

数码印花是将花样图案通过数字形式输入到计算机，通过计算机印花分色描稿系统（CAD）编辑处理，由计算机控制微压电式喷墨嘴把专用染液直接喷射到纺织品上，形成所需图案（图1-18）。数码印花颜色数不受限制，层次丰富，纹样逼真。

图 1-14　平网印花

图 1-15　圆网印花

图 1-16　防染印花

图 1-17　拔染印花

图 1-18　数码印花

（4）整理　丝织品经过漂白、染色、印花后，便可以进行最后的整理工作。整理工艺主要解决前几道工序遗留的潮湿、褶皱、门幅参差不齐等问题，突出丝织物本身柔软的特性并增加其服用功能，主要采用机械整理和化学整理两种方法。机械整理有拉幅整纬整理、汽熨整理、轧光等方法；化学整理主要是添加化学药剂，如柔软剂、抗静电剂、防火剂、由纯碱及磷酸三钠组成的砂洗剂等，从而达到防皱、防缩、柔软、厚实的效果。

二、化纤丝绸生产

化纤面料生产

化纤丝绸主要指利用黏胶人造丝、醋酯长丝等人造纤维长丝和合成纤维（聚酯和锦纶）长丝织造的，具有丝绸光泽外观及柔滑风格、质地和手感的织物。

简而言之，化纤丝绸具有一般丝绸的“柔、滑、亮、垂”特征。

化纤丝绸的生产有别于天然蚕丝绸，不经缫丝和精炼工序，直接勾入圆盘形筒子进入织造环节。色织产品类似于天然蚕丝绸的熟织品，即“先染丝，后织绸”，原料色丝一般采用纺丝时原液着色法，纺丝后不染色；白织产品类似于天然蚕丝织物的生织，织造后染色。

1. 人造纤维长丝丝绸

黏胶人造丝、醋酯长丝等人造纤维长丝织物的生织和熟织方式的织造工艺及染整工艺与天然丝相似。

2. 合成纤维长丝丝绸

用聚酯和锦纶等合成纤维长丝织造白织产品时，需采用分批整经机（图 1-19）。无捻长丝织物，如纺类、绸类和缎类等织物，需要经丝上浆（图 1-21）以增加复丝中单丝间的抱合力；上浆后需要并轴（图 1-22），再分绞（图 1-23）、穿经；用尼龙综丝（图 1-24）穿经插筘后，采用喷水织机织造（图 1-25、图 1-26）。染色一般采用高温高压溢流染色机（图 1-27）。

加强捻织物，如乔其纱、皱类织物，捻丝（图 1-28）后无须上浆。一般采用分条整经机（图 1-20）以保证逐条卷绕时区别不同的经纱捻向。

图 1-19　分批整经机

图 1-20　分条整经机

图 1-21　浆丝机

图 1-22　并轴机

图1-23　分绞机

图1-24　穿经

图1-25　喷水织机织造白坯丝绸

图1-26　喷水织机上机操作

图1-27　高温高压溢流染色机

图1-28　捻丝机

色织提花丝绸可采用剑杆提花织机织造。一般采用白经彩纬、纬纱显花型的方式，即通过不同颜色的纬丝与白色经丝交织出色彩绚丽的花型。

织物织造后经吸水烘布（图 1-29）、验布（图 1-30）、修织后成包。

需要指出的是，合成纤维仿丝绸有时要经过染整工序的碱减量处理，以使聚酯纤维经“剥皮”后变细，达到织物轻盈、悬垂如丝绸的顺滑效果。

图1-29　吸水烘布机

图1-30　验布机

三、现代丝绸技术的发展

现代丝绸在织物结构、防皱、防缩、防褪色等丝绸难关的攻克方面已取得了阶段性成果，并应用到了重磅丝绸、真丝乔其、仿真丝化纤绸、电脑绣花丝绒等产品中，使产品附加值倍增。

丝绸纺织技术复合化也不断取得进步，主要有：化学纤维的复合技术和加工技术；天然纤维相互间的混纺复合；天然纤维和化学纤维间的复合；多种功能整理的复合；多种织物的复合，如双层粘贴复合、镶拼复合、三明治式复合等。

服用性能时尚化方面：丝绸制品的面料、质地、花样、款式均与服饰流行趋势密切相连。丝绸科技界新近开发的弹力纤维、莱赛尔（天丝）纤维、真丝绸隐形印花、丝绸艺术品等都代表着丝绸业时尚、流行和环保趋势。如真丝与羊绒混纺的针织品在国际市场大出风头，经混纺的丝羊绒大大改善了针织时装服用功能，成为备受西欧、北美客户青睐的时装新宠。新型功能性丝绸面料的技术研究开发取得重大突破，顺应了国际市场丝绸产品多元化、复合化、时尚化的发展潮流，推进了丝绸产品的更新换代。

第四节
丝绸与生活

一、天然蚕丝绸的鉴别

1. 显微镜鉴别

天然蚕丝绸是蛋白质纤维，其断面形态为三角形（图1-31），可以此作为鉴别蚕丝的依据之一。正是由于蚕丝三角形的截面形态，对光线发生全反射，因而丝绸织物光泽好。

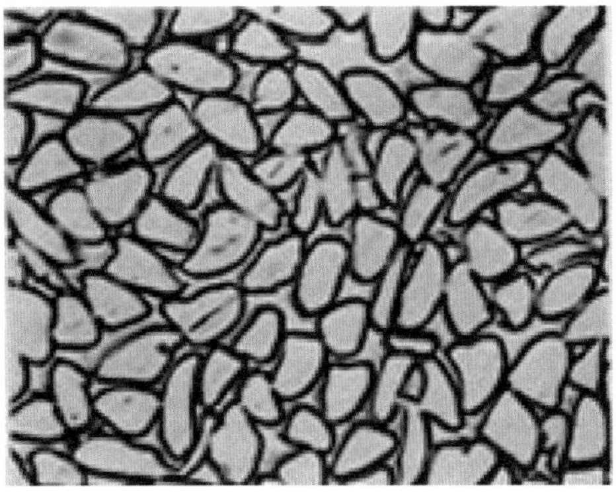
图1-31　蚕丝的断面形态

2. 燃烧法

天然蚕丝绸燃烧时有毛发之气味，灰烬呈微粒状，可捏碎。

3. 手感、目测、耳听

天然真丝绸光泽比较柔和，明亮但不刺眼，仿真丝光泽刺眼。天然真丝绸手感细腻、柔滑，如触碰人体皮肤一般，织物被手轻轻一抓后容易起皱，舞动丝绸时有独特的丝鸣声。

4. 浸泡

把真丝浸没在84消毒液中 15～30 min后，真丝会完全溶解。

二、天然蚕丝绸洗涤和保养

1. 洗涤

（1）手洗：真丝绸要用手洗，不能用力搓、揉、拧。不能用洗衣机洗涤和甩干。

（2）水温：洗丝绸衣服时，水温宜在 35～50℃。

（3）洗涤剂：蚕丝是蛋白质纤维，耐酸怕碱，洗涤时可采用中性洗涤剂，如洗发露、沐浴露、丝毛洗涤剂等，不能使用洗衣粉、肥皂等碱性的洗涤剂。

（4）单独洗涤：蚕丝织物水洗色牢度较低，容易掉色，也容易沾色，所以不同颜色的真丝产品要分开洗涤，以免互相染色。另外，蚕丝织物浸泡时间不宜过长。一般浸泡时间在 3 min左右。

（5）晾干：蚕丝织物应采用阴干，不可置于阳光下暴晒，否则会造成丝织物褪色和质地损坏等。

2. 熨烫

熨烫蚕丝织物时，熨斗的温度应选择低温到低温略高点为宜，温度太高会导致织物发黄发黑。熨烫时，先在烫台上垫上一块白布，再将丝织品反面向上，用干净的白布覆盖在丝织品上面放平整后进行熨烫。也可以用蒸汽烫，但不能喷水，否则会造成水渍印。

3. 存放

丝织物是蛋白质织物，若是储存在湿度过高的处所又沾附污点未处理的话，容易发霉或被虫咬，因此应使用除湿剂及防虫剂。丝织物换季送洗后应悬挂收藏，不能使用樟脑丸直接接触，否则会发黄发脆。

第五节
丝绸之路

丝绸之路

丝绸织品曾被中国垄断数百年，由于其织造技术在当时是一种复杂的工艺，又因其具有独特的手感和光泽，因而备受人们的关注。

丝绸之路广义上又分为陆上丝绸之路（图 1-32）和海上丝绸之路，它使得丝绸成为东方文明的传播者和象征。

图1-32　古代陆上丝绸之路示意

“陆上丝绸之路”起源于西汉（前 202 年—8 年）汉武帝时期的河西走廊。西汉建元二年（前 139 年），张骞奉汉武帝之命，由堂邑父做向导，率领一百多人出使西域，史学家司马迁称赞张骞出使西域的壮举有“凿空”之功，所谓“凿空”，意即“开通大道”。张骞两次出使西域，沟通了中原内地通向西域并连贯欧亚大陆的道路。贸易的推动使得中原和边疆、中国和东西邻邦的经济、文化交流进一步发展，从而形成了著名的“丝绸之路”。这条路东起长安，经甘肃、新疆一直西去，经过中亚、西亚，最终抵达欧洲。

东汉时期开始，西南地区的蜀锦成为全国闻名的丝绸产品。

“海上丝绸之路”是古代中国与外国交通贸易和文化交往的海上通道，该路主要以南海为中心，所以又称南海丝绸之路。海上丝绸之路形成于秦汉时期，发展于三国至隋朝时期，繁荣于唐宋时期，转变于明清时期，是已知的最为古老的海上航线。唐代的丝绸贸易十分发达，陆上丝绸商道更多采用一条偏北迂回的道路。海上丝绸之路也在这一时期兴起，丝绸产品通过东海线和南海线，分别输往朝鲜半岛、日本和东南亚、印度乃至由阿拉伯商人传播到欧洲。丝绸贸易的兴盛导致了丝绸技术的外传，至 7 世纪，东起日本、西至欧洲、西南到印度均有丝绸生产，基本奠定了日后蚕丝产区的格局。元代丝绸产品以朝廷赐赏的形式流入周边国家和地区。明中期以后，官府在广州、泉州、宁波等地设置“市舶司”，中国生丝与丝绸大量销往日本和经由澳门地区销往欧洲。

第二章 缂 丝

本章内容：

（1）缂丝溯源；

（2）缂丝纹样与表现手法；

（3）缂丝流派和品种；

（4）缂丝“通经断纬”织造技艺；

（5）现代缂丝创新设计与织造。

第一节 缂丝溯源

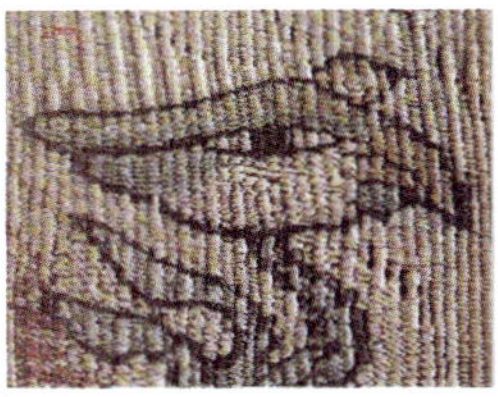

缂丝—丝中之圣

缂丝是我国首批纺织非物质文化遗产，具有3000年历史，采用“通经断纬、以梭代笔、白经彩纬”织造方式，自古有“织中之圣”“一寸缂丝一寸金”之誉，明代万历皇帝的龙袍采用的就是缂丝面料。

缂丝是用丝线以“通经断纬”方法织造的平纹织物。缂麻织物可以追溯到古代埃及，而以羊毛织造的缂毛最早起源于今西亚地区。

埃及早在古王国时期就已栽培亚麻织物，3000年以前就出现了亚麻的缂丝织物，这些织物的经纬纱都是用的麻线。公元前1000年左右，埃及的纺织品出口西亚各地和爱琴海一带地区。公元前30年—公元476年，埃及被罗马统治，缂丝受到叙利亚美术影响，用色彩晕染、阴影效果等手法逼真地表现物体。

公元4世纪，基督教传入埃及，从此以后缂丝织物摆脱希腊、罗马文化的影响，形成自己的特色，用以制作东方基督教样式的作品，美术史上将这一时期制作的织物称为“哥普特织物”。波斯兴起于公元前6世纪，后逐渐强大，埃及和中亚、西亚的文化直接影响到波斯。萨珊波斯王朝的纺织技术非常发达，大量织造丝织物和毛织物，其中缂毛织物占有一定比例。

我国缂丝于西汉时期由丝绸之路传入，来源于西亚地区和古埃及的“缂毛”。我国缂丝历史可以归纳如下：

汉魏 在内蒙古出土的汉代“山石树”丝织的残片，其“通经断纬”织造方法，与北京双塔出土的宋缂丝“紫汤荷花”完全一样。中国新疆楼兰古城汉代遗址中曾出土“中西（域）混合风格”缂丝毛织品。公元前138年，张骞出使西域，互通有无，“丝绸之路”上往返的丝织品中，主要有绢、绸、锦、缎、绫、罗、纱、绮、绒、缂等。

唐代 唐代缂丝技艺刚刚起步。缂丝使用的丝线较粗，密度紧密丝线为金线。通常采用勾勒轮廓的方式来体现。纹样受到织锦的影响，多为丝带等实用品。缂织技法一般以平缂为主，花地之间的交接处尚有明显的缝隙即“水路”。此外，也有掼、构和搭梭等缂织法。唐代缂丝的纹样题材一般以简单的几何形花纹为主，色彩主要是平涂的块面，还没有使用晕色匹配，故色彩层次不够丰富，但有的已使用金线作地纹，增强了装饰效果。缂丝工艺随着谴唐使和各国的留学人士传播到世界各地，以至于今天我们还能在邻国日本看到百姓将缂丝作为最贵重的面料用来制作腰带、和服和日本僧人的袈裟。隋唐以后，已经用缂丝制品作书画包首。

宋代 缂丝工艺在宋代取得了突飞猛进的发展，这表现为它的技术性、艺术性乃至题材的拓展创新等多方面都与之前大有不同。缂丝大都摹缂名家书画，能工巧匠创新灵活运用掼、构、结、搭梭、子母经、长短戗、包心戗和参和戗等多种技法，纬丝色彩不断增加，纬丝的松紧处理灵活。北宋时的图案比较丰富多彩（如图 2-1，图 2-2），在制作技法方面，强调轮廓的勾缂技法和防止裂缝的搭梭技术得到普遍使用，并创造了“结”新技法。到北宋晚期，缂丝主要用于艺术欣赏品，在创作手法上，使用了色彩退晕法。

图 2-1 北宋紫鸾鹊谱（局部）

图 2-2 南宋朱克柔《牡丹图》

元代 缂丝艺术大量用于寺庙用品和官员的官服上，对金色的喜崇使织物内加金的做法成为风尚，且金彩又多盛行于与佛教有关的挂轴制作。元代缂丝作品释迦牟尼佛唐卡，其中释迦佛用十色金彩织出。元缂丝一反南宋缂丝细腻柔美之风，展现简练豪放的缂丝风格，其改变对明清两代的缂丝艺术极有影响。纱线材料上也发生了变化，经线开始不加捻或者弱捻，因此织物表面没有瓦楞地痕，呈现出平整细腻的织物效果。

明代 朝廷力倡节俭，规定缂丝只许用作敕制和诰命，故缂丝产量甚少。至明成化年，缂丝生产已再趋繁盛，作品主要产于苏州、南京和北京等地，多摹缂当时名家的画稿。 缂丝生产被皇室垄断，运用了金线、孔雀羽毛作为辅助。创造出凤尾戗和双子母戗等新的技法，巧妙运用不同经密使织物主体层次分明，甚至在纬线中掺和了孔雀的翎毛等珍贵材质，以显示皇家风范，参见图 2-3、图 2-4。

图 2-3 龙袍（局部）

图 2-4 九阳消寒图

清代 采用缂、绘相结合，书法缂织精细，出现了缂丝加绣、丝毛混织、缂金加绣以及新型缂毛等新品种。缂丝别具一格，采用诗文通篇缂于幅面，文字书法缂织精细，有了龙鳞缂、缂绣混色等技法，显示了名工巧匠的高超技艺。时至晚清，随着国势衰弱，中国近代战乱不断，缂丝衰弱。

新中国成立后 缂丝枯木逢春，在继承传统的基础上，缂织还吸收了摄影、古代绘画、西洋画、四大名绣的特点，运用戗色（渐变色）技法，使整幅作品轮廓精确、线条挺括，富有光感、质感、立体感，获得了很好的艺术效果。

2006 年缂丝技艺入选第一批国家非物质文化遗产名录。2009 年缂丝又入选世界非物质文化遗产名录。

第二节 缂丝纹样与表现手法

缂丝画廊

一、题材和纹样

古典缂丝的主要题材和人们的审美情趣与生活态度密切相关，主要题材为山水、高士、花鸟、寿星、百子、仕女、书法、吉祥寓意（如葫芦代表福禄）及西藏唐卡等，如图2-5～图2-11所示。

图 2-5　山水

图 2-6　高士图

图 2-7　婴戏图

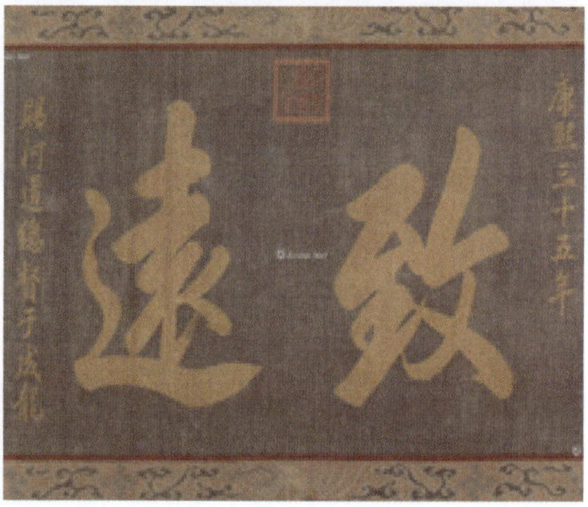

图 2-8　清康熙书法

图 2-9　仕女祝寿

图 2-10　福禄图

图 2-11　缂丝龙袍

二、缂丝的表现手法和工艺特色赏析

缂丝技艺是使用古老的木机及若干竹制的梭子和拨子，经过“通经断纬”，将五彩的丝线缂织成色彩丰富、色阶齐备的织物。这种织物具有图案花纹不分正反面的特色。在图案轮廓、色阶变换等处，像刀划刻过一样，呈现出断痕，“承空观之，如雕镂之象”，因此得名“缂（刻）丝”。作品如下：

1. 秋鸭野鹤图

图 2-12 作品呈现出春意盎然的景象，花草丛生，争奇斗艳，秋鸭嬉戏，与大自然融为一体。其中，动物的每一根羽毛都织制出来，似乎伸手可触，叶子的渐变和叶脉的突出也惟妙惟肖。

2. 牡丹图

图 2-13 这幅作品缂织的盛开的牡丹，极致地展现了牡丹的艳丽，一只蝴蝶向着牡丹翩翩起舞，好像牡丹散发着香气，让人心旷神怡。从含苞待放的花骨朵儿，到怒放的牡丹，再到残缺的叶子，留下世间最美的瞬间。

3. 四臂观音唐卡

图 2-14 所示四臂观音唐卡将细节描写得十分细腻，从微小之处如五叶冠、葫芦形发髻，到大处身披红色帛带和披肩及下身红色裙，都刻画得尤为传神与生动。就连肢体动作都刻画细致入微：双臂在胸前合十捧摩尼宝珠，两臂分持莲花和水晶念珠，坐于莲座上。

图 2-12　秋鸭野鹤图

图 2-13　牡丹图

图 2-14　四臂观音唐卡

第三节
缂丝流派和品种

缂丝的流派主要分为本缂丝和明缂丝，不同缂丝品种代表不同历史渊源、地域和工艺特色、产品风格，具体叙述如下。

一、缂丝流派

1. 本缂丝

南通缂丝即本缂丝流派，采用生丝织造，织物较硬挺，适合摹缂名人书画。当代本缂丝代表性传承人为王玉祥、王晓星、王晓丽。

2. 明缂丝

苏州地区的缂丝流派为明缂丝。元朝末年，缂丝工艺发生变革，并于明朝时期真正形成具有独特风格特点的缂丝，故称“明缂丝”。明缂丝采用熟丝织造，织物较软，适用于服装。当代明缂丝代表性传承人为沈金水、王金山。

3. 本缂丝和明缂丝的区别

虽然本缂丝与明缂丝的主导技法都是通经断纬，但它们除了有直观的视觉上的差异外，在织造技艺方面也有很大的区别。

（1）用丝不同。本缂丝采用生丝，经线是明缂丝的 3 倍粗，纬线是明缂丝的 2 倍粗。本缂丝丝线捻度较大，织造时上机张力较大，面料硬挺。

明缂丝采用熟丝，捻度较小，织造时上机张力较小，织物较柔软。

（2）织物风格和用途不同。本缂丝面料平整挺括，质地厚实，如果仔细观察，会发现织物表面有朴实的沟纹，如图 2-15 所示；它虽然粗犷豪迈，但却蕴含了细腻精致，具有与众不同的工艺特色，适用于摹缂名人书画；明缂丝质地柔软、轻盈，常用于高档服饰面料和家居用品，更是历代皇室制作龙袍的御用材料。如图 2-16 所示。

图 2-15　本缂丝质地

图 2-16　明缂丝质地

（3）操作不同。明缂丝一般用笔将缂织图案描绘于经纱面上，如图 2-17 所示；本缂丝将图纸衬托于经纱下面，对照缂织，如图 2-18 所示。

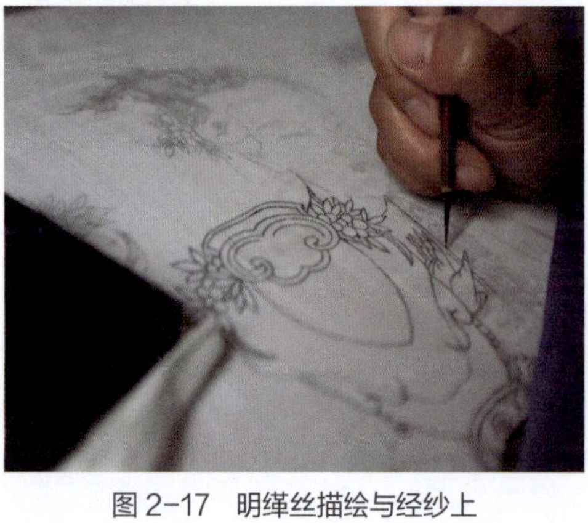

图 2-17　明缂丝描绘与经纱上

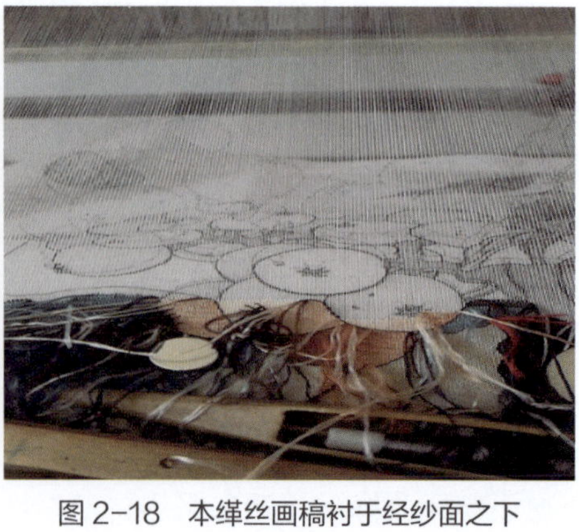

图 2-18　本缂丝画稿衬于经纱面之下

（4）工具不同。本缂丝在没有花纹的素地处，用筘（图 2-19）把纬纱打紧，在缂小面积图案时则用拨子（图 2-20）拨紧，因而效率较高。明缂丝不论素地还是图案，都是用拨子拨紧的方法，例如缂织 30 cm 幅宽的产品，要用拨子拨几十下，才能将纬纱打紧，因而效率相对较低。

图 2-19　打纬用筘

图 2-20　拨子和梭子

二、缂丝的品种

（1）本缂丝　代表缂丝原本技法，厚重挺括（见图 2-21）。
（2）明缂丝　代表明清缂丝技艺，轻薄细腻（见图 2-22）。
（3）绢缂丝　带有横向缝隙，透光（见图 2-23）。
（4）丝绒缂丝　近似丝绒质感，羽绒立体（见图 2-24、图 2-25）。
（5）引箔缂丝　穿引特殊箔料作纬，带有特殊装饰感（见图 2-26）。
（6）雕镂缂丝　有窗棂状镂空效果，透空感强（见图 2-27）。
（7）紫峰缂丝　生经生纬织造，薄如蝉翼（见图 2-28）。

图 2-21　本缂丝

图 2-22　明缂丝

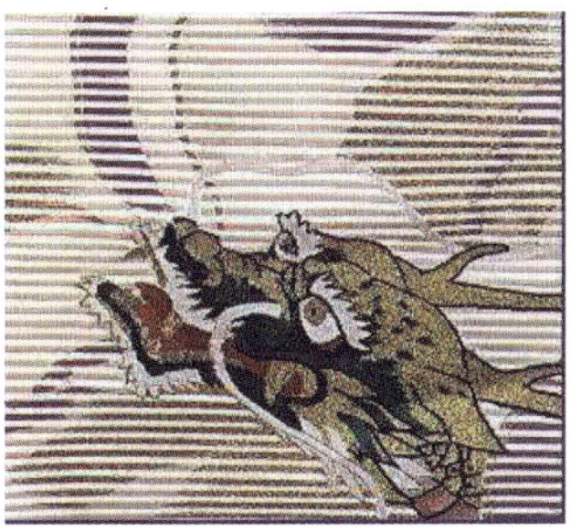

图 2-23　绢缂丝

图 2-24　丝绒缂丝（1）

图 2-25　丝绒缂丝（2）

图 2-26　引箔缂丝

图 2-27　雕镂缂丝

图 2-28　紫峰缂丝

第四节
缂丝“通经断纬”织造技艺

缂丝操作

一、缂丝织造要点

以梭代笔、通经断纬、白经彩纬、逐段异纬、反面织造、画经衬稿、衬镜观察、正反一致、无限换纬（色）。

二、缂丝的织造工艺流程

1. 操作流程

缂丝的操作流程包括落经、牵经、上经、挑交、打翻头、拉经面、上样、摇线、缂织、修毛 10 个步骤，最后装裱上框。不同于普通织物“通经通纬”的方式，缂丝采用“通经断纬”，即经纱系统连续，纬纱不连续，根据花纹色彩需要在同一纬纱位置进行换色纬，在一个限定的局部内反复穿织，即“断纬”交织。

2. 操作步骤

缂丝一般可以细化为 16 道工序：落经线、牵经线、套筘、弯结、嵌后轴经、拖经面、嵌前轴经、捎经面、挑交、打翻头、箸踏脚棒、扪经面、画样、配色线、摇线、修毛头。

3. 工序流程

（1）定样稿　挑选或创作合适的缂丝图样，然后按照一比一的比例对称方式，在样画纸上用描线笔仔细描出每个色块的轮廓，标注每个色块的颜色号（见图 2-29）和丝线粗细及缂织的技法。

（2）落经线　把生丝经线络在筒子上。

（3）牵经线　如图 2-30 所示，把络好的经线按照要求的幅宽和经向密度做好经轴。

（4）上经线　如图 2-31 所示，包括：穿筘，弯结，定轴，拖经面。把每根经线穿入竹筘或钢筘，按照一定组织确定每筘的根数，用竹梳或木梳梳理后均匀打结，然后嵌入前后经轴，再用捎校棒将前后轴捎紧。

（5）挑经　把紧绷的经线，通过上下的挑交，把所有的经线分为上下两层。

（6）打翻头　把经线分为上下两层，分别结在前后两片翻头木片上，使经纱形成开口。

（7）箸踏脚棒　在上下两片翻片下面，各自结上踏脚棒，将翻片的上头挂在机头上，下头系在踏脚棒上，这样并列两根踏脚棒，经踏脚棒分出前后两层经面，即可开口缂织了。

（8）梳经面　如图 2-32 所示，在上好的经面上经脚踏开口穿纬，由于经面开始不够均匀，必须在穿纬后用筘拍纬，使其经向密度均匀、织物平整。

图 2-29　定画稿

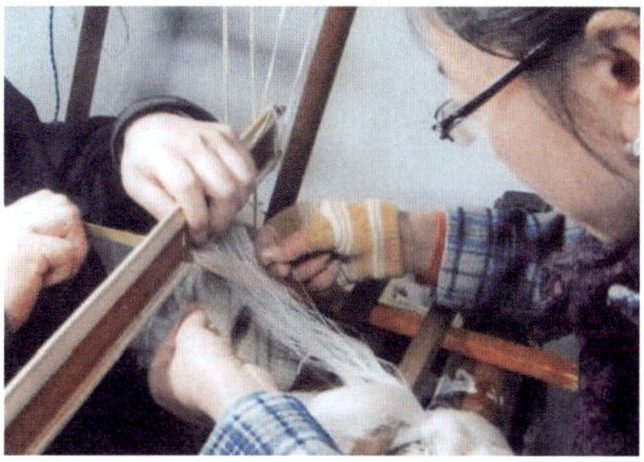

图 2-30　牵经线

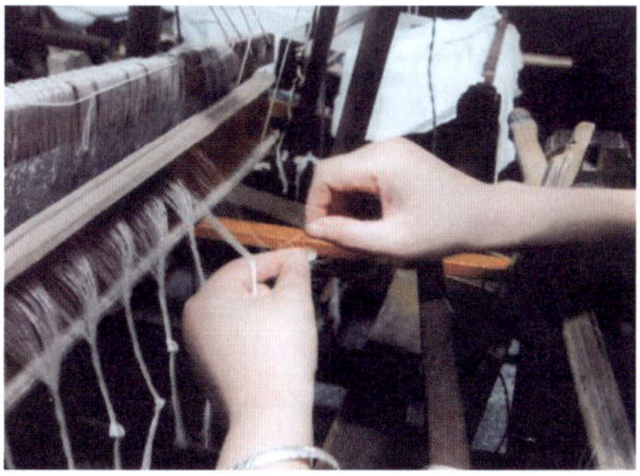

图 2-31　上经线

图 2-32　梳经面

（9）定样　画稿平整附在经面下，并和经线固定好，一体移动，以确保不走样。

（10）做纬线　按照画面的要求将线染成各种各样的颜色，然后根据股线的要求合并成所要的根数和股数做成纯色股线或花色股线。

（11）摇线　如图 2-33 所示，依照配色图稿选好色线，分别把摇线摇在细竹管（纡子）上，然后将线管装进梭就可以缂织了。

（12）缂织　如图 2-34 和图 2-35 所示按照样稿，用色梭分块分色缂织。

（13）修毛头　如图 2-36所示，作品完成后，将作品反面的多余毛头修剪干净，作品的图案就呈现出双面一样的图案，一件作品就此基本完成。

（14）结毛头　作品完成后，由于回纬，纬向布边基本是光滑的，但是作品落机后经向的毛头是保留的，为了保证纬线不再滑脱，往往把经线毛头三三两两结在一起，保证纬密均匀，然后再修剪毛头。

图 2-33　摇线

图 2-34　分段缂织

图 2-35　缂织

图 2-36　修毛头

（15）修整　将整块作品铺展平整，查看整个表面是否留有丝线的痕迹，搭梭和长竖缝破缝可用绣线修补，若幅面很大的作品更需要细心补缀。将修理好的缂丝作品平铺于台面，根据丝线的品种确定相应的湿度和温度。有金线银线或特种丝线的，需要谨慎熨烫。

（16）后期制作　缂丝完成后，还要根据它的用途进行后期加工。用于缝制服装的，就要裁剪制作；用于装饰的，就要装裱制作，有类似于装裱双面绣插屏法、单面镜框装裱法等。

三、缂丝的传统织造技法

缂丝的传统织造技法众多，如结、掼、勾、戗、绕、盘梭、子母经、押样梭、押帘梭、芦菲片、笃门闩、削梭、木梳戗、包心戗、凤尾戗等。无论做什么缂丝品，结、掼、勾、戗这四个基本技法是绝对不可少的。

缂丝技法有多种，分为平缂、掼缂、勾缂、搭梭、结、短戗、包心戗、木梳戗、渗和戗、凤尾戗、子母经、透缂、三蓝缂法、水墨缂法、三色金缂法、缂丝毛、缂绣混色法等。工艺流程及其工艺完全用手通过缂丝机操作完成。细节操作的“直经弯纬”和局部分段缂织如图 2-37 和图 2-38 所示。

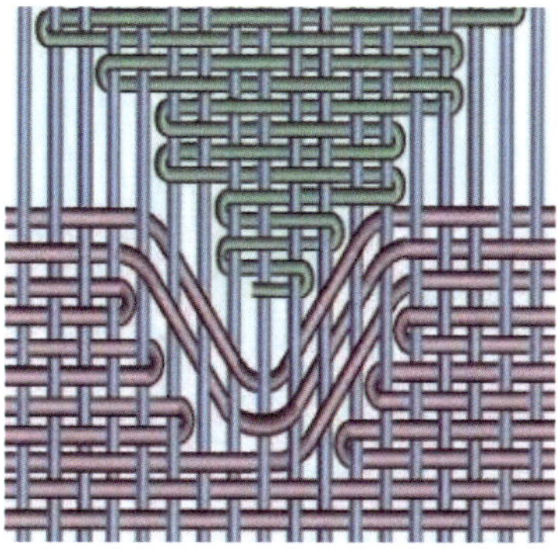
图 2-37 缂丝的“直经弯纬”

图 2-38 局部分段缂织示意

四、学生在现代小样织机上缂丝时的注意事项

1. 基本技法

缂丝的基本技法可概括为“通经断纬”“白经彩纬”，即经纱贯穿整个布面的经向方向，纬纱不是贯穿整个幅宽，而是在其所需要的区域来回穿梭，采用反织法。

2. 纱线选择

因为缂丝要求经纱张力很大，所以经纱要选择强力大的纱线；由于缂丝织物要突出纬纱颜色，所以还要求经纱细一些。对于纬纱而言，为了保证布面纬密一致，所以一纬中所有颜色纬纱粗细要一致。

3. 引纬

（1）缂丝时，一纬中相邻两根不同颜色纬纱交接时要相互绕转一周，以防布面出现空洞。如图 2-39 所示，在所织区域只用到四根经纱，这种情况下打纬时纬纱不能用力拉，否则会被拉到一边，布面就会出现孔洞，并且密度不均。

（2）梳理好纱线后将草图描在纱线上，便于引纬时确定位置和色纬颜色，描图采用水溶性笔，下机后洗掉即可，如图 2-40 所示。

4. 织造

布面基础组织是平纹，穿综插筘均与平纹组织相同，绑好纱线后将之前绘制完成的草图压在纱线下面，用水溶性笔描在纱线上，投纬时纬纱不要引到头，在其所需要的区域来回穿梭即可，如图 2-41 所示。

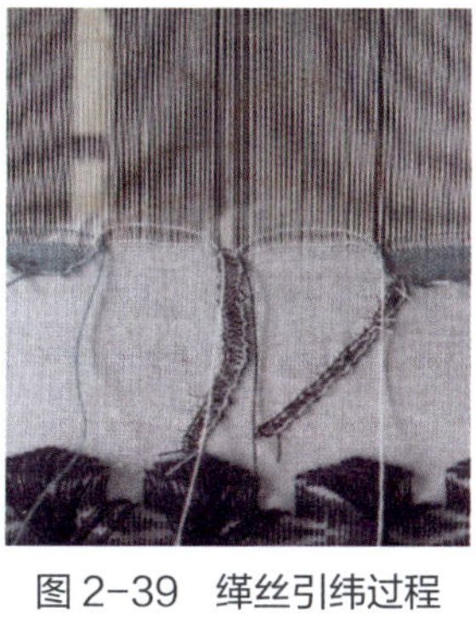
图 2-39 缂丝引纬过程

图 2-40 绘制纹样于经纱上

图 2-41 不同色纬穿织

5. 操作技术关键

（1）缂丝是通经断纬，即经纱贯穿整个布面的经向方向，纬纱不是贯穿整个幅宽，而是在其所需要的区域来回穿梭。同一处纬纱位置，根据颜色和花型，要换相应次数，才能织造一纬。织造时，应注意反面搭接，引纬张力要均匀，幅度要小。

（2）布面卷取张力适中，经纱和布面张力设计以布面平整光洁、手感有绷紧感为准。经纱张力过大，易产生断头，且纬纱不易打紧；过小，则织造开口不清，引纬操作受影响，且容易产生织疵。

6. “出水芙蓉”缂丝局部织造过程举例

如图2-41所示，荷花部分有三种颜色，用三种颜色的渐变表现荷花的花瓣由里到外，这一纬中一共有七根纱，即白色—浅粉—白色—中粉—深粉—浅粉—白色。织造时根据水笔在纱线上的印记进行换色。

五、学生缂丝实践操作步骤

学生缂丝实践操作步骤包括：（1）定画稿；（2）CAD分色，意匠图绘制；（3）组织图绘制；（4）经纱准备；（5）上经纱；（6）梳经；（7）穿综、穿筘；（8）输入电子纹版；（9）描经；（10）做纬线；（11）缂织；（12）修毛头；（13）装裱。

缂丝织造过程简图如图 2-42～图 2-44 所示。

图 2-42 缂丝衬稿

图 2-43 缂丝过程

图 2-44 缂丝成品

第五节
基于现代织造工艺的缂丝技艺创新实践

新题材新秀缂丝

随着传统文化的回归和人们生活品位日益提升，服装及家居装饰出现个性化、民族化趋势，缂丝这门古老技艺再次为人们所关注。当今，缂丝面料主要应用于高端服装定制、高档手袋、时装设计发布、摹缂名画等。

传统缂丝采用平纹“双综双蹑”木织机、纯手工织造，费工费时，每天仅能织造 5～7 cm，现已面临后继无人的困境，其“通经断纬”的织造方式尚不能在现代自动织机实现。

现代多臂织机具有 16～20 页综，可以自动织造较为复杂的小提花纹样和多种组织。如何利用自动多臂织机将现代工艺与传统缂丝相互融合以提高效率，并结合新纤维、新工艺的丰富表现力，在传承传统纺织非遗缂丝技艺的同时实现现代工艺条件下的创新，是当前我们面临的挑战。

一、传统缂丝技艺解析

缂丝采用通经断纬的技法，即织造过程中，纬线并不是一贯到底，而是根据花纹轮廓或者色彩的变化，在特定的区域内反复穿行，如图 2-45 所示、图 2-46 所示，当同一纬线到达色块的边缘时，便掉头折回。

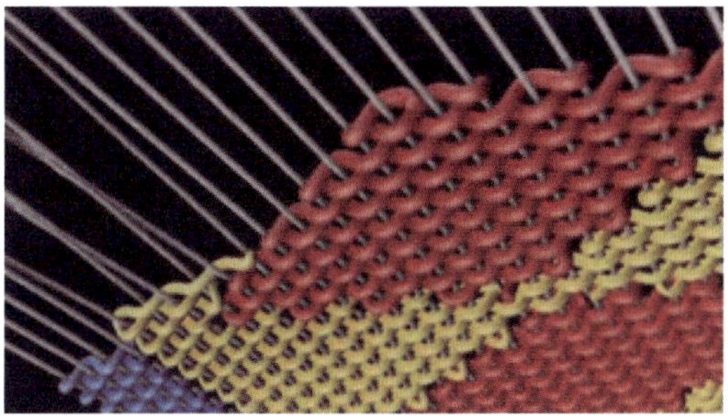

图 2-45　缂丝“通经断纬”CAD示意图

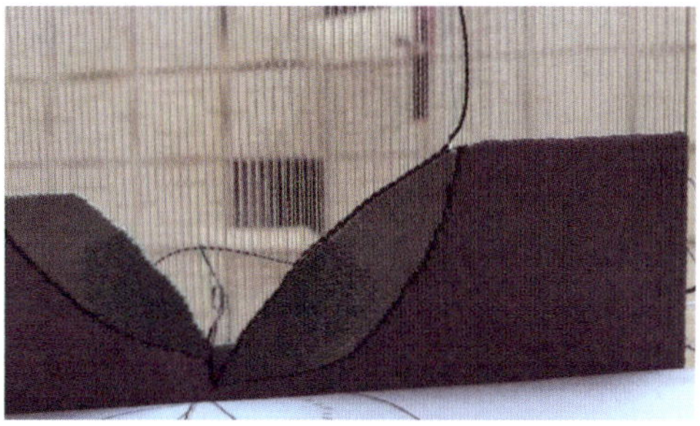

图 2-46　缂丝实物织造过程

1. 缂丝的优势

（1）缂丝技艺使其不必采用复杂的大提花织机，仅以简单平纹组织，就能织造出色彩绚丽、花纹复杂的织物。

（2）缂丝织物正反面一致，做成室内装饰用扇面摆件，可以从不同角度观赏，极具艺术价值。

（3）采用缂丝技艺，所织面料的纬纱的颜色和种类可以不受限制，如“戗色”即渐变色，使纹饰更加生动逼真，这是现代织机无法做到的，因为即使纬纱选色能力最强的剑杆织机，其选纬指的纬纱选色能力也只有 8 色（或 8 种）。

2. 缂丝技艺的局限性

（1）缂丝“通经断纬”的织造方式，限制了自动织造，不能规模生产。

（2）木织机只能织造单层平纹组织，不能通过不同组织，如皱组织、斜纹、缎纹的应用与组织间过渡，形成层次感、影光感以及泥地、颗粒等面料质感。

（3）缂丝织机不能安装单独、卷取控制装置，缂丝面料的组织结构受到限制，不能织造二重、双层、起花、透孔、浮雕、泡皱等特殊效果组织或织物。

二、现代织造工艺与缂丝技艺的融合的优势

1. 多臂织机提高缂丝织造效率

现代多臂织机一般具有16～20页综，如果采用多臂织机进行缂丝织造，可以将缂丝技艺的画面感与多臂织造的装饰性、功能性组织有机组合起来，实现除缂丝区域之外的多臂自动化织造，丰富表现力的同时，提高织造效率。

2. 多臂织造方式提升缂丝织物风格

多臂织造工艺与缂丝技艺相融合，以缂丝技艺为主体画面，在局部采用斜纹、缎纹组织等简单组织，可以体现单独缂丝工艺的平纹面料所不具备的特有的质地、层次、影光感。

3. 多臂织造方式丰富缂丝织物纹样

利用多臂织机可以织造小提花组织的特性，高效织造规整的、疏密相间的纹样，如传统纹样的回字纹、工字纹、水浪纹等，从而实现缂丝的大提花效果花型与多臂织机织造的小提花纹样相辅相成、相映成辉。

4. 可以采用新的纤维原料代替真丝

缂丝为纬向显花织物，纬纱可以根据需要，采用大有光、有光、半光涤纶丝、黏胶人造丝取代真丝，使织物呈现不同的光泽；经纱可以根据需要采用不同纤度的有光涤纶DTY丝、黏胶人造丝、JC9.7tex（60英支）或JC7.3tex×2（80/2英支）纱，相比于纯真丝，其强力和耐磨性更高，更能抵抗干燥、寒冷所导致的织造断经问题。线密度的选择可以根据缂丝面料的最终用途而定，如明缂丝面料要求质地柔软，主要用作服装面料，所以应选用线密度小的人造丝或者熟丝；而本缂丝要求质地紧密硬挺，主要用作室内装饰，因而可选线密度较高的涤纶DTY丝、有光黏胶丝等。纱线的选择可以根据缂丝面料的特殊风格而定，如金银丝、段染纱等，例如丝绒缂丝可以选择现代雪尼尔纱等。

三、多臂工艺与缂丝技艺的融合实践

（一）上下组合法

上下组合法将缂丝图案与多臂纹样上下组合，以传统缂丝织造主题纹样，多臂织机织造衬托纹样，两者组合相得益彰，通过多臂织机的小提花开口工作能力，高效、自动织造背景或陪衬纹样以烘托、补充主题，从而达到大幅度提升织造效率、丰富画面的目的。以“出水芙蓉”现代缂丝设计为例，实物面料由传统缂丝技艺织造的“荷花”花型与多臂织机织造的“清水涟漪”纹样组成，如图2-47所示，设计织造过程如下：“荷花”主题花型色块大，采用缂丝工艺织造，可以减少缂丝技艺的换纬次数，最大限度地提高织造效率；蓝白相间的“清水涟漪”纹样为小花纹、对称纹样，因菱形纹样过于密集，如果也采用缂丝织

图2-47　缂丝成品

造，就会造成“通经断纬”，这种间断式操作的工作量过大，因而可以采用多臂开口的织机织造。

1. 荷花纹样构成

采用 CAD 软件虚拟仿真荷花的花形，可以方便地观察和比较不同色彩及色相变换的细微效果差别，以便选择不同色纬，从而大大节约时间，达到事半功倍的效果，如图 2-48 所示。其不同经纬密度工艺模拟和纹理模拟如图 2-49 所示。

2. “涟漪”纹样的工艺设计

该纹样主体为对称菱形纹样，可采用多臂织机织造，由于缂丝工艺采用反织法，故其多臂织造的“涟漪”也应采用反织法。组织为经起花组织，为了突出波浪的效果，同时尽量保证正面显现的经浮长线较短，以保证织物表面有足够交织点和牢度以及细腻的质地，花经设计成反面经浮长线较长。由于花经浮长线较长，与纬纱交织点少，为了保证织物牢度，花经∶地经=1∶2，即一根花经旁有 2 根交点较多的地经以平纹交织以固结。织物“涟漪”的装饰效果主要靠蓝色花经形成，同时为了避免花经比例小而影响装饰感，蓝色花经的线密度较白色地经大一倍。花经采用 C19.4 tex棉纱，地经采用 T7.7tex（70D）有光聚酯DTY长丝。

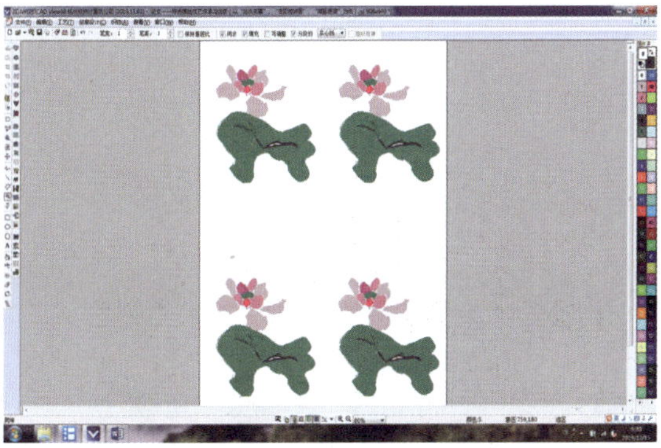

图 2-48 缂丝CAD纹样和色彩模拟

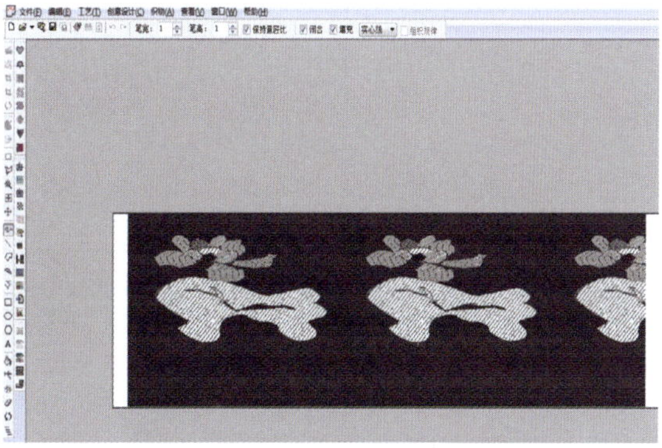

图 2-49 CAD工艺和织物纹理模拟

采用 10 页综织造，前后分区穿法，为了减少综框开口时交织点较多的平纹地经的过度拉伸变形，从而减少织造断头，将平纹穿在前区的第1、2页综，花经穿在第3～10页综。为了节约综页，将花型增大一倍，采用左右对称的山形穿综法，其穿综次序为1，2，3；1，2，4；1，2，5；1，2，6；1，2，7；1，2，8；1，2，9；1，2，10；1，2，9；1，2，8；1，2，7；1，2，6；1，2，5；1，2，4；1，2，3。其反面组织如图 2-50 所示，正面组织如图 2-51 所示。

图 2-50 “涟漪”反面组织

图 2-51 “涟漪”正面组织

由于花经和地经的交织点差异大，经纱织缩率不同，所以应采用双轴织造。即花经单独送经，织造“涟漪”区结束之后，花经便不再参与“荷花”区域缂丝织造，而是将其单独拉出卷绕，以防干扰缂丝纹样底布洁净度，并节约花经。

由于花经较粗且浮长线长短渐变，在织物表面产生了浮雕感，所以整体效果更加生动，这是传统缂丝技艺无法达到的。

（二）左右并列法

左右并列法是指将缂丝图案与多臂纹样左右并列。以室内摆件或高端涉外旅游纪念品、缂丝主题“竹屏熊猫”（图 2-52）为例，其设计方法如下：将缂丝织造的“熊猫”图案置于画面正中，两侧“翠竹”纹样采用多臂织机织造，翠竹纹样设计：

1. 翠竹纹样组织设计

织物在不起花区域设计为平纹组织，但由于织物密度大，为减少经纱与综丝的摩擦，并保证织造开口清晰，减少跳花、跳纱和纬缩织疵，平纹采用 1～4 页综。“翠竹”纹样设计为经起花组织，为了增大花型，花经采用山形对称穿法+并列穿法，即每根花经重复一次，再对称穿综，采用第 5～9 页综，为了降低织造难度，综页数不宜过多，本设计采用 9 页综。花区穿综次序为 5，1，5，2；6，1，6，2；7，1，7，2；8，1，8，2；9，1，9，2；9，1，9，2；8，1，8，2；7，1，7，2；6，1，6，2；5，1，5，2；平纹地区穿综次序为1，2，3，4。组织如图 2-53 所示。

图 2-52　现代缂丝“竹屏熊猫”实物图

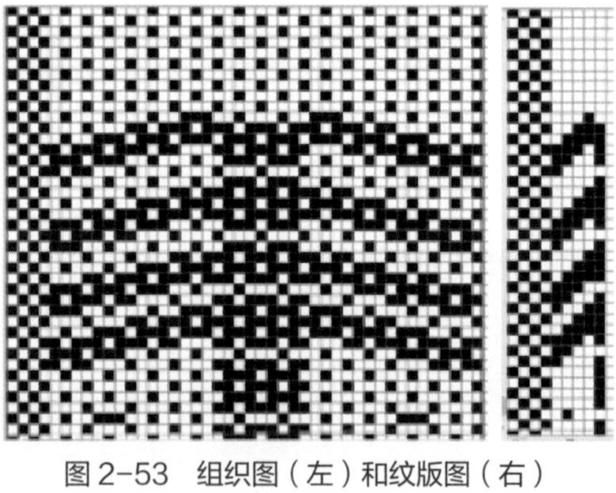

图 2-53　组织图（左）和纹版图（右）

2. 翠竹纹样的工艺计算

经起花区：为了增强“翠竹”花纹显现效果，花经采用翠绿色 JC9.7×2tex 股线，其间平纹经及缂丝用经纱采用线密度为 11tex（100D）的白色有光聚酯 PDTY 低弹丝，该丝有丝绸般光泽，弹性足，可以保证织造强力和耐磨性。

为了有效掩盖花经间白色平纹经纱，起花区经密较平纹间隔区和缂丝区经密加倍。设计其经密=60 根/cm，根据上述穿综规律，设经起花的花区根数=花经+地经=20+20=40 根，则“翠竹”花区宽度=40/60≈0.7（cm）。每循环平纹缂丝区，即翠竹之间的宽度设计为 13 cm，其经密为经起花“翠竹”区的1/2，即缂丝区经密=30根/cm，则一循环缂丝区的经纱根数=30根/cm×13cm=390 根；非缂丝平纹区“竹屏”中两翠竹间宽度为 1.5 cm，则其平纹区宽度=30 根/cm×1.5 cm=45 根，修正为 46 根。一循环各色根数归纳如表 2-1 所示。

表2-1 一循环各色经纱分配表

纹样	“竹屏”经起花区		平纹	熊猫缂丝	平纹	“竹屏”经起花区		平纹
	花经	地经				花经	地经	
根数	20	20	46	390	46	20	20	46
宽度/cm	0.7		1.5	13	1.5	0.7		1.5
种类	JC9.7×2	有PFDY	有光 PFDY	有光 PFDY	有光 PFDY	JC9.7×2	有光 PFDY	有光 PFDY
色泽	翠绿	白	白	白	白	翠绿	白	白
比例	1∶1		经一色	经一色	经一色	1∶1		经一色
合计	608 根/18.9 cm							

3. CAD虚拟仿真设计

“翠竹”纹样的 CAD 虚拟仿真设计如图 2-54 所示。

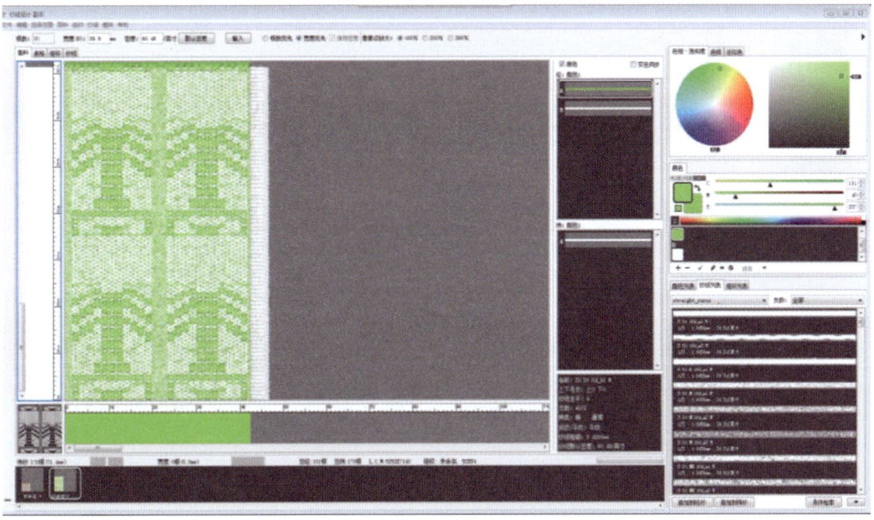

图 2-54 “翠竹”纹样虚拟仿真设计

“竹屏熊猫”缂丝与“出水芙蓉”本质不同之处在于：前者织造的“竹子”为贯穿织物纵向的连续经起花织物，不必像后者，织造完“涟漪”纹样之后必须拉出蓝色花经，以免影响缂丝织造的质地洁净度，因而效率更高。

（三）综合应用法

综合应用法是将缂丝、多臂纹样、段染纱、晕染等元素融合为一体，缂丝起到局部装饰或者画龙点睛的作用。这种方法效率更高，织出的织物更贴近大众。

以“清晨的海边”为例，如图 2-55 所示。本设计与上述两幅不同之处在于：缂丝的“沙滩”图案不是画面主体，缂丝是辅助手段，起到衬托作用，画面综合运用了各种元素，具体如下。

图 2-55 清晨的海边

沙滩：蜿蜒起伏的沙滩图案，在多臂织机上只能采用缂丝制织，用第 1、2 页综织造平纹。

海水：纬纱采用段染纱，形成波光粼粼的效果，织物组织亦为平纹，但却取得了意想不到的独特效果。

椰子树：纹样对称，采用多臂织机织造，其中椰子树采用第 3～8 页综，组织为经起花，穿综次序为：3，1，3，2；4，1，4，2；5，1，5，2；6，1，6，2；7，1，7，2；8，1，8，2；7，1，7，2；6，1，6，2；5，1，5，2；4，1，4，2；3，1，3，2；组织图与上述“竹子”纹样设计方法相同，不复述。需要指出的是，树干的经起花组织设计时，纬纱每隔一段，便用纬浮长点压一次经纱，避免花经过长影响牢度，并形成了树节的效果。

海鸥：海鸥也是对称纹样，利用多臂织机采用经起花织造，采用 9～13 页综，穿综次序为：9，1，9，2；10，1，10，2；11，1，11，2；12，1，12，2；13，1，13，2；12，1，12，2；11，1，11，2；10，1，10，2；9，1，9，2。组织图设计方法与上述“竹子”纹样相似，不复述。

日出：初升的太阳采用晕染的方法，为了避免“搭染”，先用防染蜡剂涂覆在太阳处，再从蜡膜中间刻出半圆太阳形状，再在内部进行晕染。

总之，传统缂丝技艺与现代织造工艺相融合，可以采用缂丝图案与多臂织造纹样融合，CAD虚拟仿真，采用新型有光聚酯长丝、黏胶人造丝替代桑蚕丝，利用段染纱做纬纱，还可以采用晕染等工艺及手段以达到提高织造效率和丰富表现力的目的，在题材方面则应适应时代需求，做到传承与创新相融合，以增强时尚感。

第三章　云　锦

云锦

本章内容：

（1）云锦认知与欣赏；

（2）云锦品种；

（3）云锦纹样设计；

（4）云锦意匠制作；

（5）挑花结本；

（6）织前准备；

（7）织造操作；

（8）云锦工艺特色传承与现代创新。

第一节
云锦认知与欣赏

一、云锦溯源

云锦是在继承历代织锦的优秀传统的基础上发展起来的，代表了中国丝织的最高成就，是我国古代纺织技术的活化石。南京云锦始于元，而盛于明清。“南京云锦木机妆花手工织造技艺”被列入首批国家级非物质文化遗产名录，并成功入选联合国《人类非物质文化遗产代表作名录》。云锦技艺世代薪火相传，拥有当代国家级云锦非遗技艺传承人周双喜、金文等大师等，南京云锦研究所成功复制了定陵明万历皇帝龙袍、长沙马王堆辛追贵妇的素纱蝉衣等。

二、云锦特色

云锦图案艺术及配色规律集中了我国传统图案的精华。云锦属提花熟织纬锦。各种规格的染色丝线为经纬原料，配以真金圆金（捻金线）或扁金（片金）作纬向材料，个别高档品种采用孔雀羽毛捻线来做挖花显色的纬线。

三、古代云锦织造

云锦在传统木质大花楼提花织机上，由双人配合，手工织造。其提花工艺是由束综起经线形成花部开口，障框压出花部间丝点，由范框起地部组织的组合式开口系统来完成。云锦是一种先练丝、染色，而后加用金银线织造的丝织提花锦缎。目前云锦的许多简单品种可以用现代提花织机生产，但高档“妆花”品种仍然采用手工织造。

第二节
云锦的品种

大美云锦

云锦分为“库缎”“库锦”“库金”和“妆花”四类。其中“库金”可以认为是库缎的一个分支，也叫“织金”。

一、库缎

库缎是在缎地上起本色花（见图 3-1），库缎的花纹设计，用“团花”居多，花纹有明花和暗花两种，明花浮于表面，暗花平板不起花。

二、库锦

库锦的原料都是用精练过的熟丝染色后织造。库锦是提花的多彩纬织物（见图 3-2），固定用四五个颜色装饰全部花纹，织造时纬线采用通梭织彩技法，显花的部位彩纬呈现在织料的正面，不显花的部位彩纬织进织料的背面,这点和现代的大提花织机织造原理类似。也可以在缎地上以金线或银线织出各式花纹丝织品。库锦中尚有“二色金库锦”和“彩花库锦”两种，多织小花。前者是金银线并用；后者除用金银线外还夹以二至三色彩绒并织。

三、库金

库金又名“织金”，就是织料上的花纹全部用纬向金线织出（见图 3-3）。传统的织金图案，多采用小花纹，以充分显金为其特色。

图 3-1　库缎

图 3-2　库锦

图 3-3　库金

四、妆花

妆花是在缎地上织出五彩缤纷的彩色花纹，色彩丰富，可以逐花异色，达到多样而统一的美好效果（见图 3-4）。妆花配色多样，由于运用了挖花盘织的妆彩技法，到目前为止，这种“挖花妆彩”织造时配色自由、变化自由的特点，现代织机还不能代替。妆花的原料采用精练过的熟丝染色后织造。

1. 妆花缎

妆花缎是在缎地上织出五彩缤纷的彩色花纹（见图3-5）。以四则花纹单位的妆花缎匹料为例，在同一段上横向并列有四个连续花纹单位，每个花纹单位的纹样完全一样。妆花缎的地组织，明代的多为五枚缎纹组织；八枚缎纹的，在明代晚期的织品中已见应用。清代的妆花缎主要是八枚缎纹组织。

“妆花缎”匹料的花纹单位有八则、四则、三则、二则、一则几种，一则花纹单位的，作坊术语称为“独花”或者“彻幅纹样”。

2. 金宝地

（1）满地花“金宝地” 大量用金是“金宝地”妆花织物的一大特点，纹样都以金线勾边，俗称“金包边”“金绞边”。金线使妆花织物显得更加华丽高贵，同时又起着统一色调的作用，这是妆花织物的重要特征。满地花金宝地是用圆金线织满地，在满金地上织出五彩缤纷、金彩交辉的图案花纹来（见图 3-6）。

图 3-4 妆花

图 3-5 妆花缎

图 3-6 金宝地

（2）独花“金宝地” 金宝地除用满金作地外，图案花纹的织金、妆彩方法，与“妆花缎”完全一样，以七枚经缎或七枚加强缎纹为地组织，用多彩绒纬挖花，花用扁金包边，但花纹的装饰手法比妆花缎要更加丰富多彩。织料的主体花纹和妆花缎一样，用多层次的色彩表现，比如运用“色晕”的方法表现。

（3）妆花绸 其地组织为斜纹，妆花部微凸于织物表面，有浮雕感（见图 3-7）。

（4）妆花罗 其地组织多为一绞一的二经绞罗。绞罗织物经纬线交织结牢，不容易产生位移，这样地部空眼均匀，花清地白，层次感丰富（见图 3-8）。

（5）妆花绢 其为平纹地组织上起妆花（见图 3-9），经纬材料比较细，排列也不能太紧，所以织物较薄，分量轻。

图 3-7　织金妆花绸

图 3-8　织金妆花罗

图 3-9　织金妆花绢

第三节
云锦的纹样设计

云锦的图案庄重而严谨，云锦中常见的缠枝莲花、牡丹和柳枝三多纹（以佛手喻多福、石榴喻多子、桃子喻多寿的纹样），创作了“花大不宜独梗、果大皆用双枝”的口诀，妥善解决了大花朵与细枝干所带来的视觉上的不和谐感；又用“枝长用叶遮盖，叶筋不过三五（根）”的技巧，把细长枝、长枝条也装饰了起来。云锦图案的花纹素材取材于现实生活，同时又进行了艺术的提炼和概括，并加以丰富的艺术联想。织工要运用对比调和的配色法则，“荤素搭配”“冷暖相间”，从而达到“逐花异色”的效果。因此，云锦的色彩五彩斑斓、千变万化。

一、云锦纹样分类

云锦图案，大多紧密地结合实用要求、物质材料、制作条件和织成效果等因素进行有意识的安排，因而格局严谨，很有章法。云锦常用的图案格式有团花、散花、满花、缠枝、串枝、折枝、锦群等。

（1）团花　四则花纹单位的团花图案，就叫“四则光”；二则单位的叫“二则光”。在库缎和织金缎上设计团花纹样（见图 3-10），要按织料的门幅宽度和团花倍的多少进行布局。

（2）散花　主要用于库缎设计上，排列方法并没有刻板的定式，设计时根据实际需要，可以灵活运用（见图 3-11）。

（3）满花　多用于镶边用的小花纹的库锦设计上。花纹的布列方法有散点法和连缀法两种。散点法的排列，比散花的排列要紧密（见图 3-12）。

（4）缠枝　常用的缠枝花式有缠枝牡丹和缠枝莲。婉转流畅的缠枝，盘绕着敦厚饱满的主题花朵，缠枝有如月晕，也好似光环；再加以灵巧的枝藤、叶芽和秀美的花苞穿插其间，形成一种韵律、节奏非常优美的图案效果（见图 3-13）。

图 3-10　团花

图 3-11　散花

图 3-12　满花

图 3-13　缠枝

（5）串枝　乍看起来与缠枝图案似无多大区别，但仔细分辨，二者还是有不同的地方。缠枝的主要枝梗必须对主题花的花头做环形的缠绕，串枝的主要枝梗则把主题花头串连起来（见图 3-14）。

（6）折枝　是一种花纹较为写实的形式。折枝上面有花头、花苞和叶子。折枝纹样布局匀称，折枝花与折枝花之间的枝梗无须相连（见图 3-15）。

（7）锦群　又称为“天华锦”或“添花锦”，是一种满地规矩纹锦架构，特点是“锦中有花、花中有锦”。锦形和锦纹变化多样，整个结构均衡匀齐，花纹繁复而规矩，整体效果和谐而统一，富有浓郁的装饰味道（见图 3-16）。

图 3-14　串枝

图 3-15　折枝

图 3-16　锦群

云锦图案取材广泛，纹样内容甚为丰富。常用的素材有花卉、果实、走兽、游鳞、昆虫，以及仙道宝物、吉祥纹样等。其中，绝大部分是取自现实生活中人们所熟悉的自然素材，另有一部分素材是富于浪漫主义色彩的想像纹样，如龙、凤、夔龙、麒麟、天鹿、莺鸟等。

二、云锦配色技巧

在色彩感情上，我国传统向来爱好温暖、明快、鲜艳和强烈的积极色，不喜欢弱色和间色。青、红、黄、绿、紫、白、黑，成为我国装饰用色上的主要色彩。

云锦图案的配色，主调鲜明强烈，其庄重、典丽、明快的配色手法，与我国宫殿建筑的彩绘装饰艺术轩昂的气势一脉相承，多是用大红、深蓝、宝蓝、墨绿等深色作地色，而主体花纹的配色也多用红、蓝、绿、紫（包括绛色）、古铜、鼻烟、藏驼等深色装饰。

在云锦图案的配色中，还大量使用金、银（金线、片金，银线、片银）这两种光泽色。金、银两种色，可与任何色彩相调和。“妆花”织物中的全部花纹是用片金绞边，部分花纹还用金线、银线装饰（“金宝地”织物，使用金银线就更多了）。金银在设色对比强烈的云锦图案中，不仅起着调和和统一全局色彩的作用，同时还使整个织物增添了辉煌的富丽感，使之更加绚丽悦目。这种金彩交辉、富丽辉煌的色彩装饰效果，是云锦特有的艺术特色。

三、云锦纹样创作口诀

云锦纹样创作口诀是“量题定格、依材取势，行枝趋叶、生动得体，宾主呼应、层次分明，花清地白、锦空匀齐”。

“量题定格、依材取势”，这两句是说在设计图案时要先确定主题思想、所运用的素材以及大体的格式、造型。“行枝趋叶、生动得体”，是说在描绘花卉、植物等形象时，要抓住主要特征进行概括提炼，并生动形象地加以表现。“宾主呼应、层次分明”，是说要有主次之分、层次之别。最后两句“花清地白、锦空匀齐”，是说最后达到对立统一的艺术效果，看起来整体有和谐美，但所表现的景物又各有特点。这八句口诀从取材立意到纹样的章法造型、从素材处理的形式法则到最后所要达到的艺术效果，都做了精炼而全面地概括。

第四节
云锦的意匠图制作

意匠图，即表示纹样经纬组织规律的图。意匠图的绘制是将设计好的纹样移绘放大到意匠纸上，同时根据纹、地组织和装造条件，在花纹面积内进行组织点覆盖，从而绘制成一张意匠图（见图3-17）。

图3-17　绘制意匠图

绘制意匠图是一项技术性、艺术性都很强的工作，既要严格按照纹样来绘画，又要体现原纹样的风格特点，同时还要修饰和提高，并符合组织结构的要求。织物图案效果主要取决于意匠图的质量。意匠图绘制法总结如下：

1. 投影法

投影法是将准备好的意匠纸平放在桌子上，然后将纹样放大在意匠纸上。手工放大采用方格放大法，在纹样和意匠纸上画（标明）同样比例的格子，然后再临摹。纹样放大机放大法则需在暗室中进行，利用投影原理将纹样轮廓直接放映在意匠纸上，然后用铅笔沿投影进行描绘。

2. 移绘

移绘是用铅笔把花纹轮廓从纹样的每个方格中移绘到意匠纸上相应的方格中去。移绘时要先主后次，由里到外，先花后叶，由粗到细，用笔宜轻，线条清晰，对花纹的细小部位也要画成双线，纵横宽度至少两格。

3. 修改

全幅放样完毕后，要从整体出发做一次精细修改，并检查上下、左右线格是否衔接（俗称接回头）。在花纹轮廓所包围的面积中，用与勾边时同样的颜色水粉涂满，这种意匠画法称为平涂法。意匠图上的各种颜色只是代表不同组织结构的花纹，织物组织越复杂，意匠图上色彩越多。所用颜色要求色界分明，可以任意设色；平涂时，水粉要调涂均匀，不要太浓，以免盖住意匠格子线，如图 3-18 所示。

图 3-18　金文大师意匠图示范涂色

第五节 云锦的挑花结本

云锦的纹样从图纸过渡到织物上的桥梁是“挑花结本”，这是云锦织造中的作用原理，是云锦生产工艺中的重要环节，同时也是我国古代丝织工艺最宝贵的遗产之一。挑花结本，简要地说，就是用丝线（俗称“脚子线”）作经线，用棉线（俗称“耳子线”）作纬线，对照绘制好的意匠图，经线则对应意匠图上的横格，挑制成花纹样板“花本”。然后运用“花本”，与机上牵线兜练，通过牵线连接经丝，提经织纬完成织造任务。

一、挑花含义

挑花是“挑花结本”中最基本的主要工艺（见图 3-19），即按图稿挑制花本的工艺。

一般来说，任何一个纹样，只用挑花工艺就能编制出供上机织造的花本。

二、挑花纹样

挑花也称出样子，由挑花匠或专门的画匠根据订货要求进行设计，传统的设计方法为“四方连续、八方接章”的图案构成，是一种“以简达繁”的创作设计。即在设计单位纹样时，先设计出主题意境的局部单位纹样（见图 3-20），然后将纹样变化复制，对接拼合，形成一个完整而优美的单位纹样。设计的关键是花纹衔接要妥适自然、流畅和谐。这种设计的优点是：构思精巧，花纹简练；在匹料剪裁使用时，拼接花纹方便灵活；挑花结本省工省时，可提高效率、减少错误。图 3-20 所示的图稿为团花，图案对称，故只需挑花 1/4，横顺格只打 1/4，为 2 寸格见方，每寸格分 8 牙，每牙 10 根花本金钱，图稿与织物同大，四则花。

图 3-19　挑花操作

图 3-20　挑花纹样稿示意图（金文绘）

三、挑花器具认知

1. 挑花架（见图3-21）

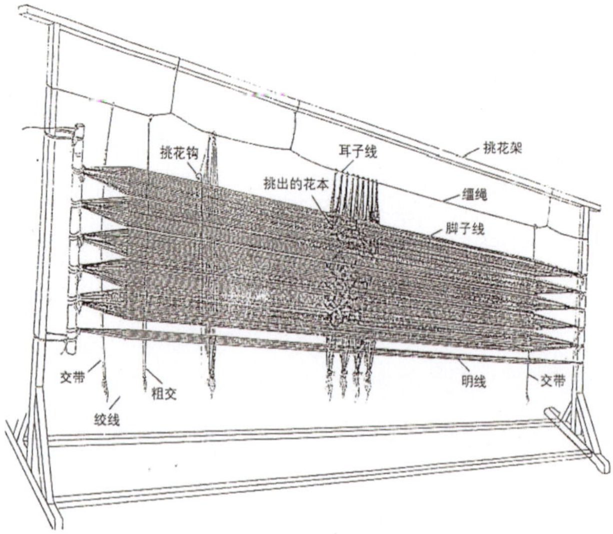

图 3-21　挑花架（金文大师绘）

2. 挑花钩（见图 3-22 和图 3-23）

挑花钩有两种：一种为小钩，是最主要的挑花工具；另一种为长钩，其结构如小钩，一般做挑花的辅助工具，适合挑一些简单又跨位长的花纹，常用于挑花时在某处做标记。

图 3-22　每根钩子代表一根纬线

图 3-23　挑花中长钩特写

四、挑花过程

挑花要求“心思灵敏，算数清楚”，要有空间概念、计算能力与记数技巧。挑花时，先把打好格的纹样图纸夹在挑花架左上方缓线上，记清寸格和牙格所对应的花本粗交位置，也可按寸格做上记号。挑花按图纸从右面起向左面顺序从上往下一架一架挑制，每架中又是从下往上挑，每挑 1 根线为 1 铲，数铲为 1 梭，10 梭为 1 牙，顺序从 1 牙挑至 8 牙，接着再进行下一寸格的挑制。挑时右手持挑花小钩插入脚子线中，起花脚子线挑在钩前，不起花脚子线留在钩背，左手帮助劈线数丝，按明线所排铲次顺序挑制。第一铲挑金最关键，妆花纹样都用金线包边，所以金线实际是纹样的轮廓线，行话称“走迹”，最要费心思算度。纹样的轮廓形态走迹出来后，里面的晕色比较好摊算，挑时随挑好的走迹耳子线一别就出，挑制熟练者会层层别让，出花就快了。妆花的花本经纬之比多为 3∶2，即经向若为 3 根线，则纬向只有 2 根。每牙格经向为 10 根脚子线，纬向为 6～7 梭（每梭有若干铲耳子线），每寸格经向为 80 根脚子线，纬向为 53～54 梭。纹样多由各种曲弧线组成，推算走迹的好坏直接影响纹样的效果，所以要将曲弧线做得圆润玲珑、自然流畅，忌讳僵直呆板，行业中有“忌直贵曲”之说。《蚕桑萃编》中对空间计算数目挑结花本有简约的记录：“其横顺格一格为一片，即是一空，空有大小多少不等，此以数结成横格者，梭数目也。一切起花，皆在梭数顺上分辨。熟于经纬者自能巧夺天工也。”

挑花结本全过程如图 3-24～图 3-27 所示。

图 3-24　挑花结本的过程

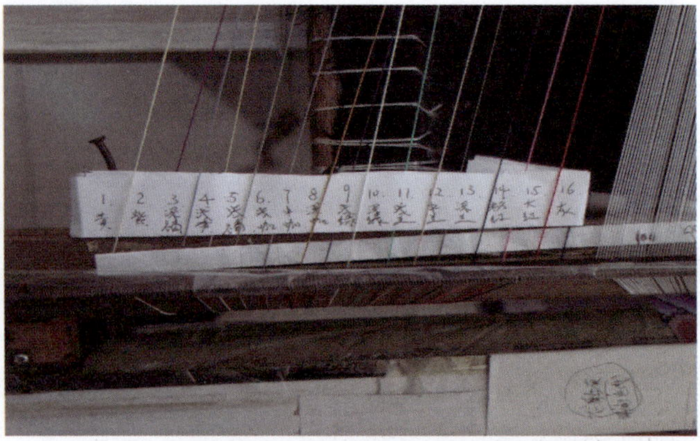

图 3-25　挑花结本过程中标记纬线色彩的彩线

图 3-26　挑花结本半成品

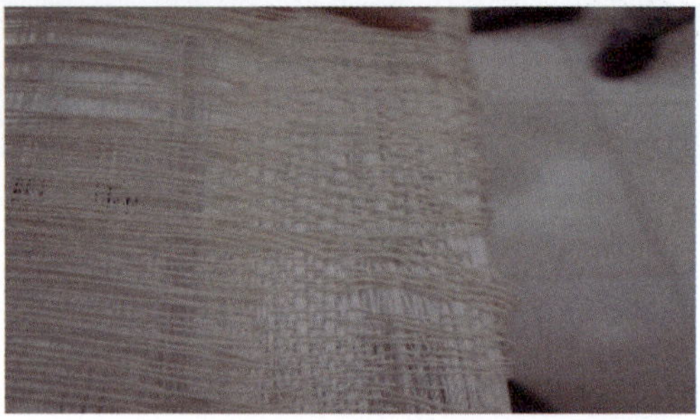

图 3-27　挑花结本半成品特写

第六节
云锦的织前准备

一、倒花

倒花是根据已挑的花本再复制出一个新花本的工艺，配合挑花、拼花，即可制作完整花本。倒花复制花本按其目的不同可分为两类：一类为用“祖本”复制“行本”。祖本是指挑花结本产生的原始花本，通常是作长期保存的样本，一般不直接上机使用，从祖本上复制出来上机使用的花本叫“行本”。另一类为用挑制的局部花本即“拼本”，经过倒花、拼花等多次复制工艺，最后制作成完整的花本。这一类倒花较为讲究，可运用多种倒制方法变换复制花本的方向位置，是倒花工艺的精华。

（一）倒花过程

第一步，备好白本花的材料。“白本”就是还没有编入“花”的脚子线和耳子线。第二步，将白本脚子线与祖本脚子线兜连，兜连按1∶1顺序兜入脚子线，这样祖本花就能传递到白本进行复制。第三步，拴花，即按照倒花的要求把兜连的祖本、白本绷拴在倒花架上，如图3-28和图3-29所示。

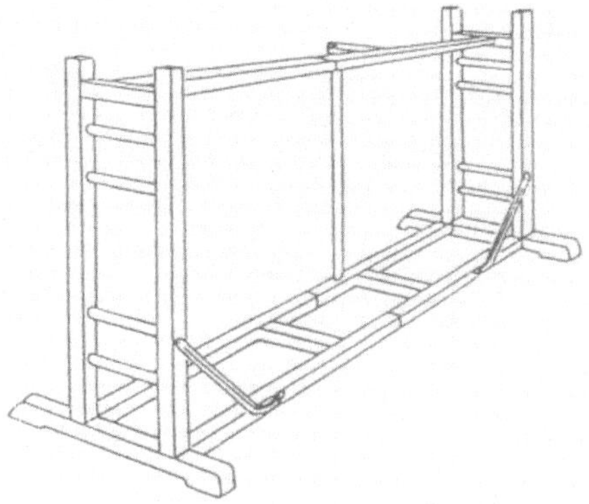

图3-28　倒花架（金文大师绘）

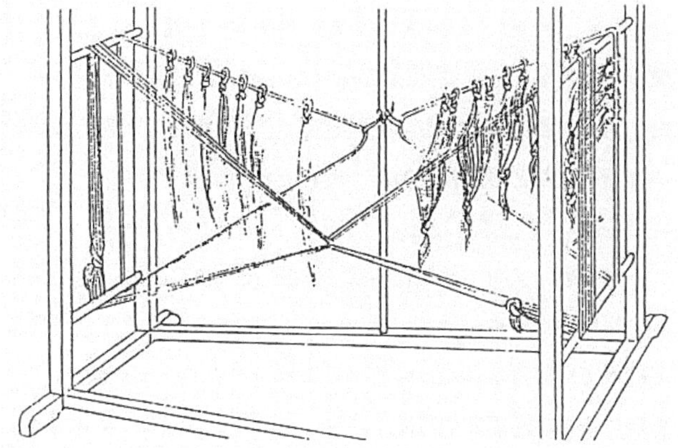

图3-29　倒花架花本栓结示意图（金文大师绘）

（二）倒花操作基本形式

1. 卷花和翻花

倒花时用原花本耳子线（过线），在同本脚子线的上、下张口间的转移，由上往下称“卷花”，由下而上称“翻花”，如图3-30所示。

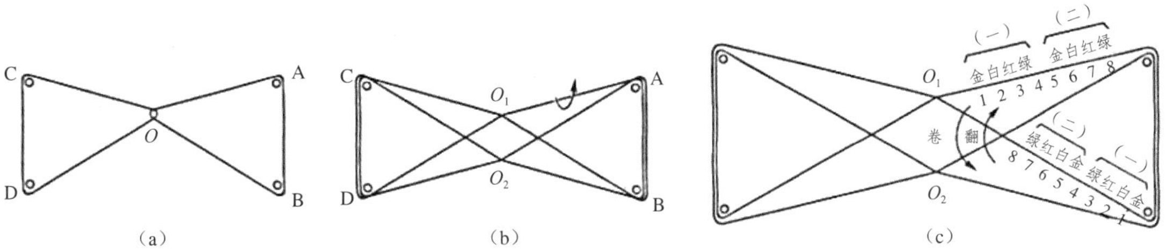

图3-30　倒制张口及卷花、翻花示意图

2. 过花

倒制时用原花本过线，把花面在甲本和乙本脚子线间转移称作“过花”，如图3-31所示。

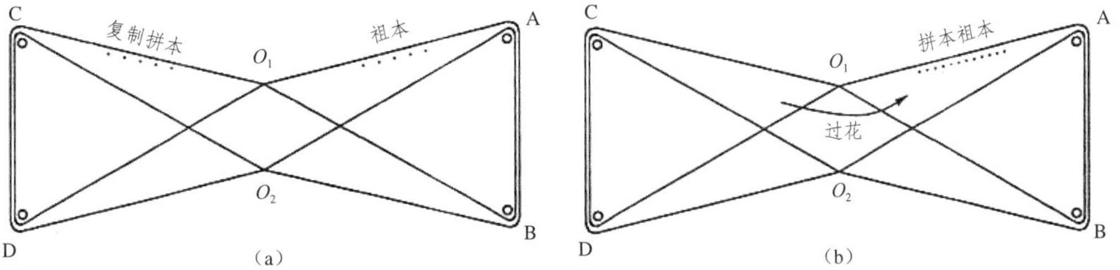

图3-31　过花示意图

3. 传花

当祖本卷花或翻花时，在白本形成的张口里掏入耳子线，称“传花”，如图 3-32 所示。

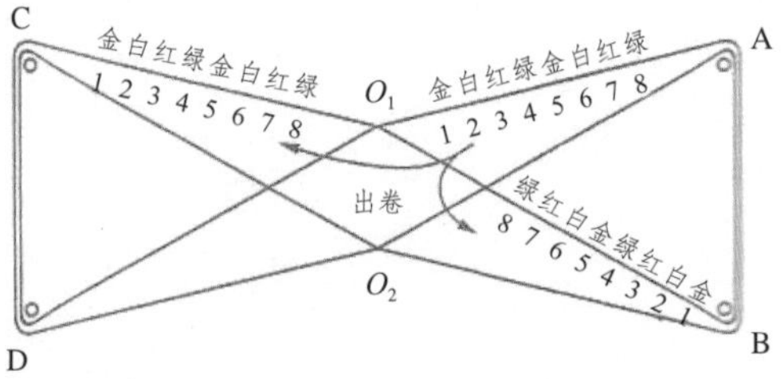

图 3-32　传花示意图

4. 翻彩

翻彩又叫“打倒轮”或“倒驳”，如图 3-33 所示。

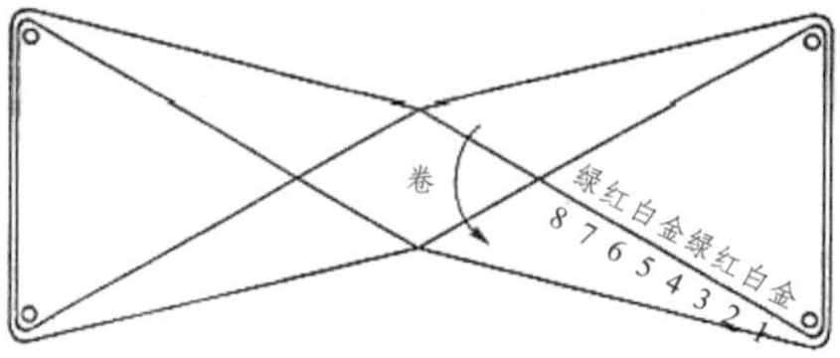

（a）卷花后花和彩的排列方向都同原来相反

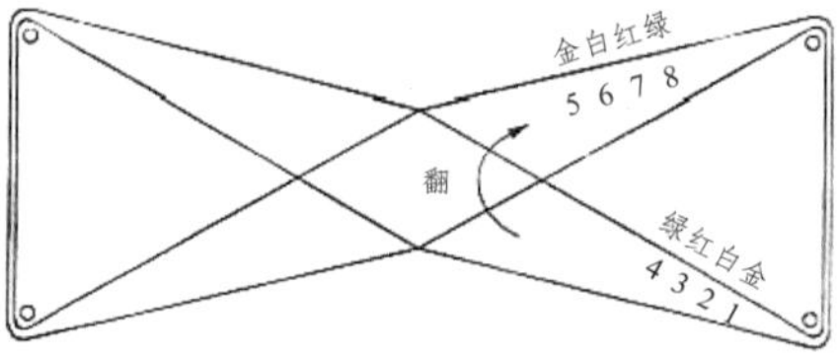

（b）以“梭”为单位进行翻花，图中第2梭翻回上张口后，梭内彩的排列由绿红白金还原为金白红绿

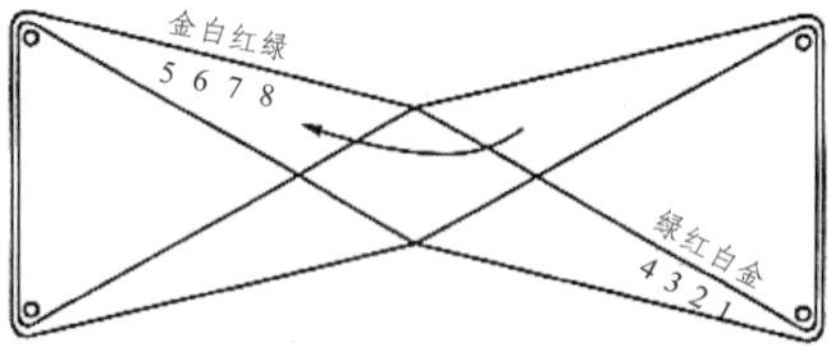

（c）将第2梭从祖本过到借本上

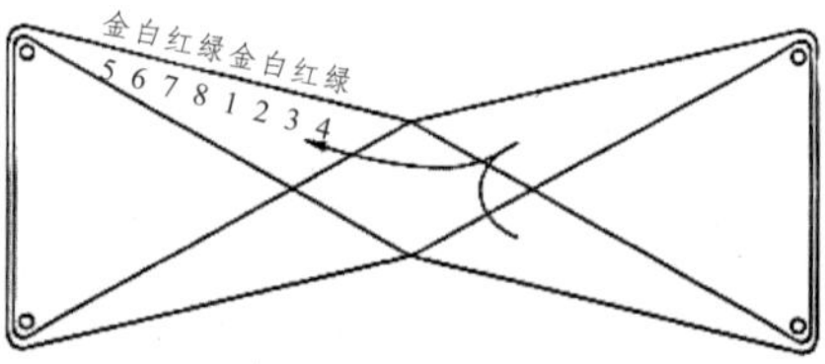

（d）将第1梭翻花到上张口，再过到借本上同第2梭汇合

图 3-33　翻彩示意图

5. 反花

反花也叫“抠花”，是倒花时将张口的上下层互调，下层部分翻上来，上层部分翻下去，形成反花张口。反花在具体的运用上要与卷花、翻花、过花或传花结合进行，如图 3-34 所示。

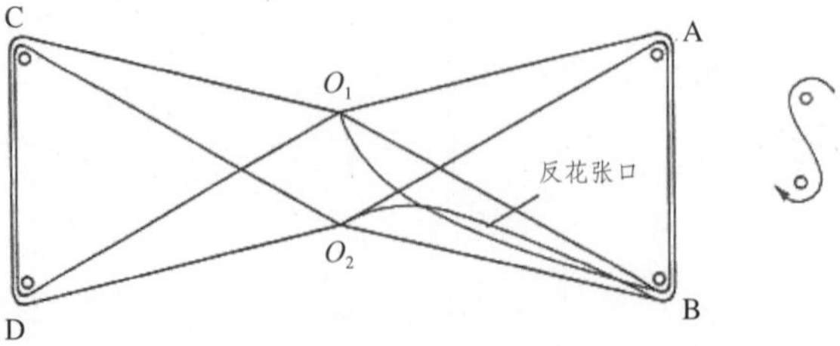

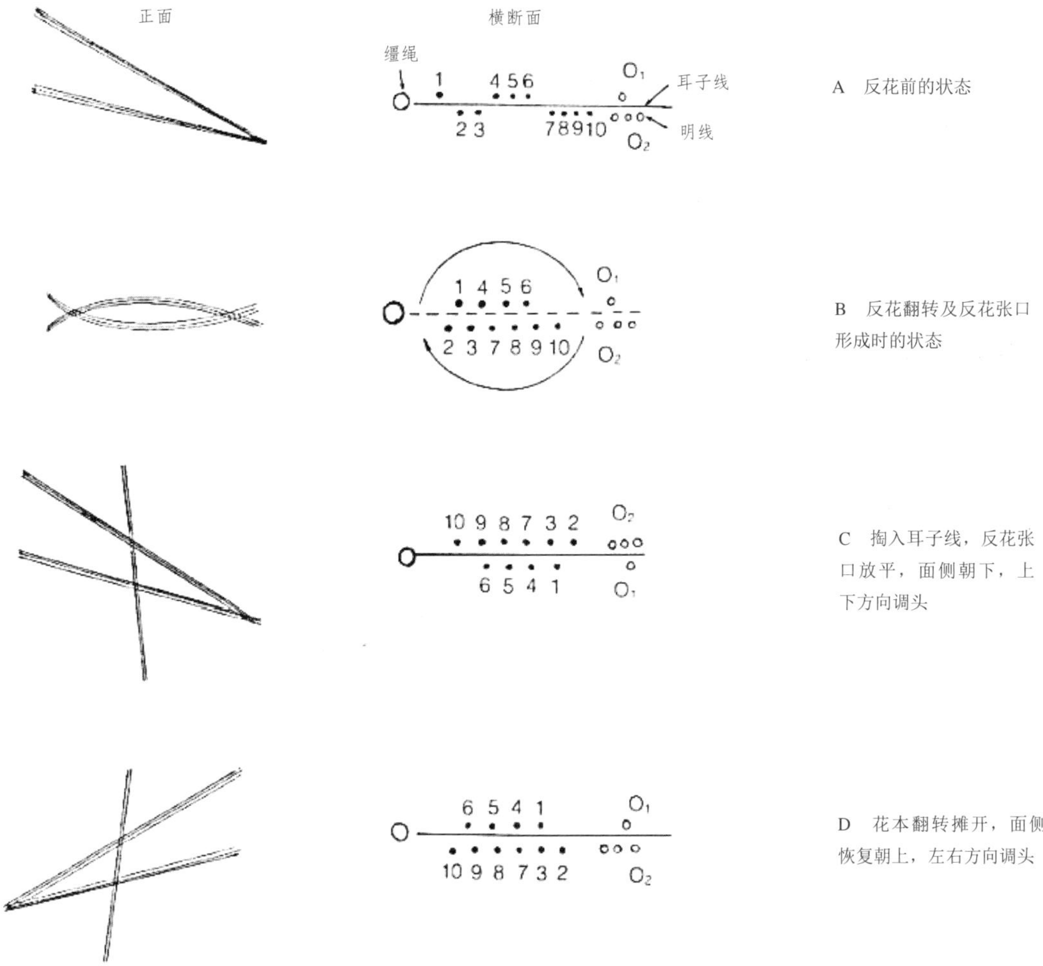

图 3-34　反花示意图

6. 同花

“同花”是两本花交错的部分拼合的一种特殊的倒制方法，如图 3-35 和图 3-36 所示。

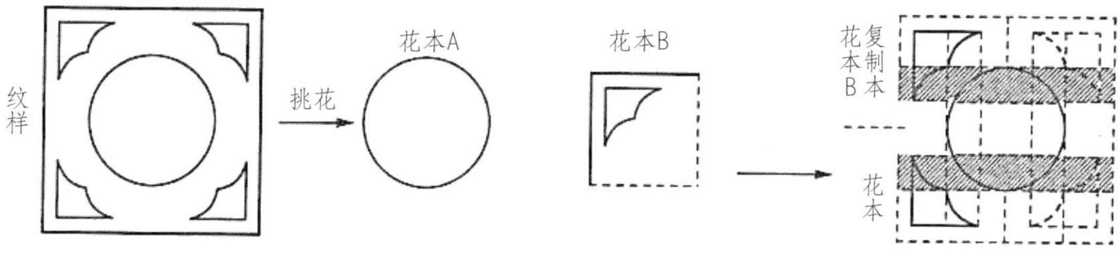

图 3-35　同花示意图

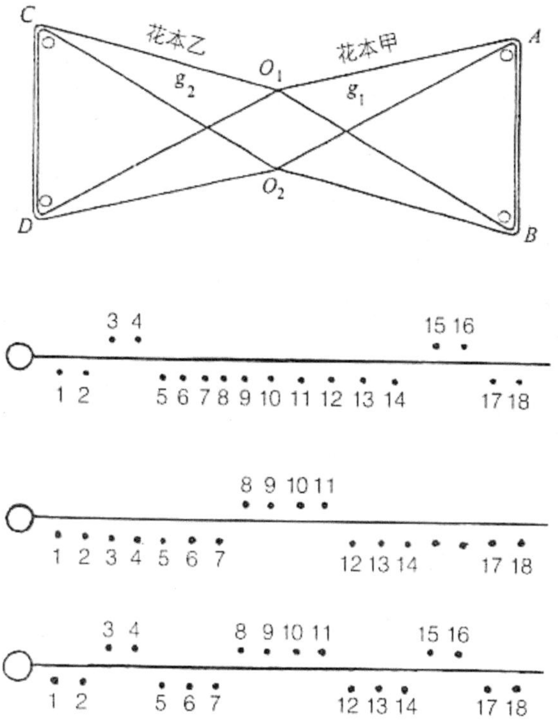

A　花本甲和花本乙兜连后，两边两人同时提起过线形成g1g2复合张口，一边掏过线入下开口，即为同花

B　花本甲张口断面

C　花本乙张口断面

D　花本甲、乙复合张口断面，即同花的花面效果

图 3-36　同花复合张口示意图

二、拼花

拼花是制作大型花本时进行多个花本拼接的工艺。对花本进行拼合，将两本及其以上的花本（拼本）经过拼合成为一本花，这是挑花结本中一道重要的工艺。大花楼提花机上使用的花本大多要进行拼花，尤其是龙袍等独幅纹样的花本一般要经过三次拼花才能上机（见图 3-37）。有些小纹样，为了省工和提高效率，只挑制局部纹样，然后通过拼花、倒花来完善花本。拼花无须特殊的工具，操作时只要把两拼本花平行并列拴吊，将上本过线穿入下本，即可把两本花脚子线拼合为一。拼花要仔细的是操作特点，由于不同部位的花纹色铲会变化，上本有而下本无或下本有而上本无，稍不留意就会花铲错位，造成错花和返工。

图 3-37　云锦龙袍复制拼花示意图

（一）拼花过程

图 3-38 所示的拼花过程如下：

第一步，先梳洗整理拼本。拼花需两拼本横向并列、上下本过线纵向对位才能进行，所以拼前先要把两拼本拉开比较，将两拼本花纹耳子线编结位置、两头空角子的长

度整理对齐。

第二步，梳洗脚子线。把花本上因纹样的变化造成的编结疏密松紧的脚子线梳洗整齐。操作时脚子线要分成数束分别梳洗，梳洗完并合，剪齐洗出的长线，先打一个磨盘结，固定洗齐的脚子线，再打一个蒜头结将线头藏入。

第三步，打腰箍。花本梳洗整理后，一些较长、未与耳子线编结的脚子线，还会在拴挂花本时坠塌下来，影响拼花，所以需要打上腰箍。方法是先解开花本耳子线结，行话称为“撮”，取边上数根耳子线从下面往后兜住松脚子线，向上绕，从前面兜回，再和其他耳子线重新打撮。打腰箍的间隔跨度可视松脚子线的情况，一般隔 10 个打 1 个即可，无松脚子线的地方，不必打腰箍。

第四步，拴花，如图 3-39 所示。即是把需拼花的两个拼本花分别吊挂起来，检查核对花本标签。先拴上层花本，再拴下层花本；先吊挂缓绳，后拴脚子线，花本面侧向外，底侧朝里；并在上、下层拼本剖口间留有间隔，使上下层花面区分，明线清爽，这样拼时不易造成错拼脏花。

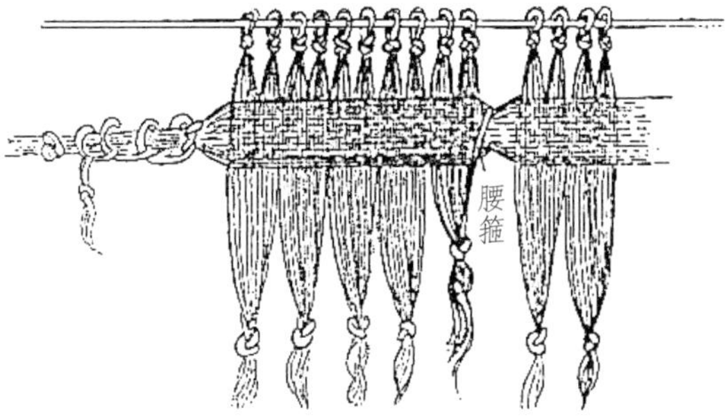

图 3-38 打腰箍示意图

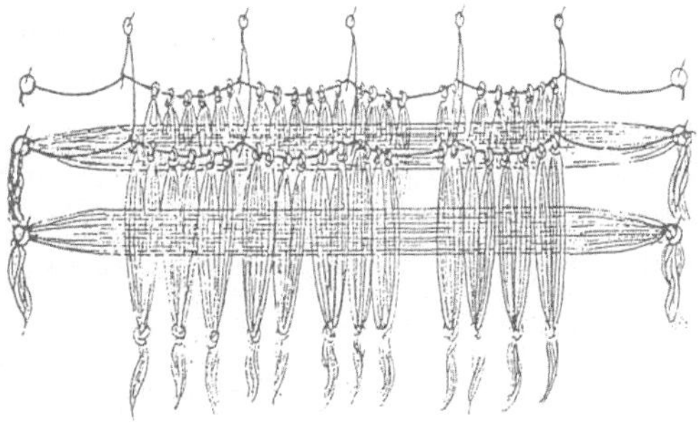
图3-39 拴花示意图

（二）拼花的方法和要求

拼花就是把上、下两个拼本经线（脚子线）并列拼合在一起，用上层花本纬线（耳子线或称过线）穿入下层花本纬线里，替换出下层花本纬线，这样就把两本花拼合成一本花。

1. 拼花的耳子线引换

把下层花本花面以下的耳子线，按明线排列的次序提起一根，使脚子线面侧和底侧分离开口，手即顺这根耳子线伸进开口，向上夹住上层花本相应明线的耳子线，再回抽将其穿入下层花本，同时将下层花本中原有的耳子线抽出，这样就完成了一根耳子线的引换操作。

2. 拼花的基本要求

在挑花和倒花部分都强调过：一个纹样稿分两次以上挑制，或挑一部分倒一部分的祖本、拼本，必须使其明线颜色和排列次序完全相同，这个规定主要是为拼花提供标识。拼花时必须看清上、下层花本的明线色彩，按明线分色排列次序，依次一根一根拼换耳子线。不同梭不同色的不能拼花，否则花本就拼乱。

3. “来花”“脱彩”的处理方法

由于花纹及用色在花本中是个变量，时多时少、时有时无，行话称“来花”和“脱彩”。来花是某部分纹样在花本里刚出现，脱彩则是指某部分纹样在花本里已结束。新出的耳子线和突然断头的耳子线一经发现，马上要查看挑花稿，看是否是来花或脱彩。拼花操作时习惯了下一根上一根顺序相拼，当来花和脱彩出现了，如果不注意上下层耳子线所穿的明线色彩一致，就会把两个不同色铲的花拼在一起，而且很容易继续错拼下去，所以，“同色同梭才能相拼”是拼花的基本原则，如图 3-40 所示。来花和脱彩有三种情况：（1）上、下层花本同时来花或同时脱彩，这种情况较易处理，花上、下同色相拼，脱彩上、下同时结束。（2）上层来花或下层脱彩，是一种上层有耳子线下层无的情况，直接把上层耳子线穿入下层同色明线中即可。（3）上层脱彩下层来花，这种情况是下层有耳子线而上层无，所以要在上层耳子线结上添加一根耳子线，并用它来拼换下层花本里的耳子线。

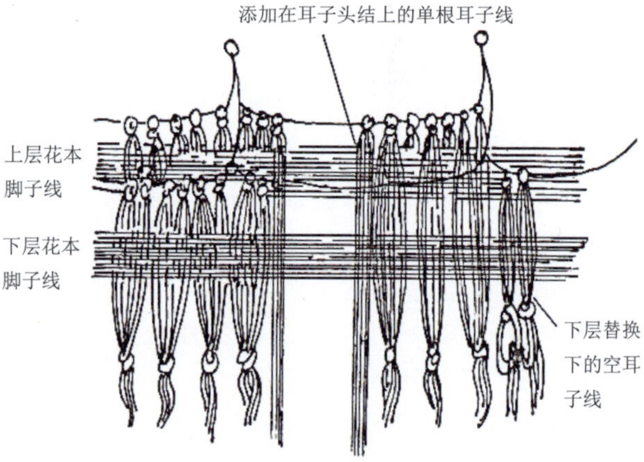

图 3-40　来花脱彩示意图

三、拽花

拽花有挽花、攀花、牵花、拉花等叫法，亦有拽面侧花、底侧花，翻拽、拼拽、尾打头拽、倒坐拽等不同的拽花方法和工艺，这些都是将织造所需的提花经提拽起来，是一种配合织造的工艺，如图 3-41 所示。

图 3-41　大花楼织机拽花工作过程示范图

在长期的生产实践中，拽花操作被云锦艺人概括总结为《大花楼拽花九字诀》：“一抡、二掀、三抄、四会、五提、六捧，七拽、八掏、九撒。”这九字门决是拽花操作的要领和步序，如图 3-42 ～图3-50 所示，下面逐一简释。

一抡：按花本明线顺序，用左手把当铲耳子线拣出向左“抡”开。

二掀：把抡开的耳子线前移的同时下掀，使耳子线上下的脚子线分离。

三抄：右手抄进已分离的两层脚子线之间，将需拽脚子线挽住。

四会：左手捏着耳子线上下挥动一次，与右手挽住的脚子线交会，检查所抄入的脚子线有无遗漏或多抄，若有的话手上会有感觉，放拿清楚即可。

五提：将右手挽着的脚子线用手腕力向上提，使与之相兜连的纤线拉开，形成当口，同时脚子线的下开口拉出。

六捧：左手伸进纤口，握住分离出的应拽纤线，同时右手挽着脚子线也伸进纤口内，与左手共握纤线，状如捧物。

七拽：把捧着的纤线拉拽提起，形成织造开口。

八掏：左手伸进花本脚子线的下开口里，用食指、中指夹住当铲耳子线根部，回抽掏出，铲花本耳子线从上“磨口”抽出，越过兜连纤线，掏入下“磨口”，如图 3-49 所示。

九撒：即撒手丢开纤线。若是夹纤重的花，还需在拽纤口下部弹“撒”一次纤，使纤线回落清爽。

图 3-42　一抡

图 3-43　二掀

图 3-44　三抄

图 3-45　四会

图 3-46　五提

图 3-47　六捧

图 3-48　七拽

图 3-49　八掏

图 3-50　九撒

以上 9 个动作，连贯衔接，一气呵成，要在 3～4 s 内迅速完成。操作的重点是注意清爽，尤其是“抄”“掏”二字；若操作不清会造成错花，不仅会影响本块花纹样，还会影响后续循环的纹样。保持花本清爽，“磨口”长短是重要条件。磨口是指花本脚子线在兜纤口转拽的上下距离，通常为“上七下八”，即上磨口 7 寸下磨口 8 寸。在拽花时，可用“磕”耳子线的松紧来调节磨口的长短，磕的动作在“掏”中进行，用手夹住耳子线先往下一磕，再将其掏出，这样耳子线就被一次次磕压打紧，若需松时则不磕。

第七节
云锦的织造

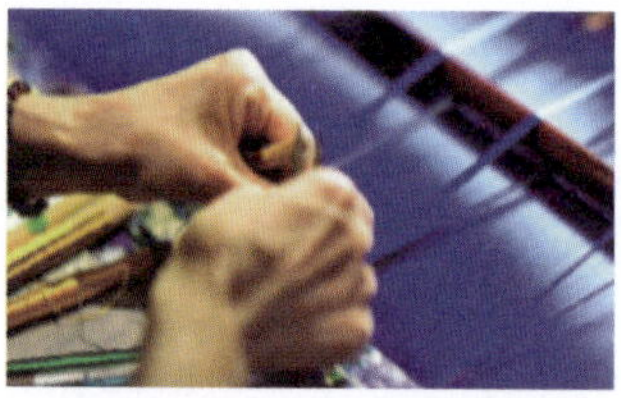

一、大花楼提花机织造操作特点

大花楼提花机织造操作（图 3-51），需织造工手足并用与拽花工相配合来完成，织造工之手主要进行投梭、铲纹刀、过绒管、打纬等作业，其足主要进行踏竹障带动范幛开口和制动筘框等作业，操作是协同连贯的，有基本的程序、规律，同时也要随纹样的变化不断进行调整。为了减少提综数量、降低劳动强度，云锦采用反向织造的方法，即织造时织物的正面朝下。这时看到的花纹与实际方向相反，对织造者提出了更高的要求。

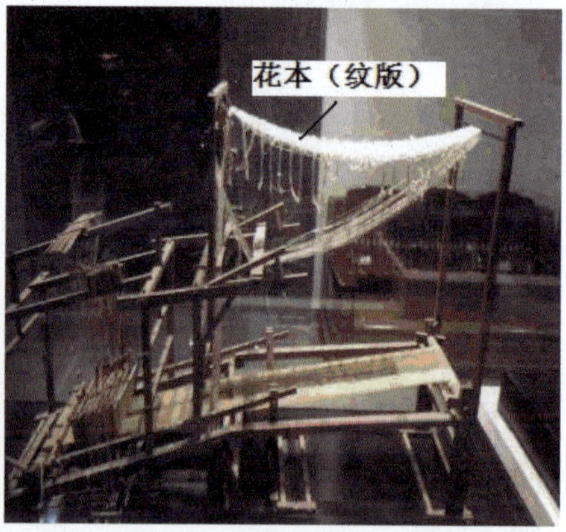

图 3-51　大花楼织机（金文大师示范云锦织造）与模型（右）

二、云锦织造的步骤

1. 投梭

与一般织物的引纬相同，先用脚踏起范子，形成地组织开口（暗花地加拽花开口）、用梭子在经丝开口内往返甩投、将纬丝引入，如图 3-52 所示。妆花云锦手织用梭子和彩绒管（纡子）。

2. 铲纹刀

铲纹刀是妆花织造的专用工具，如图 3-53 所示。纹刀硬木制，平直光滑，侧面中间开槽，称“纹刀肚”，肚中可容包金纸包着的数十根扁金线。云锦枚花纹样边缘都要用金线装饰，俗称“金包边”。一般排金线为第一铲，“金打头”操作时，织手在拽手提起花的同时踏竹障压幛（起花部间丝），右手将纹刀插入提花开口，左手理出一根扁金头，掐住。然后右手将纹刀抽出，扁金便留在梭口内，伏框打纬将扁金推入织口（图 3-54）。

铲纹刀口诀是“三响纹刀”。“三响纹刀”即铲纹刀要有三个响声：铲纹刀时刀尖必须靠到护梭板，发出响声以示到位，是第一响；纹刀沿着底条及筘运动相互摩擦发出响声，为第二响；纹刀抵达经丝梭口另一边，刀头碰到框闩发出响声，是第三响。

3. 过管挖花

过管挖花操作时需用纹刀作辅助工具，同时踏竹幛不动，直到所有花纬织完，才起脚换竹打地纬。当拽花经丝开口后，先将纹刀插入翻转 90°，使纹刀撑开梭口上下层经丝。这个动作称为“站纹刀”。然后，左右手配合顺序过管挖花，将该铲次应织的色纬分别引入，纹刀一倒，抽出，接着插入下一铲提起的花经开口中，如图 3-55 所示。

图 3-52 投梭示范

图 3-53 铲纹刀特写

图 3-54 铲纹刀示范

图 3-55 过管挖花

铲纹刀过管的口诀是“三响纹刀、四响管”。“四响管”即过管挖花的四个动作步序。从盖机布上拣起纬管时，管与管相碰为第一响。纬管投入梭口时，纬管前端碰到纹刀为第二响。纬管穿越梭口，另一手接管时，纬管的后端碰撞纹刀为第三响。纬管放回盖机布时与纬管相碰为第四响。

“三响纹刀，四响管”是师傅带徒传授操作技术时，分解动作要领的形象说法，实际操作中不一定都有这几响，主要是说铲纹刀要有力、到位，过管要快捷、清爽。

过管挖花还有“穿、弹、别、让”的口诀，这是指根据不同的提花经面灵活实施四种过管方法。“穿”，大型花纹梭口较宽时，将纬管横置，用手腕力直线横穿。“弹”，中等宽的梭口，用手指“弹”的方法过管，管呈弧线运动，易出四响；“别”，较窄的梭口，用将管竖着过管方法；“让”，当提花经里遇有挂丝、错花时，若织手能看出，可在过管时让出，不必重提花，以节省时间。

4. 打纬

打纬俗称“碰框”。打纬机构由筘框、吊框绳、撞杆、高压板、竹障、立人等组成。在投梭、铲纹刀、过管挖花等作业时，筘框停在后位，并用左脚踩竹障，连动高压板降落，将撞杆刹住。引纬完毕打纬（图3-56）时，左脚脱离竹障，高压板回升脱刹，然后用双手扶住框盖，将筘框拉向织口，把纬丝打紧。一般地纬和妆绒需重碰一两次，而扁金打纬只需轻轻拉向织口，以防止扁金翻转（扁金为单面金，翻转会露出纸背）。打纬是手工操作，除了调节好立人角度和撞机石外，碰框用力大小是直接影响织物纬密平衡的因素，要经常检视，注意调整。打纬的口诀是“框响脚落纬翻身”，即打纬要在箱框打下、发出撞击声后，再将踩起的范子放下，使纬丝在开口的情况下被撞击，松紧回弹均匀。这样织出的锦，地板平实，绸边整齐。

5. 摸脚

范幛与脚竹相连，由织手用脚来控制，如图3-57所示，因为只能凭感觉操作，称为“摸脚”。摸脚的动作决定了经线的组织规律，一旦发生错误将无法修补，因此摸脚一定要准确。

图3-56　打纬

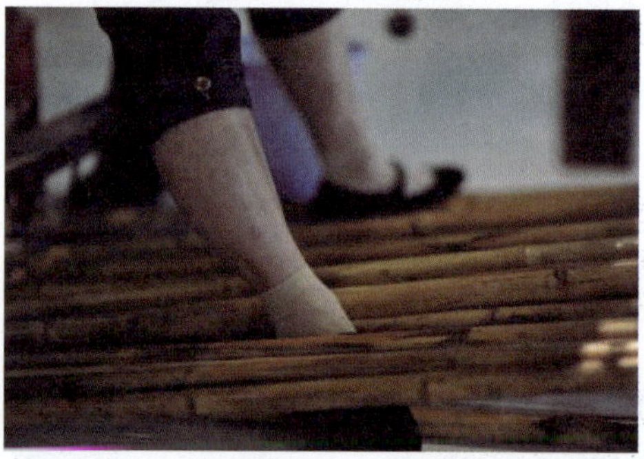

图3-57　摸脚

第八节
云锦工艺特色传承与现代创新

挑花结本、白经彩纬、晕色渐变是云锦设计织造工艺的重要特征；盘梭妆彩、通经回纬是妆花的主要特色，大花楼织机是云锦的传统织造设备。现代云锦应在传承传统技艺的

基础上适应时代需求，进行题材、纤维等创新和CAD虚拟仿真设计，采用现代电子开口大提花剑杆织机。

一、纹样设计与绘制

1. “色纬填格、意匠绘制”

云锦最较早采用“色纬填格、意匠绘制”的绘制手法，这种移绘手法精细准确。移绘纹样是一项技术性、艺术性都很强的工作，既要体现原纹样的风格特点，同时还要修饰和提高，并符合组织结构的要求，花型缩放不走样、纹样细腻，这对以多重色晕（渐变）见长的云锦纹样尤其适合，可以根据织物实际经纬线密度比值，确定纹样意匠的经纬格之比，常用经纬意匠格之比为3∶2，采用 纵12格×横8格的意匠纸。

2. 晕色渐变

云锦的妆花特色是配色“逐花异色、荤素搭配、艳而不俗”，其根本原因就是利用了色晕渐变的方式，如图3-58所示，将其中的重彩花用渐变色调和，里深外浅的叫正晕，外深里浅的叫反晕。

图3-58　云锦妆花的晕色渐变

二、织造准备工艺

1. 挑花结本

挑花结本是云锦织造准备的基础和特色，实际上是准备织造引纬时经纱的升降次序，与现代织机纹板作用一致，是现代机械大提花织机纹板帘的起源。

“挑花”就是根据纹样中经纱的提升次序，用带钩的竹签（挑花杆，见图3-22和图3-23），将不同位置的经纱挑起（图3-24），其间要标记出不同经纱位置的纬线颜色（图3-25）。“结本”是指用竹签（挑花杆）上钩着的棉线绳（俗称耳子线）取代挑花杆，形成对应的一纬引纬时的经纱提升次序，每若干耳子线绑结在一起，简称“结本”，组合形成“花本”（如图 3-27 和图 3-28 花本即相当于机械大提花织机的纹板帘），将经丝提升次序传递给云锦所用的束综提花织机，大花楼上的拽花工将对应的经纱提起，因而花本是由纹样过渡到织物的桥梁和织造的前提。

云锦的“挑花结本”操作过程中，经纱提起可以定义为“1”，经纱落下为“0”。法国人 Jacquard 根据其所蕴含的“0 或 1”的编程控制思想，设计出了现代纸孔编程的自动大提花织机。新型电磁控制升降的电子提花机也是基于这个原理。

2. 材料选用彰显传统织锦富贵

传统云锦采用蚕丝以及金线、银线、孔雀羽线。云锦属于熟织提花丝织物，即织成后不需染色、印花。生产所用主要原料——蚕丝织前均需经拼股、染色、锤炼、上油、绷光等数十道工序，按照不同品种要求加工成一定规格、颜色的经、纬原料，供上机织造。

三、云锦种类及其织造工艺特色

云锦织造工艺特色是“大花楼织机、白经彩纬、纬线显花”，即单色经、重纬组织。大花楼织机上部的拽花工和下方织手相互配合。拽花工负责花纹经纱开口，下部织手负责引纬、打纬织造。

1. 库缎、库锦、库金的织造工艺特色

库缎、库锦、库金三种云锦织造时采用“通经通纬，白经彩纬”的织造工艺，即白经（单色经）通梭织彩纬技法，如图 3-59 所示，和现代的大提花织机织造原理类似。

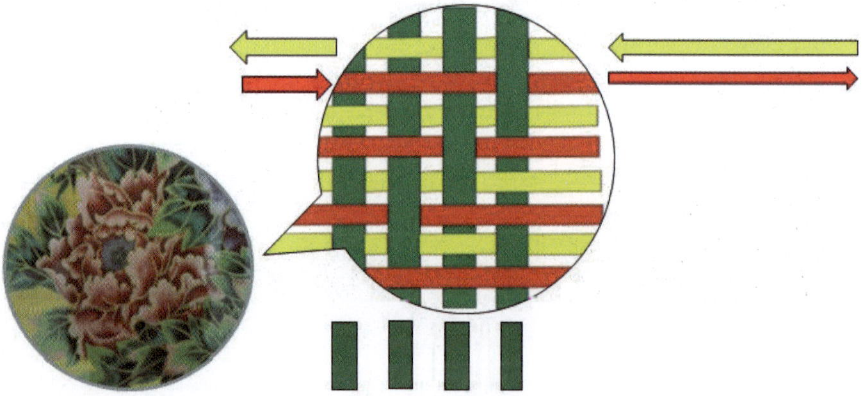

图 3-59　一色经，多色彩纬织造方式

2. 妆花的织造工艺特色

“妆花”织物的特点是用色多，色彩变化丰富。在织造方法上，是用绕有各种不同颜色彩绒的纬管，对织料上的花纹做局部通经断纬的挖花盘织。即“盘梭妆彩、通经回纬”，也称“过管挖花”，如图 3-60 所示。

纬纱在一个限定的局部内反复盘织，当纬纱到达色块的边缘时，便掉头折回，如图 3-61 和图 3-62 所示。妆花工艺中纬纱的颜色数量不受限制，是目前仅有8个储纬器的现代提花剑杆织机无法取代的。在云锦的妆花品种中，还有一种叫作“金宝地”的织物，是妆花的巅峰之作。“金宝地”以7枚经缎或7枚加强纬缎为地组织，但地组织在正反面均为纬浮线所覆盖，用圆金线（即捻金线）或者片金线通梭织地（通经通纬），而绒纬挖花（盘梭妆彩）在金地上织出五彩缤纷、金彩交辉的花纹，织品极为富丽堂皇，如图 3-63 所示。

图 3-60　盘梭妆彩示意

图 3-61　织物正面

图 3-62　纬纱反面盘织

图 3-63　北京故宫博物院“太平有象”金宝地

总之，库缎、库金和库锦由于采用“通经通纬”方式织造，纬纱颜色不多于8种，因而可以用现代无梭织机高效率生产，如图 3-64 所示；而妆花和金宝地由于采用“通经断纬、过管挖花”方式织造，纬纱颜色不受限制，因而无法采用现代无梭织机生产，只能手工生产。不同品种云锦生产方式如图 3-65 所示。

图 3-64　电子提花织机织造水墨风格云锦

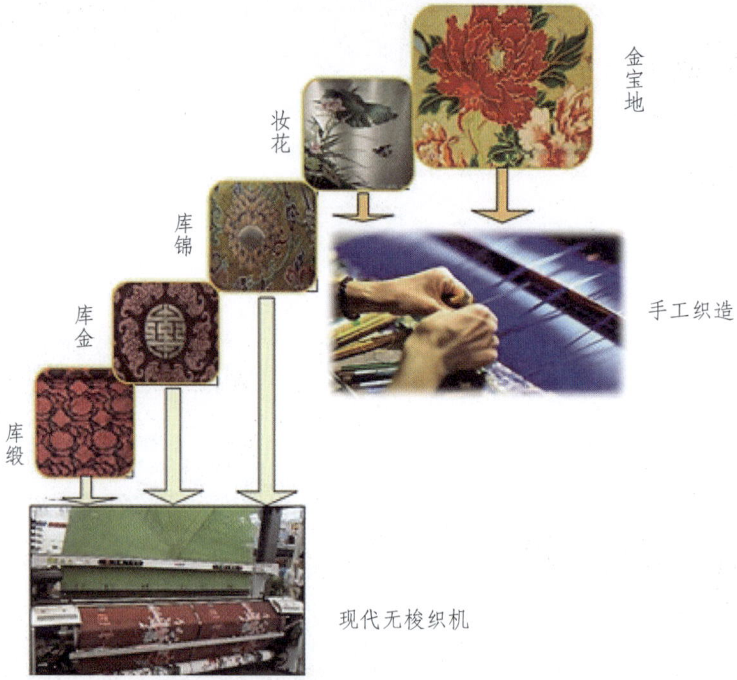

图 3-65　不同品种云锦生产方式

四、云锦的传承与创新发展

（一）传承

云锦织造技法中的盘梭妆彩法，目前还无法用现代织机替代；其他如逐花异色，晕色技法及云锦的团花、折枝、满花、散花、锦群等纹样也应继续加以继承。

（二）创新发展

1. 题材创新

云锦采用大花楼织机织造，由于花本（即提花织机的纹板）更长，花纹可以更大、更复杂，因而云锦灿若云霞。

传统云锦织造效率极低，两人配合，每日仅能生产 6～7 cm，往往仅用作皇家服饰。其用料考究，不惜工本，常用金线、银线、长丝、绢丝及各种鸟兽羽毛，难以被广大群众接受。题材与纹样多为龙、凤、夔龙、麒麟、天鹿、莺鸟等这些具有特殊象征意义的纹样，也有花卉、果实、走兽、游鳞、昆虫、仙道宝物等写实和想象纹样，纹样和题材都有局限。

云锦题材设计与时俱进、适应时代需要，将经典技艺与时尚气息、当代审美融合，不断丰富艺术表现力。如图 3-64 所示为以《卜算子·咏梅》为题材的水墨风格云锦。

2. 材料创新

云锦“白经彩纬，纬线显花”，所以现代云锦可采用低线密度棉纱如 JC7.3×2tex100D、150D有光人造丝、有光聚酯长丝等作为经纱，采用分条整浆联合机进行经纱上浆后与蚕丝纬纱交织，这样经纱受环境影响小，抗断裂强力高、耐磨性好，还可以提高织造效率高，降低成本。装饰性云锦经纬均可以采用大有光人丝、聚酯长丝等。

3. 采用CAD仿真设计

对于库缎、库金和 8 色以下库锦，可以采用CAD进行虚拟仿真设计（如图 3-66、图 3-67）、以便优化配色设计并大幅度减少移绘工作量。

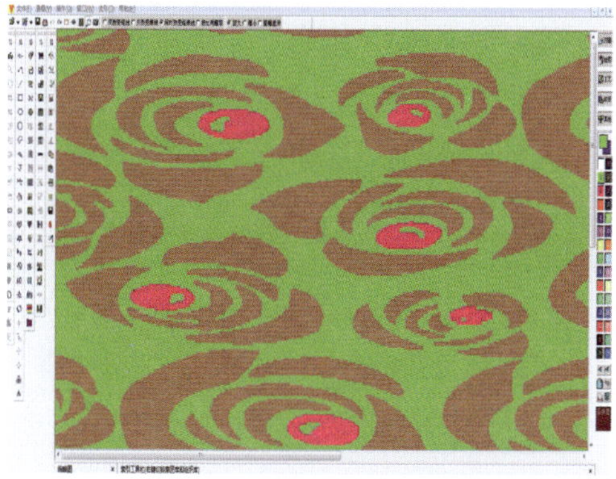

图 3-66　三色库锦CAD仿真设计

图 3-67　团凤纹样四色库锦CAD仿真设计

4. 采用电磁开口的大提花织机织造

虽然纬纱色彩丰富的手工妆花技法目前还不能用现代织机取代，但云锦中的库缎、库锦、库金，却可以采用电子提花织机替代传统大花楼织机进行高效纺织。

五、结语

云锦是我国古代纺织技术的活化石，我们应在传承传统云锦的设计手法、品种特色与织造工艺的同时，将时代气息和时尚元素融入云锦设计；创新云锦材料，采用棉纱及新型纤维长丝为经纱，基于现代织造设备与工艺，经纱上浆与各种新纤维纬纱交织；采用电子提花剑杆织机织造库缎、库锦等；采用CAD虚拟仿真设计及投影移绘法等提高效率和表现力，使传统云锦工艺注入新的生机，焕发新的活力。

第四章　蜀　锦

本章内容：

（1）蜀锦的特色；

（2）蜀锦的种类；

（3）蜀锦的纹样与色彩；

（4）挑花结本；

（5）蜀锦织造。

天下母锦——蜀锦

第一节
蜀锦的特色

蜀锦起源于战国时期的蜀国，距今已有两千年的历史。蜀锦在汉唐时期主要使用多综多蹑织机（即多臂织机）织造，唐宋以后使用花楼织机（即大提花织机）织造。现代蜀锦用木质花楼机织造，由两人同时操作，一上一下，上者提线拉花，下者投梭、打纬。

织造蜀锦运用彩条起彩或彩条添花，先彩条后锦群，方形、条形、几何骨架添花，对称纹样，四方连续，色调鲜艳，对比性强，用几何图案组织和纹饰相结合方法织成，是具有中华民族特色和地方风格的多彩织锦。

蜀锦多以彩色经线起彩，彩条添花，经起花的锦称为经锦。此外还有纬线起花的纬锦，以及经纬起花的蜀锦。

经锦以经二重或多重平纹为组织，图案按照彩色经线起伏交织显现，显花的经线会遮盖不显花经线与纬线的交织点，不同色彩的经线会表现在花样相应的色彩上。

纬锦不以经线色彩表现花纹，而采用多色纬线，梭子按顺序交替织造，所有花色均以纬线显花。纬线显花突破经线显花的花样大小及配色的限制，组织也慢慢从平纹、斜纹过渡到缎纹。

唐代中期前的蜀地织锦均是用多种色彩的经线显花的经锦。直到隋唐，特别到唐代中期后，才逐渐发展出由不同色彩纬线显花的纬锦。到了宋末至元、明、清时代，蜀锦发展为既有经线显花又有纬线显花的织锦。

第二节
蜀锦的种类

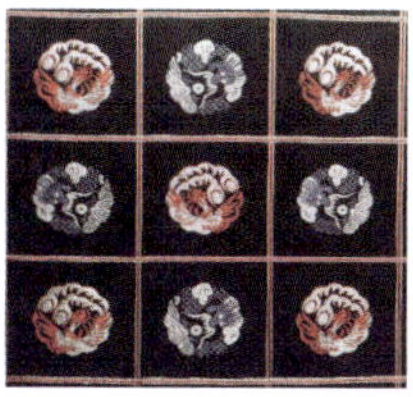

蜀锦画廊

一、月华锦

月华锦如图 4-1 所示，其织物组织为纬二重组织，八枚缎纹地上纬起花，属蜀锦彩条晕间锦系列。月华锦继承了古代织锦同色叠晕染色工艺，在牵经（整经）时，采用色经进行色相或明度渐变排列形成晕色效果，如月白色向明黄色渐变过渡，向湖蓝渐变过渡等，若明若暗、时隐时现，在那无限柔和的光晕之中，点缀着游鸾翔凤和奇花异卉，有朦胧美、韵律美和诗意。

“月华”锦由汉唐时期的晕裥锦发展而来，锦面多色彩条晕裥。一条完整的晕裥彩条，被称为一个“月牙”。晕裥“月华”锦由染色、牵经时的经丝排列、色筒子的增减及变换上耙排列，来实施晕裥色彩在锦面自然渐深或渐浅，具有中国画的晕色效果，节奏和谐犹如雨后彩虹，具有高超的色彩变化技艺。

二、雨丝锦

雨丝锦如图 4-2 所示，其织物组织为纬二重组织，八枚缎纹地上纬起花，属于蜀锦彩条晕间锦系列，锦面用白色和其他色彩的经丝组成，以一白一色经丝为“雨”，形成色白相间，产生色光对比明亮的丝丝“雨条”。色经排列由粗渐细，白经由细渐粗，“雨”内色经由多逐渐减少，白经由少渐多，按一定比例逐步过渡，形成色白相间，呈现明亮对比的丝丝雨条状；雨条上再饰以各种花纹图案，粗细匀称，既调和了对比强烈的色彩，又突出了彩条间的花纹，具有烘云托月的艺术效果，给人以一种轻快而舒适的韵律感。图案丰富多彩，芙蓉白凤、翔凤游龙、莲池鸳鸯、蝶舞花丛、葵花、牡丹、梅竹、龙凤等。

图 4-1　月华锦

图 4-2　雨丝锦

雨丝锦是蜀锦“晚清三绝”之一，它与“月华”不同的地方在于，它是用白色经条的宽窄来实现深浅过渡的视觉效果。彩条的配色一般多用比较明快艳丽的对比色，彩条宽窄既可调和对比强烈的色彩，又可突出彩条之间的花纹。“雨丝”锦的品种较多，有小雨丝、大雨丝、单色和多色彩条雨丝等。其图案内容丰富，因而常以各种图案花纹给产品命名。如：“龙凤雨丝”“双龙喜珠雨丝”“牡丹雨丝”“金鱼雨丝”“文君听琴雨丝”等。

三、“五星出东方利中国”五重经锦

蜀锦

“五星出东方利中国”锦为汉代织锦护臂，如图 4-3 所示。它是国家一级文物、中国首批禁止出国（境）展览文物，被誉为 20 世纪中国考古学最伟大的发现之一，1995 年 10 月发现于新疆和田地区一处古墓中，现收藏于新疆博物馆。

该织锦呈圆角长方形，长 18.5 cm，宽 12.5 cm，用“五星出东方利中国”织锦为面料，织有八个篆体汉字——五星出东方利中国。其经密为 2200 根/10 cm，纬密为 240 根/10 cm，经向花纹循环 7.4 cm。

图 4-3 “五星出东方”经锦

此汉锦采用的青赤黄白绿五色，皆为秦汉以来发展广泛的植物染料所得。

“五星出东方利中国”织锦纹样从右侧开始是一对牝牡珍禽，雄鸟站在云纹的底部，昂首挺立。它的头顶是篆体“五”字，胸部左云纹上悬挂着一个茱萸花纹。雌鸟站在云纹上部，垂首面向雄鸟，其颈上方是一白色圆形纹象征“太阴”，背上方是一个“星”字，尾部下方有一个茱萸纹。与“星”字间隔一个茱萸花纹的是“出”字。“东”字在两个云纹间隙之上。“东”字的左下方、一个云纹之上是一红色圆形纹象征“太阳”。“太阳”左下侧是一倒悬云纹，云纹凹进处，有一张口伸舌、昂首嗥叫的独角瑞兽，尾部下垂，背上长有一翅膀，可能是“辟邪”。兽角上方云纹上端是一个“方”字。“利”字隔着一个云端在“方”字左上。“利”字下方云纹的左侧是一个身着竖条斑纹、豹眼圆睁的虎形动物，后右足踩在云纹上，举步向右行，尾部高耸。其尾部右侧是“中”字，左侧是“国”字。

四、通海缎

通海缎如图 4-4 所示，也称“满花锦”或“杂花”“散花锦”。它采用五枚或者八枚缎纹作地，纬线起花，锦面上的图案为多种单色或复色纹饰。其特点是花纹布满锦地，常见的图案有如意牡丹、瑞草云鹤、百鸟朝凤、五谷丰登、龙爪菊、云雁等，富有浓厚的地方色彩和民族风格。

五、民族缎

民族缎如图4-5所示，它一般采用多色彩条嵌入金银丝织成，多用于民族服饰，故而得名。其经纬线用纯桑蚕丝交织，有单色和加金线织造两种，其特点是锦面上的图案从经纬线交织中显现出自然光彩，富有光泽。常见的图案有团花、葵花、“万”字、“寿”字、“龙”纹等。

六、浣花锦

浣花锦如图4-6所示，其特点是地组织采用平纹或缎纹，以曲水纹、浪花纹与落花组合成图案，纹样图案简练古朴、典雅大方。“浣花”锦又称“花”锦，是对“落花流水”锦的继承和发展。据说这种蜀锦是因在锦织成后，多在锦江上游的浣花溪水内洗涤而得名。“浣花”锦分绸地、缎地两种，纹样极为丰富，如大小方胜、梅花点、水波纹等，风格古朴典雅，是清末民国时期比较流行的品种。

图4-4　通海缎

图4-5　民族缎

图4-6　浣花锦

七、方方锦

方方锦如图4-7所示，其特点是八枚缎纹地上纬起花，在单一地色上，以彩色经纬线配以等距不同色彩的方格，方格内饰以不同色彩的圆形或椭圆形的古朴典雅的花纹图案，如梅兰竹菊、多子石榴、梅鹤争春、八宝八吉、莲子莲花、梅鹊争春、凤穿牡丹、望江楼、百花潭等。

方格纹样规矩，方格内纹样灵活多变，整体图案呈现出一种严谨与灵动结合的艺术之美，给人一种新颖之感。“方格兽纹经”锦、“联珠棋格方方锦”“八宝吉祥方方”锦、“菱格五毒方方”锦等都是典型代表。方方锦为蜀锦“晚清三绝”之一。

“方方”锦在蜀锦中具有独特的风格、浓厚的时代特征和生活气息，在20世纪五六十年代曾被选作我国领导人出国访问的国家级礼品。

八、铺地锦

铺地锦又称“锦上添花”，如图4-8所示。其特点是在缎纹组织上用几何纹样或细小的花纹铺满地子，再在花纹上嵌织大朵花卉（有的加嵌金线），如宝相花、牡丹花等。主花在地纹的烘托下显得更加色彩丰富、层次分明。有的铺地锦加金线织造，极为富丽堂皇。

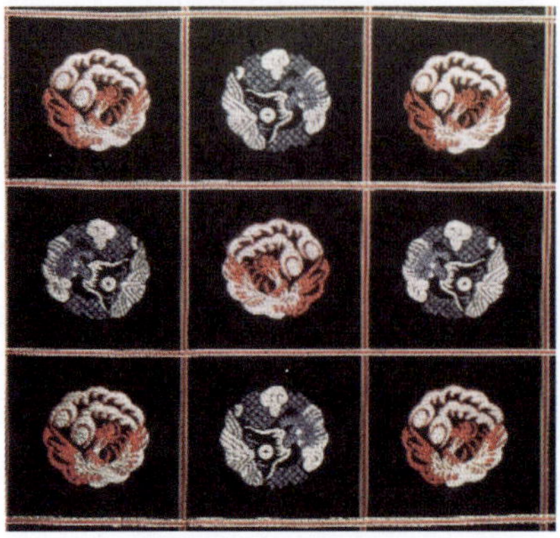

图 4-7　方方锦

图 4-8　铺地锦

第三节
蜀锦的纹样和色彩

一、蜀锦的纹样

蜀锦大多以经向彩条为基础起彩，并彩条添花，其图案繁华、织纹精细，配色典雅，独具一格。蜀锦质地坚韧而丰满，纹样风格秀丽，配色典雅不俗。唐代蜀锦的图案有格子花、纹莲花、龟甲花、联珠、对禽、对兽等，十分丰富。在唐末，又增加了天下乐、长安竹、方胜、宜男、狮团、八答晕等图案。宋元时期，发展了纬起花的纬锦，其纹样图案有庆丰年锦、灯花锦、盘球、翠池狮子、云雀，以及瑞草云鹤、百花孔雀、宜男百花、如意牡丹等。明代末年，蜀锦受到摧残，到了清代又恢复了生产，此时的纹样图案有梅、竹、牡丹、葡萄、石榴等。古代典型蜀锦纹样如图 4-9 ～图 4-14 所示。

图 4-9　方格狮象牛纹经锦（北朝）

图 4-10　四天王狩猎锦（隋）

图 4-11　黄地对鹿锦（唐）

图 4-12　八达晕锦（宋）

图 4-13　红地百子图经锦（明）

图 4-14　胡王牵驼经锦（新疆出土）

二、蜀锦的色彩

蜀锦受道教“五行”学说影响，色彩以赤、黄、青、白、黑为五方正色，橙、黄、紫为间色，红灰、青灰、黄灰为复色，其余为补色。古代蜀地人崇拜太阳的红色，因此喜欢绮丽、鲜艳的色彩。

蜀锦配色典雅，色调浑厚，对比强烈，古朴而庄重，富有神秘浪漫的气质。蜀锦的配色少则两色，多则二十色，如枣红、木红、海棠红、柿红、大红、桃红、姜黄、土黄、葵黄、鹅黄、烟草、褐灰、烟棕、靛蓝、靛灰、淡青、菘蓝、藏蓝、秋香、墨绿、柏绿等都可用以配色。红色的蜀锦，历史上最为驰名，被称为“蜀红锦”。

蜀锦的色彩使画面层次丰富，主宾分明。如图 4-12 所示“八达晕锦”锦，其配色是比较典型的。它用八种不同的色彩造成了晕色效果，用菘蓝、荧绿、苍绿、浅鹅黄、柿红、橘红、浅墨莲、褐棕等色织出纹样，整幅图案色调寒中带暖，色彩纷繁却繁而不乱。每组纹样色彩都是用调和色配成，整幅图案色彩配合协调。在运用色彩时，艺人们结合图案的不同结构，采用并列、映衬、烘托、穿插、互相包边等搭配手法以增强纹样色彩的效果，使纹样更显斑斓多彩、意蕴深沉。

第四节
蜀锦的挑花结本

古书云“织彩为纹”，多色显花的丝绸则为锦，美丽多彩的图案要展现在绸面上，必须通过花本和花楼织机来实施多色图案的转移。因此，花楼织锦机与花本是织锦的必备条件，它们分别是织锦工具与纹制信息。挑花结本是把复杂的纹样付诸实施的关键所在。这一工程是蜀锦织锦技艺的核心技艺之一，是织锦艺人 2000 多年丰富生产经验和卓越智慧的结晶。

一、挑花结本准备工作

蜀锦机要织出这样多彩复杂的纹样图案，需要一个提花控制装置的花本，以便控制经丝升降，并按程序织入纹样需要的多色纬线。而制作花本的作业，在古代蜀锦织造技艺中被称为“挑花结本”。挑花就相当于机械提花织锦织机的纹纸制作工序，即根据花纹控制每引入一纬时经纱的提升次序，这点和云锦挑花结本原理一致。挑花结本之前应先进行纹样设计和绘制意匠图。

结本过线就相当于纹版。挑花的 1 根过线（图 4-15）就相当于 1 块纹版。意匠纸的起始点也一样，踏纹版从意匠纸的右下方向左上方运作，挑花也是这样。

首先，设计师根据花楼织锦机的技术参数及产品工艺提供的技术条件，进行纹样设计，包括纹样图案设计和花色设计。

然后绘制意匠图，其步骤与云锦相同，具体参见第三章第四节。

图 4-15　挑花操作细节

图 4-16　天华锦纹样

二、挑花结本操作步骤

现以花楼制织“天华”锦（图 4-16）为例，简述挑花结本的过程。

1. 准备作业

（1）准备花绷子。

（2）准备花扦子（图 4-17），其长度要视花绷子的宽度而定。

（3）准备拉花钩（图 4-18）：当花扦子穿到一定程度需要拉出时，由花本过线取而代之，首先用拉花钩把要拉去花杆的穿入纤线，把被拉的过线套入钩内拉过线，成为花本的其中一纬。

（4）花本纤线，用甲子纤丝线，其长度要视纹样的长度（意匠横格数）而定。

（5）“天华”锦：纬四重纹织物，密度为 30×4 根/ cm。

（6）按意匠纸设色，“甲-乙-丙-丁”对应“红-浅蓝-深蓝-绿”。

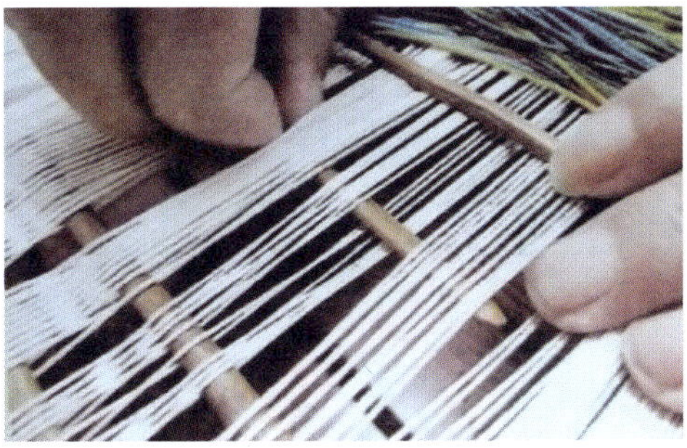

图 4-17　花扦子挑花

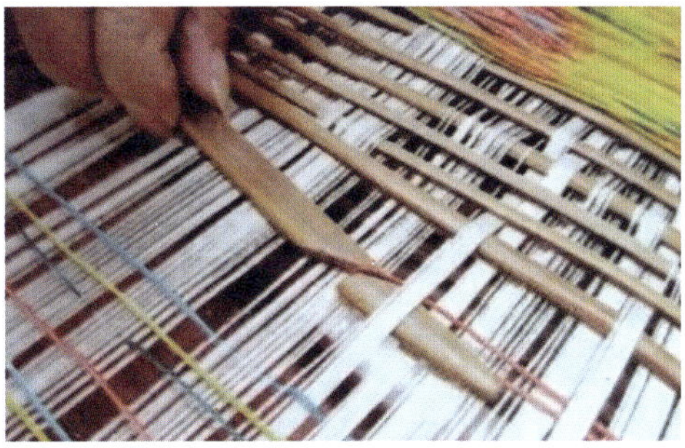

图 4-18　拉花钩过线成本

2. 挑花工艺

（1）纹样规格：长×宽= 20 cm×20 cm，全幅 4 花。

（2）意匠纸纵格数为 480 格。纵格数，就是选用的甲子数（纤线数，蜀锦小花楼织锦机的规格为 480 个甲子，480 根纤线相当于 480 针纹针数）。“天华”锦纹样的意匠纸纵格数为甲子数（纤线）480 根。

（3）意匠纸横格数为 600 格。每横格穿入 4 根穿花线，相当于4根纬线（四重纬）。因此，花本须穿入穿花线为 600 格×4=2400 根。

3. 穿花作业

按意匠纸设色与投纬顺序，“甲-乙-丙-丁（纬）”，即“红-浅蓝-深蓝-绿（色）”，打耳结套入，套入耳环竹内的每把穿花线为 4 根（对折 8 根），也染有与意匠纸对应的红、浅蓝、深蓝、绿四色（每根一色），如图 4-19 所示。

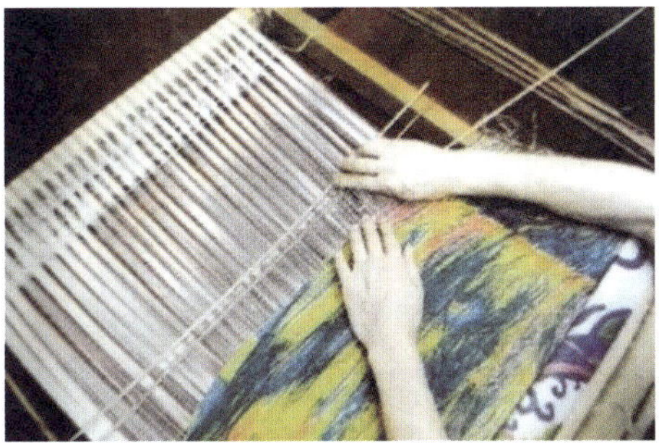

图 4-19　穿花作业

图 4-20　下花检查

4. 穿花操作

第一步：挑甲纬（红色），见红色就挑，其他不挑，穿入绞线。

第二步：挑乙纬（浅蓝色），见浅蓝色就挑，其他不挑，穿入绞线。

第三步：挑丙纬（深蓝色），见深蓝色就挑，其他不挑，穿入绞线。

第四步：挑丁纬（绿色），见绿色就挑，其他不挑，穿入绞线。

如果某横格内只有红、浅蓝、深蓝三色，而丁纬绿色没有，则丁入不挑，但必须按顺序穿入绞线且保持每格投纬4次，锦工称不挑纬的这一梭为“耍梭”。按此挑花顺序，从意匠纸第一格一直挑到第 600 格（最后一格），共挑穿花线 2400 根，这本花即挑制完成。

5. 下花检查

如图 4-20 所示，在下花本前，要对挑花本进行细致地检查，每根穿花线（过线）必须按“绞路”穿入绞线，每组尾部挽结。待检查无误方能放下纤线，分股挽结，穿花线（过线）则用丝线按顺序穿过耳结。挑制完成，从绷子上取下花本，包扎好待上机。小花楼织锦机与花本结合，实施图案纹样的转移，从而完成织锦工程，具体操作与云锦相似，参见第三章第五节。

宋、元、明、清时多用斜纹或缎纹作地，以彩色纬线显花。采用多种色纬来显现花纹，更有利于绸面色彩的配置及其多样性的变化，即“经丝有常，纬丝多变”和“纵纹主静，横纹主动”。以晚清时期的“雨丝”锦为例，“雨丝”锦是以经面的八枚缎作组织，用彩条经与色纬线交织的纬二重纹织物。以显现纬花为主，在挑花时，通常是“挑纬不挑经”，但如果是正面下织，则可采用反挑，即“挑经不挑纬”。为减轻拉花工的负担，蜀锦织造一般会用到反织反挑。纹样图案是对称的只挑二分之一，四合对称的则挑四分之一，上机时采用不同的穿吊兜搴和拉花的方法，即可织出完整的花纹图案。

第五节 蜀锦的织造

蜀锦织造

蜀锦主要采用小花楼织机织造，从纹样设计、挑花结本到挽花工、织工合作生产，从程序上说，主要需经历初稿设计、定稿、绘制意匠图、挑花结本、装机、织造等几个重要过程。每一道程序又涉及很多独特的技艺。通常所见在蜀锦花楼木质机上的两位师傅（拽花工和织手），主要织造操作要领如下：

一、蜀锦传统工艺流程

蜀锦为染色熟丝织造，主要工艺有：绞丝练染、丝织的准备、纹制工艺及丝织织造及组成。

1. 缫丝–精练–染色

蚕茧缫丝后从纴（方形的丝框）上取下绞装生丝。该丝是由若干根茧丝组成的，生丝的表层包覆一层丝胶，手感粗糙而发硬，会影响光泽和染色，并且丝胶里还含有蜡质、灰粉及各种色素，必须先经过精练，脱去丝胶后才能染色。现代采用皂碱或人工合成酶等进行精练脱胶，最后再用植物染料进行染色。

汉唐时期，蜀地（成都）的锦工在城南流江中洗涤染成的丝线与帛、绢绮，然后就地挂晒，流江沿岸即成染后洗涤的集中地。据此，流江古称“濯锦江”或“锦江”。锦江江水清澈，上游之水来自高山雪水，水中含多种金属离子的氧化物和有机物，经草木媒染的丝线、绢、绮在江中洗涤时又与金属离子及一部分有机物结合，结合物沉淀在丝线及绸面上，形成色淀的重媒染，使织物色泽更加艳丽，牢度更好。古书《纬略》有记：少卿章古在蜀做官多年，把苏杭买来的绫罗与蜀地的织锦放在一起带回京师，经过梅雨季节，苏杭绫罗色彩褪变，唯有蜀地红锦依旧如新。

2. 织造准备

制造准备主要包括：原料检验、浸泡、络丝、并丝、捻丝（手工称为“纺丝”）、定型、成绞、练染、再络、牵经（即整经，见图 4-21）、穿经、接经、卷纬等作业。由于原料性质、规格、卷装形式不同，以及不同规格的锦缎对经纬原料有不同的要求，从而准备工程各不相同。

图 4-21　蜀锦牵经图

图 4-22　小花楼织机

二、蜀锦的织造

1. 打竿儿

打竿儿最注重身体协调性的一项技能。操作时，左手拽着线做短距离的前后运动，右手转动纺轮。根据需要打出不同股数的竿儿以做纬线。

2. 拉花

拉花也称拽花（图 4-23），实际上就是经纱开口，根据花本（花本实际上是花型中不同纬纱序号的纹版，一根花本相当于一纬的纹版），将对应花型中一纬相应经纱拉起，形成梭口，在万千根稍粗于丝的线中拉花提起织机上的经线。拉花操作力量要合适，经线不能提得太高，否则经线易断；也不能提得太矮，否则梭过不去。放线要干脆，否则许多纤线会搅在一起。

3. 投梭

如图 4-24 所示，投梭时脚变换着踩竖脚竿，将 16 页综框轮换升降，双手左右开弓投梭，其间每投一梭要用筘压纬。要掌握好两手的力量，若用力过重，另一只手很难接到梭；用力过轻，梭过不去，则会割断经线，导致成千上万根经线需要人工捞头手工打结。用筘压纬时，力量掌握不均会使锦面图案时紧时松而变形。

图4-23　拽花

图4-24　投梭

4. 转下曲

转下曲是织工必须经常做的一项检查工作。具体操作时，织工要下到一米深的机坑转动下曲签，以防止纤线断裂和缠绕。这项工作一般要用一天的时间。

5. 接头

织造蜀锦时，丝线会因天气的变化产生热胀冷缩，或因织造时的成千上万次自然摩擦而产生疲劳断裂。在遇到经线断裂的情况时，织工就要在让人眼花缭乱的上万根线中找出断掉的丝线并运用所学的打结技能将其接上。

第五章　宋　锦

本章内容：
（1）宋锦的特色；
（2）宋锦的种类；
（3）宋锦的纹样与配色；
（4）宋锦的织造。

宋锦—穿越千年之美

第一节
宋锦的特色

一、宋锦简介

宋锦最大的特色是经线和纬线可以同时显花。苏州宋锦，色泽华丽，图案精致，古朴端庄、质地坚柔，它与南京云锦、成都蜀锦一起，被誉为中国的三大名锦。

宋锦起源于汉代蜀锦，而且受到唐代纬锦的影响。开始于宋代末年（约公元 11 世纪），产品分重锦和细锦（此两类又合称大锦）、匣锦、小锦。重锦质地厚重，产品主要用于宫殿、堂室内的陈设。细锦是宋锦中最具代表性的一类，厚薄适中，广泛用于服饰、装裱。2006 年，宋锦被列入第一批国家级非物质文化遗产名录。宋锦的传承单位为苏州丝绸博物馆，钱小萍为唯一的国家级传承人。2009 年 9 月联合国教科文组织保护世界非物质文化遗产政府间委员会又将宋锦列入了世界非物质文化遗产。

二、宋锦的特色

宋锦采用了经线和纬线联合显花的组织结构，整个组织为二重经和三重纬组织。在织造时使用两个经轴，底经与面经比为 3∶1，面经为生白丝，底经用色熟丝。纬线分三种，即地维、纹纬和特纬。地纬除作为织物底色外，还在起花部分起勾边以凸出花型；纹纬用于在锦面上起大块面花纹；特纬是在锦面上起特殊色彩而用的纹纬。

宋锦制作工艺多采用“三枚斜纹组织”，两经三纬，经线用底经和面经，经三枚斜纹作地、纬三枚斜纹显花，底经为有色熟丝，作地纹组织。

宋锦在纹样组织上精密细致，质地坚柔，平服挺括；在图案花纹上对称严谨而有变化，丰富而又流畅生动；在色彩运用上艳而不火，繁而不乱，明丽古雅。

宋锦是彩纬显色，属纬锦，以三枚斜纹组织、两种经丝（面经为生白丝，底经用色熟丝）、三种纬丝（纹与地兼用的色纬，纹、地专用的色纬）织成。纹样繁复，配色淳朴，质地坚柔，平伏挺括。织造中采用分段调换色纬的方法，使得宋锦绸面色彩丰富，纹样色彩的循环增大，有别于云锦和蜀锦。

第二节 宋锦的种类

宋锦的类别分为重锦、细锦、匣锦和小锦。重锦和细锦包括全真丝宋锦、交织宋锦、真丝古锦、仿古宋锦等品种，常用于装裱名贵书画和装潢高级礼品盒，或装裱一般书画的立轴、屏条等。小锦，包括月华锦、万字锦和水浪锦三种，多用于装潢小件工艺品的包装盒。

宋锦还包括：丝绒、闪缎、闪锦缎、蟒缎、花宫绸、江绸、宁绸、素缎、花缎、云缎、妆花缎、片金缎、暗花缎、织金缎、彩纱、寿字纱、教子纱、漏地纱、水纱、御览纱，清中晚期又生产暗花漳缎、漳缎、陀罗尼经被等。

一、重锦

重锦质地厚重精致，花色层次丰富，在纬线上大量使用捻金线或片金线，并采用多股丝线合股的长抛梭、短抛梭和局部特抛梭的织造工艺技术。

在三枚斜纹的地组织上，由特经与纹纬交织成三枚纬斜纹花。花纹一般用很多把各色长抛梭来织，在某些局部用短抛梭配合。重锦的图案更为丰富，常用图案有植物花卉纹、龟背纹、盘绦纹、八宝纹等。重锦主要用作宫廷、殿堂里的各类陈设品及巨幅挂轴等，如图 5-1 所示。

图 5-1　宋锦之重锦

二、细锦

细锦是最常见的一种宋锦，其风格、织物组织和工艺与重锦相似，在原料选用、纬线重数等方面要比重锦简单一些，长抛梭重数较少，常以短抛梭构成主体花，如图 5-2～图 5-4 所示。

图 5-2 宋锦“福寿全宝”细锦

图 5-3 宋锦“环藤莲花”细锦

图 5-4 宋锦“金钱如意”细锦

细锦的组织与重锦相似，也采用特经来结接纹纬和背组织。地经与特经的配置有3∶1、6∶1、2∶1等3种。多以分段换色的短抛梭来织主花，用长抛梭织花叶枝茎或花的包边线及锦地几何纹。花纹色彩有时多达20余种，按照花纹分布来变换颜色，有“活色”之称。

现代细锦开始采用蚕丝与人造丝交织以降低成本。细锦由于织物厚薄适中、易于生产，故广泛用于服饰、高档书画及贵重礼品的装饰装帧等。

细锦图案一般以几何纹为骨架，内填以花卉、八宝（方胜、古钱、书、画、琴、棋等）、八仙（扇子、宝剑、葫芦、柏枝、笛子、绿枝、荷花等）、八吉祥（宝壶、花伞、法轮、百结、莲花、双鱼、海螺等）、瑞草等纹样，典型品种有“花卉盘绦锦”。细锦有很高的科学性、技术性、艺术性和实用性。

三、匣锦（小锦）

1. 匣锦的组织结构

（1）经线显花　单经单纬织物，其组织以缎纹、变化斜纹和小提花组织为多，如彩条锦、水浪锦等。

（2）纬线显花　常见的组织有两种：一种配有特经，经斜纹地，纬斜纹花；另一种是不用特经，而在不规则六枚经缎纹地上起长纬浮花。匣锦纹样多为小型几何填花纹或小型写实形花纹。纬丝一般用两梭长抛纬与一梭短抛纬作纹纬，另有一梭地纬。经纬配置稀松，常于背面刮一层糊料使其挺括，专作装裱囊匣之用。

（3）经纬线共同显花　匣锦有时也采用两组经线与纬线交织，形成经纬共同显花，如“万字巾”匣锦如图5-5和图5-6所示。

2. 匣锦的前、后处理

由于匣锦的经纬密度很小，织物较轻薄，又是经线色绒显花，故在织造前

线必须进行上浆过糊，称为“前处理”；成品下机后，因纬线采用不脱胶之生丝，手感较硬，经线又因上浆而缺乏光泽，所以还必须经过“研光整理”的后处理，即采用石元宝磨绸，使其色光肥亮，手感柔软，便于应用。

图 5-5　宋锦之匣锦

图 5-6　铜钱纹匣锦

3. 匣锦设计织造实例

（1）经纬线　经线：采用精练双股色蚕丝。纬线：甲纬（地纬）为真丝单股色丝，乙纬（纹纬）为棉纱，丙纬（纹纬）为真丝色绒。

（2）基本组织　为二重纬或三重纬之重纬组织，地组织表层为经线与甲纬交织成六枚经面变化缎纹，背衬乙纬和丙纬纬浮。

（3）花纹　表面分别为乙丙纬的纬浮花，背衬六枚经缎。其中乙纬多为起细密几何形地纹花，丙纬为彩色抛花。

（4）穿综方法　匣锦的织造采用束综提花和综片起落相结合，其经线既要穿入花综区，又要穿入素综区，采用6片综片控制地纹组织。为减少提综重力，采用反面向上制织，地纹之纹则由花楼束综控制，手工牵花和投梭。近代匣锦的生产则采用提花机 600 针小龙头电力机织造，花纹和地纹可全部用纹针控制，而不必采用起综装置。目板穿法为二段三飞。

（5）抛道换色工艺　以图 5-6 所示的匣锦实物为例：其部分区域为二重纬，纬线排列为 1 甲 1 乙或 1 甲 1 丙；部分区域为三重纬，纬线排列为 1 甲 1 乙 1 丙。采用手工投纬和手工分段抛道换色。纬色分段排列顺序略。

匣锦的抛道换色原理和方法与重锦和细锦相同，这种“活色”传统技艺一直延续至今，在提花锦类织物中广泛应用。

第三节
宋锦的纹样与色彩

宋锦画廊

一、宋锦纹样

宋锦的纹样多为几何纹框架，常在格子藻井等几何框架中加入折枝小花，或间饰的团花、瑞草，或八宝、八仙、八吉祥。八宝指古钱、书、画、琴、棋等，八仙是扇子、宝剑、葫芦、柏枝、笛子、绿枝、荷花等，八吉祥则指宝壶、花伞、法轮、百洁、莲花、双鱼、海螺等。

重锦中的织成类铺垫、靠背是根据宫殿中各式龙椅宝座的实际尺寸设计的，其纹样风格与宫殿室内的环境、设施相协调，纹饰题材多为云龙、云蝠、夔龙、球路、缠枝宝、相花及各种锦地开花等。

重锦或细锦的匹料，是宋锦中功能适应性较广的品种，可供珍品书画装裱、经卷裱封、幔帐、被面、垫面以及衣料等用。

1. 几何纹

几何纹有八达晕（骨架线向上下左右及斜角八个方向相连，见图 5-7）、菱格（图 5-8）、龟背（见图 5-9）、连环（见图 5-10）、飞字等。用三枚斜纹组织、两种经纱、三种色纬织成。常在格子藻井等几何纹框中加入折枝小花，在色彩应用方面，多用调和色，一般很少用对比色，配色典雅和谐。由于宋锦的品种类别不同，功能各有侧重，因而题材也和纹样各有特色。

图 5-7 八达晕花草纹样

图 5-8 菱格四合如意纹锦

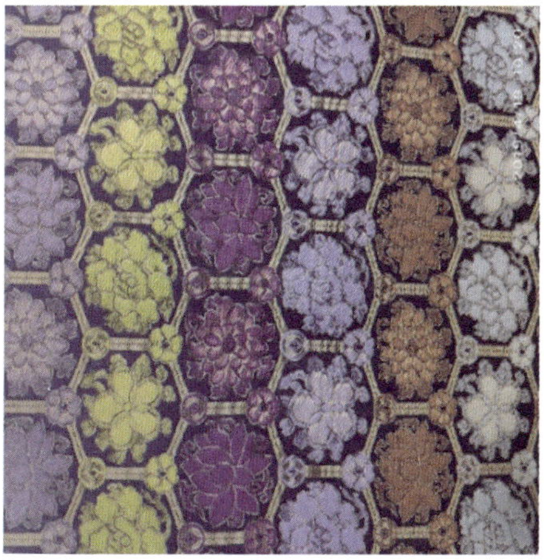

图 5-9 蓝地龟背花朵锦

图 5-10 球路连环纹

2. 动物纹样

宋锦的动物纹样题材有龙、夔龙、鸾凤、辟邪、狮子、麒麟、鹿、仙鹤、鱼、蜂、象、龟、蝙蝠、鸳鸯、孔雀、犀牛、飞雁等。

3. 器物纹样

宋锦的器物纹样题材有象征“八吉祥”的法轮、海螺、宝伞、天盖、莲花、宝瓶、双鱼、百结等；象征“八宝”的有珠、古钱、方胜、如意、犀牛角、珊瑚、金（银）锭，还有万卷书、宝壶灯笼等；有象征“暗八仙”的扇子、宝剑、葫芦、笛子、玉板、荷花、花篮、鱼鼓等。

4. 气象及人物纹样

宋锦的气象纹样题材有：云纹（骨朵云、四合云、连云和流云）、水纹冰纹、雪花纹等；人物纹样题材有：婴戏图、百子图等。

5. 花卉纹样

宋锦的花卉纹样题材有：牡丹、莲花、菊花、茶花、梅花、桃花。芙蓉、松竹、宝相、蔓草、灵芝、玉兰、葵花及常青藤等。

宋锦中应用较广的题材除花卉外，以几何纹样最多，其中最具特色的纹样是用几何网架构成的龟背、四达晕、六达晕、八达晕、天华纹、方棋格子及以圆形交切组成的球路纹和以圆形交叠组成的盘绦纹等。这类几何纹大都是以垂直线、水平线和对角线组成的米字格做骨架，在垂直方向和对角线交叉的中心点套以圆形和方形，再在圆形和方形或六边形和八边形范围内填绘各类题材的花纹和小几何纹。这类几何纹样一般是用作满地排列的地纹花，既体现它本身的细腻、简练、均衡与和谐，又能衬托出绚丽富贵的主题花效，同时还有利于掩盖宋锦质地上可能出现的瑕疵。这类纹样尤其适用于宋锦织物在大小不等面积上的装帧、装裱之用，故这类纹样在宋锦中应用颇多。

宋锦织物图案主要有以下各种名目：环藤双钱、棱角小龙、琴书八宝、龟青龙纹、双桃如意、海棠如意、金钱如意、沉香玛瑙、云方如意、定胜四方、环云龟菊、古钱百搭、玛瑙彩球、菱纹定胜、施轮如意、双狮、双鱼吉庆、回纹海棠、丹凤、龙凤八达、方格小龙、梅寿、藤凤菊枝、灵仙祝寿、四合如意、古钱如意、鸾璋、丹云龙凤、八宝、白梭云福、万钱如意、福寿全宝、吉祥如意、云地小龙、花卉、狮凤、汉玉龙纹、云鹤、小鱼蝶、大菊、鸾凤、八角回龙、团龙凤、金玉如意、环藤莲花、书宝、金鱼、梅兰竹菊、春燕纹菊等。

二、宋锦色彩

宋锦的配色因其品种类别及用途不同而各有特色。重锦大都为多彩加金的织锦，地纹花的配色方法有两种：一是同类色的明度变化，即由深逐渐至浅或由浅逐渐至深加以褪晕；二是不同色相不同深浅的配置。常见的配色方法有：大红、粉红配水粉；深蓝、月白配玉色；葵黄、香色配米黄；青、深蓝配宝蓝；驼色、浅驼色配驼灰；绛色、肉红配明黄；橘黄、鹅黄配米黄；茄皮紫、雪灰配玉色；墨绿、果绿配黄绿；并多以白色、黄色和金色等作勾边线，然后再用对比色突出主题花。细锦的配色与重锦类似，但一般纬线不加扁金线或捻金线，往往采用长抛与短抛相结合，即将其中一组纬线或两组纬线用彩抛，以使色彩丰富，如纹样是四朵主花，色彩以五色轮换，即彩抛轮转，就形成了20种不同色彩的花朵。如前文所述，这种配色方法传统称之为“活色”，现代称“彩抛”。例如，“艾绿地八达晕纹锦”，其地经为艾绿色，纬线配以艾绿色、宝蓝、杏黄，彩抛为淡黄、橘黄、青色。“龟背龙纹锦”其地经为香黄色，纬线为青、深秋香、淡黄。“八宝天华锦”其地经为土黄色，结线为青、淡黄，彩抛为果绿、驼色、绛色。

宋锦的重锦和细锦，其配色的基本规律为：（1）地纬色必须与经色相似，即同类色相配，使地纹清纯，不至于“露地”。（2）调和色相配，即注意各色纯度和明度的统一和谐，达到灰而不闷、艳而不俗，常以明黄、泥金、米黄、香色、蓝灰为主色调。（3）对比色相配，一般以鲜明的红、青、绿、橘黄等彩抛色显现主花，在和谐中略有跳动，形成宫廷和书画装饰品的典雅而古朴的格调，又有画龙点睛的效果。配色主要以青、黄、白、红、黑五种色调为主体，其中尤以黄色调占大多数。

宋锦的匣锦因结构和用途不同，故色彩运用少于细锦，更比不上重锦。然而匣锦的配色很鲜艳，对比强烈，其地色常用金黄色，结线用一把地纬为金黄色起地纹，一把纹纬为黑色起地纹花，另一把纹纬为彩抛，即大红、翠绿、孔雀蓝等，效果十分光彩夺目。匣锦的品种有两类风格，配色的格调各不相同，根据需要而定。一类是彩条锦，采用红、橙、黄、绿、青、蓝、紫等七色彩条，犹如彩虹，十分美丽。另一类为双色锦（“万”字锦、水浪锦等），采用不同色相的深浅两色搭配，一般有黑白相间或紫橙相间等。

老艺人关于“色晕”的配色口诀是：三色晕：水红、银红配大红；葵黄、广绿配石青；藕荷、青莲配紫酱；玉白、古月配宝蓝；秋香、古铜配鼻烟；银灰、瓦灰配鸽灰；枣酱、葡灰配占铜；深、浅占铜配藏驼。二色晕：深、浅红；葵黄、绿；玉白、蓝；占铜、紫；羽灰、蓝；等等。

边色和地色：“扁金绞边，白绒做陷”，最显亮；“扁金绞边，大白相间”，使之统一调和。

第四节 宋锦的织造

宋锦的设计与织造

一、宋锦的织造特点

宋锦在组织上既不同于云锦的绸纹，也不同于一般锦缎的缎纹。宋锦采用“三枚斜纹组织”，两经三纬，经分为面经和底经二重，所以又称重锦。底经用有色熟经作地纹组织，面经用本色生丝作纬线的结接经，底经与面经的比例是3∶1。纬线与多种色彩真丝熟经或染色人丝交织而成。纬线三种，一纬纹与地兼用，二纬专作纹纬，分段换色织造。

二、制作流程

宋锦的制作流程包括组织设计、图案设计、花本制造、原料检验、整理染色和经纬准备等，然后上机织造。织造完成以后，又需经过整理、检验、修补后包装出厂。

三、织造流程

原料用蚕丝或粘胶人丝交织，采用经二重（地经、面经）和纬三重组织（地纬、常抛纬、特抛纬）组织结构。用传统织锦工艺织制而成的宋锦织造工艺流程如下。

（1）甲经　厂丝—挑剔—浸泡—络丝—打拈—并丝—复拈—定型—成绞—染色—挑剔—返丝—牵经—接头或穿经—织造。

（2）乙经　厂丝—挑剔—浸泡—返丝—牵经—穿经或接头—织造。

（3）纬　1/120D 有光人丝—成绞—染色—挑拣—络丝—摇纤—织造。

可用双经轴将地经与特经（纹经）分开，以地经织经面斜纹或平纹的地组织。特经每隔二、三、六根地经牵入一根，在花部与纹纬平织或织成纬斜纹，无花处织入背面，用以固结浮纬。纬丝由长织梭与分段换色的短抛梭配合。

宋锦织造采用的小花楼织机如图 5-11 所示，与蜀锦织机基本相同；采用的大花楼织机如图 5-12 所示。拽花时，花本（相当于纹版）与纤线（相当于通丝）连接如图 5-13 所示。

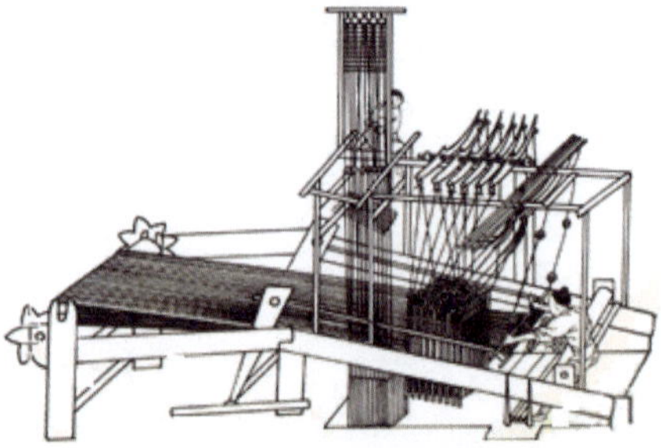

图 5-11　小花楼织机

图 5-12　宋锦大花楼织机

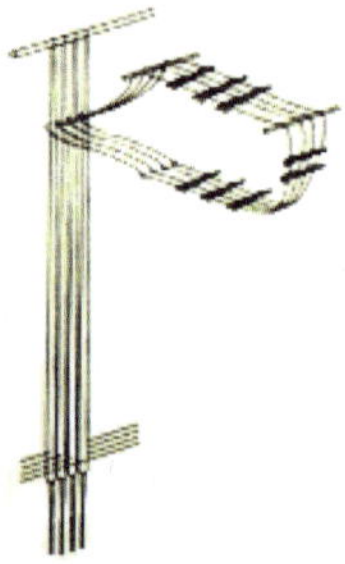

图 5-13　花本对纤线控制

四、现代宋锦生产

现代宋锦采用电子分条整经机进行整经（牵经），电子提花织机织造，参见第一章和第三章。

传统宋锦材质全部为桑蚕丝，即为全真丝宋锦，光泽较为柔和，耐磨性较好，显得十分高贵。而近现代的宋锦，改为蚕丝与人造丝交织，即经向仍采用桑蚕丝，纬向采用人造丝，称为交织宋锦。交织宋锦价格比真丝宋锦低，且光泽更为亮丽；在织物组织结构上，虽然基本组织没有变化，但经纬密度大为减少，因而织物较为稀松和轻薄。

第六章　少数民族织锦

腰肌织造示意

本章内容：

（1）壮锦；
（2）侗锦；
（3）土家锦；
（4）黎锦；
（5）瑶锦；
（6）苗锦；
（7）新疆维族艾德来丝绸；
（8）布依锦；
（9）景颇锦；
（10）傣锦；
（11）佤族织锦；
（12）基诺锦——砍刀布；
（13）阿昌锦；
（14）傈僳族火草布；
（15）独龙毯；
（16）藏族织锦带、藏毯。

第一节
壮　锦

壮锦

壮锦是一种白经彩纬、纬线显花的提花织物。壮锦与云锦、蜀锦、宋锦并称中国四大名锦，据传起源于宋代，是中华民族文化瑰宝。壮锦利用棉线或丝线编织而成，图案生动，结构严谨，色彩斑斓，充满热烈、开朗的民族格调，体现了壮族人民对天地的崇拜和对美好生活的追求与向往。忻城县是广西壮锦的起源地之一，有着悠久的历史和深厚的文化底蕴。壮锦的当今代表性传承人为梁恒源。

一、壮锦的纹样特色

壮锦画廊

1. 壮锦的纹样

壮锦的纹样题材主要是将大自然中的形象进行抽象和概括，如将花鸟鱼虫等经过加工提炼、夸张变形，造型以写意为主，强调神似重于形似，耐人寻味，反映壮族风俗文化中深层次审美意象。纹样有方胜纹、万字纹（图 6-1）、回纹、水纹、云纹等 30 多种，以及各种花草和动物纹样（图 6-2、图 6-3），如蝶恋花、双龙戏珠、鲤鱼跳龙门等。这些纹样富含吉祥、美好寓意，表达了壮族人民热爱生活的愿望。

图 6-1　壮锦万字纹样

图 6-2　壮锦象形纹样

图 6-3　壮锦象形纹样

2. 壮锦的图案构成

壮锦纹样造型的式样大致分为三种：

（1）以平纹为基础，织出二方连续或四方连续的几何纹样，从而形成连绵的几何图案，图案显得朴素而明快。

（2）以各种几何纹为底，其上织出各种动植物图案，形成多层次的复合图形，色调明暗相间，这种构成的图案清晰并具有浮雕感（见图 6-4、图 6-5）。

（3）多种几何纹大小结合，不同纹样方圆穿插，编织成繁密而富于韵律感的复合几何图案，在形式上富有严谨和谐之美。

壮锦纹样的织制会受到经线和纬线的限制，因此无论是几何造型还是自然物造型，都会形成别致的几何折线造型特色，具有现代格律美（图 6-4～图 6-6），有的图案形象还类似于马赛克效果，与现代一些电脑设计的形式相似，可以组合出变化丰富的纹样图形（见图 6-7）。有些壮锦纹样融入了现代抽象元素和民族融合元素，如图 6-8 和图 6-9 所示。

图 6-4　壮锦几何纹样

图 6-5　壮锦几何纹样

图 6-6　菱形纹壮锦

图 6-7　壮锦组合纹样

图 6-8　抽象纹壮锦

图 6-9　汉族元素壮锦

二、纤维原料

壮锦所用的原料主要是蚕丝和棉纱，靠手工生产，从种桑养蚕，到拣、夹、纺、漂、染，均由织锦者自己完成。

壮锦利用当地植物和有色土作为染料。红色用土朱、胭脂花、苏木，黄色用黄泥、姜黄，蓝色用蓝靛，绿色用树皮、绿草，灰色则用黑土、草灰。用土料搭配可染出多种颜色。

三、壮锦的织机

壮锦采用竹笼织机织造，其结构简单，易于操作，但是效率颇低。竹笼织机全机由机身、装纱机构、提纱机构、提花机构和打花机构五部分组成。机身包括机床、机架、坐板。装纱机构包括卷经纱机头、纱笼、布头轴、绑腰、压纱棒。提纱机构包括纱踩脚、纱吊手、小综线。提花机构包括花踩脚、花吊手、花笼、编花竹、大综线、综线梁、重锤。打花机构包括筘、挑花尺、筒、绒梭、纱梭。

图 6-10 所示为宾阳竹笼织机，其机台长 173 cm，从前端到后端呈倒梯形，前端宽 65 cm，后端宽 79 cm。机架高 109 cm。机架中部和上部有两个杠杆结构，分别用来提拉地综和悬挂、提拉编结有花本的竹笼。竹笼机因此而得名。悬挂竹笼的杠杆长约 150 cm，后端吊有重物以保持平衡。

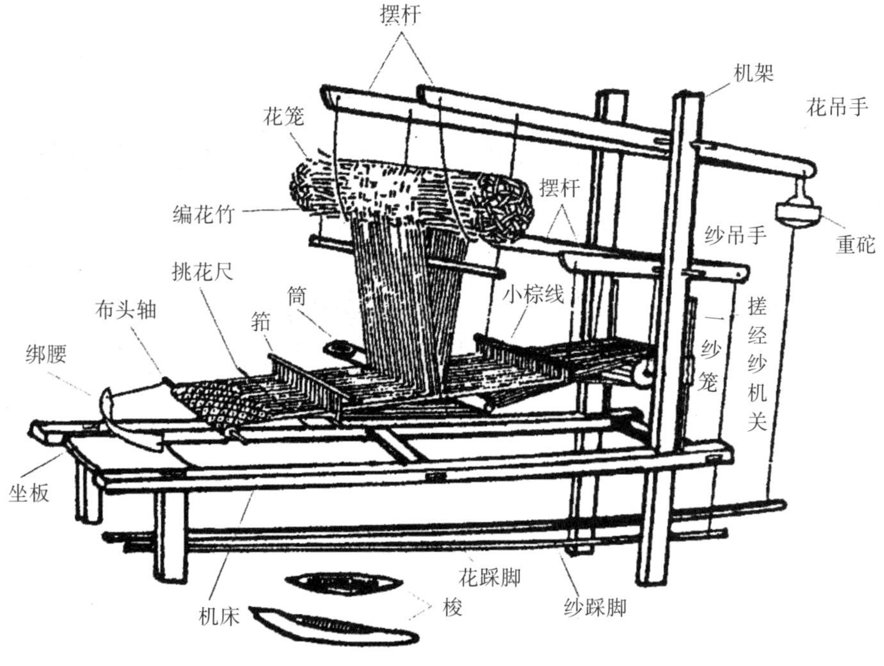

图 6-10　竹笼织机示意图

竹针编排在竹笼周围，整个竹笼就是花本。织花时根据编好的程序顺次取下竹针，拉起一组提花通丝就能牵动经线形成开口。竹笼机上的竹针数可达 100 余根（即纬向循环根数），少的有 30 多根，根据织锦图案的繁简增删。

竹笼机只用一片地综，配以踏杆，就能完成平纹地的制织。这片地综由综丝与综杆组成，每根综丝带动一根底经。综杆上连杠杆，杠杆后端连着踏杆。竹笼机地综形成梭口的过程是：在卷经轴稍前的位置有一个直径约 14 cm 的分经筒，使底经和面经上下分开，形成第一次梭口。踏动踏杆，因杠杆作用提起地综，底经跟随而起，变成面经。这样形成的第二次梭口很小，还需要通过一个竹筒以加大梭口，便于引纬。取出竹筒，放开踏杆，便复回原来的形态，又形成第一次梭口。

四、壮锦的织造方式

壮锦织造

1. 壮锦的织造特色

广西忻城壮锦采用竹笼机（见图 6-11）织造，棉丝交织，织造时一般以棉纱为经，彩色丝绒为纬，采用通经断纬的方式（见图 6-12），交织成幅宽 30～40 cm 的织物，正反面可形成对称花纹，这使壮锦具有结实耐磨的实用优势以及色泽鲜亮的艺术效果，既具使用价值，又体现了艺术价值。

2. 壮锦的织造方法

织锦时，艺人按着设计好的图案，用挑花尺将花纹挑出，再用一条条编花竹和大综线编排在花笼上。织造时，就按照花笼上的编花竹一条条地逐次转移，通过纵线牵引，如此往复，便把花纹体现在锦面上（见图 6-13）。

图 6-11　竹笼机开口

图 6-12　通经断纬织造

图 6-13　锦面

壮锦可分为织锦和绣锦两类。若把织锦称为传统壮锦的精华，那绣锦就是织锦基础上的再创造。传统壮锦主要采用“三梭法”织造，即第一梭为起花纬，第二梭为地纹纬，第三梭为平纹，这样不断循环而成。地纬与花纬采用的是未加捻的丝绒，平纹起加固作用，被丝绒的地纹与花纹紧紧夹住并完全覆盖，不露于织物表面，使整个锦面呈现精美的艺术效果。“三梭法”织造的壮锦非常美观耐用，但是由于既费工时又费材料，现已经很少采用。现在的壮锦一般采用“二梭法”，即第一梭为平纹，第二梭为起花纬，省去了地纹纬，使用的部分原料也发生了变化，其艺术效果已不能与传统织锦相比，显得较为简单，不够精致。而绣锦是在土布或织锦的基础上，再运用平绣、剪贴绣、挑绣、包绣、缠丝扣绣、贴布绣等工艺手法刺绣出别具特色的图案纹样。

3. 壮锦织造流程

壮锦的织造流程为：牵经—整经—穿筘—梳纱—卷经—上机—分小综纱—分小综纱/穿提花综—穿筘—打纡装梭—织布边—挑花结本—送经开纬口—挑花配色—走梭—打纬，具体参见表6-1。

表6-1　壮锦织造流程

1. 牵经	2. 整经	3. 穿筘
		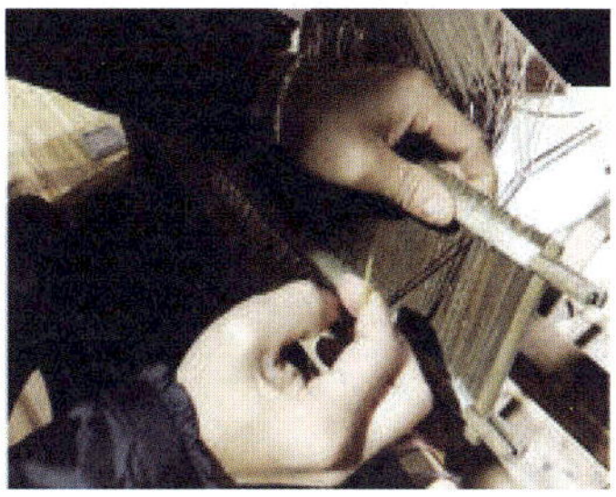
4. 梳纱卷经	5. 上机	6. 分小综纱

7. 分小综纱/穿提花综	8. 穿筘	9. 打纡装梭

10. 织布边	11. 挑花结本	12. 送经开纬口
		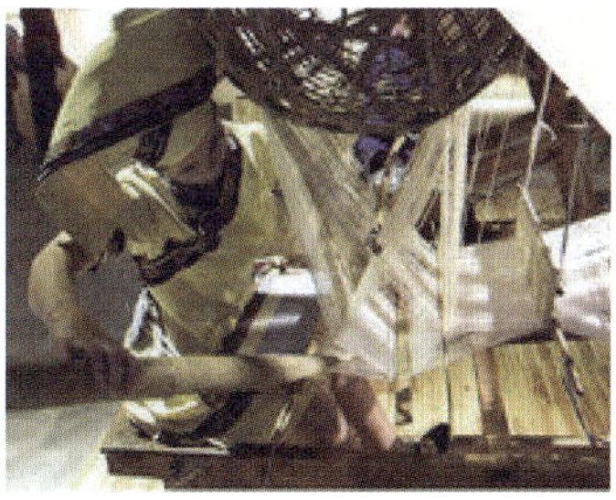

续表

13. 挑花配色	14. 走梭	15. 打纬

第二节
侗 锦

侗锦

湖南通道县侗族的传统侗锦，色彩艳丽，设色和谐，纹样奇异变幻，编织技艺精湛，富含深厚的文化底蕴，有极高的艺术性。

一、侗锦的分类

传统的侗锦有“素锦”（图 6-14、图 6-15）和“彩锦”（图 6-16～图 6-18）两种。“素锦”是由黑白棉线织成的，“彩锦”是由黑白经线和彩色纬线交织而成的。

二、侗锦的图案及其文化内涵

侗锦画廊

侗锦图案有几十种，分为植物纹、动物纹和抽象符号几何纹三大类，算上绣锦的服饰纹样则有百多种。侗锦挑花细致繁密，纹样风格与侗锦极其相似，归为“绣锦”而非“织锦”。侗锦纹样比较抽象，大多都呈几何形，其中又以菱形纹样居多。素锦图案连续而有规律，纹样也比较粗犷、朴素大方；彩锦图案细腻、色彩柔和，结构密满严谨。侗锦纹饰中最有特色的为太阳纹、月亮纹、龙纹、凤纹（图 6-15）、乌纹、蛇纹、鱼纹（图 6-17）、葫芦纹（图 6-18）、蜘蛛纹（图 6-19）、马纹、竹根花、榕树花、井纹等。这种程式化的传统图案和花纹，使得侗锦保持着鲜明的民族风格和特色，显得古老而神秘。

图 6-14　侗锦之素锦

图 6-15　侗锦龙凤纹

图 6-16　侗锦之彩锦

图 6-17　侗锦鱼纹

图 6-18　侗锦葫芦纹

图 6-19　侗锦蜘蛛纹

三、侗锦织造流程

织造侗锦，要经过轧棉、纺纱、染纱、绞纱、绞经、排经、织锦等十多道工序。侗锦花纹是由两种工艺实现的，一是织花，二是挑花。织花时，按顺序取出和移动竹条，使提经的数量不同，经线分出开口，再通纬梭织。所排的竹签使用一个轮回，即一组图案形成。图案的复杂程度不同，使用的竹签数量也不同，一般是 120 根到 180 根。根据所织侗锦的密度不同，经线通常是 800 丝、880 丝、960 丝，最多到 1040 丝。

挑花与织花工艺不同的是，挑花没有竹签与综丝提经，也就是说没有预先设置程序，图案全在脑海里，过纬时的提经多少全由心记，用织者手中的挑针挑织数经（即挑花）、开口，再穿过纬线。

四、侗锦竹帘提花工艺织造步骤

侗锦织造

侗锦采用竹帘织机（见图 6-20）织造，织造步骤如下：

（1）利用丫板从左至又引过纬纱，如图 6-21 所示。

（2）将竹笼中预置的分经压尺往身前拉，梳理下一个提经综束的开口。竹编花笼每条竹签所开经口控制着每一道色纬的提经开口，如图 6-22 所示。

（3）竹帘机竹签因重力自然掉落，综线开口，如图 6-23 所示。

（4）用竹平尺平压梳理提经束综的另一岔口，如图 6-24 所示。

（5）用左手手指推压上部的分经压尺，右手用竹平尺拉压提经综束，形成综束更大的下部开口，右手取出后端提经综束口掉落的编花竹签，如图 6-25 所示。

（6）将取出的后端编花竹签换位，插入前端的提经综束开口。然后回复到第一步

（图 6-26），完成织入通纬的过程。

图 6-20　侗锦竹帘机织造与挑花

图 6-21　侗锦提花步骤1

图 6-22　侗锦提花步骤2

图 6-23　侗锦提花步骤3

图 6-24　侗锦提花步骤4

图 6-25　侗锦提花步骤5

图 6-26　侗锦提花步骤6

五、侗锦的织物组织

侗锦是经纬异色、通经通纬的纬起花组织，纬二重组织（见图 6-27），在此基础上，在织造中加手工挑经夹入断彩纬（通经断纬），为纬三重组织，即素锦为纬二重，彩锦为纬三重组织。另外，侗锦彩经起花的花带织品为经二重组织。

竹笼机织素锦局部夹彩纬与纯手工挑织断色纬的织物组织有差异：前者夹彩纬，但是织物组织结构未变，只是点缀式的将断纬色线覆盖于纬线上显彩；后者通纬的纬底线，除纬起花外，凡需经线显彩时，纬纱陈于织物背面，依靠彩色经线起花，即经起花（见图 6-28）。

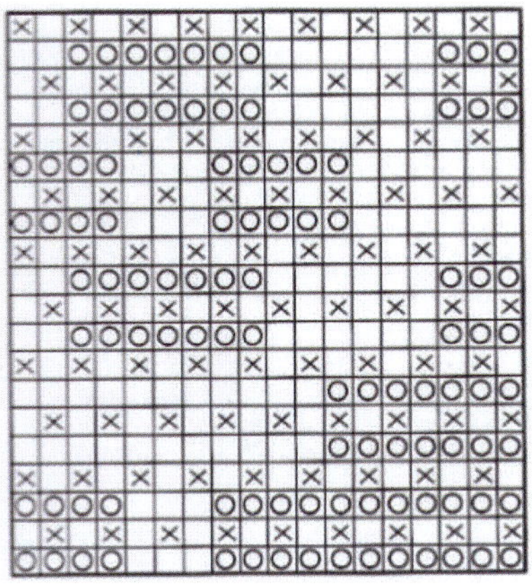

图 6-27　侗锦纬起花组织

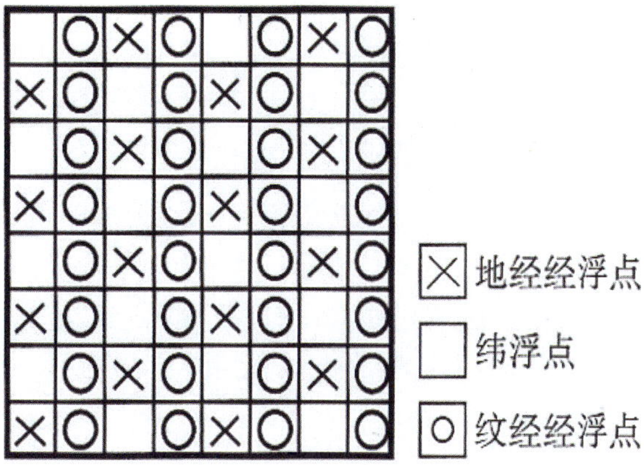

图 6-28　侗锦经起花组织

第三节
土家织锦

土家锦——西兰卡普

土家织锦是武陵山区土家族人的西兰卡普，为我国少数民族织锦之一。土家织锦民间称为“打花”，传统织锦多作铺盖用，土家语称为“西兰卡普”，意思为土花铺盖。土家族长于织作的悠久传统一直保留下来，直到改土归流前后，不论男女还保持着“喜斑斓服色”的习俗。土家织锦于 2006 年 6 月列入首批国家级非物质文化遗产名录。

一、土家织锦（西兰卡普）纹样解析

西兰卡普画廊

西兰卡普手工制作凝聚了工匠们的心智和经验，同时还有制作中的特殊情感。它以图纹命名，一般可分成 7 个大类，360 余种。其主要代表有：动物类，如阳雀花、蛇花、实毕等 41 种；植物类，如麻叶花、梭罗树纹、九朵梅等 66 种；生活用品类，如船船花、椅子花、神龛花、土王一颗印等 38 种；天象地属类，如岩墙花、千丘花、太阳花等 11 种；勾纹几何类，如八勾、二十四勾、四十八勾等 16 种；文字类，如喜字花、万字流水纹、福禄寿喜纹等 13 种；综合类，如凤穿牡丹、老鼠嫁女、台台花等 24 种；经典纹样有阳雀纹（见图 6-29）、四十八勾（见图 6-30）、台台花（见图 6-31）和实毕（见图 6-32）。

图 6-29　阳雀花纹

图 6-30　四十八勾纹样

图 6-31　台台花纹样

图 6-32　“实毕”纹样

《阳雀花》图案表现的是传说中的土家“织种女神”西兰姑娘的美丽动人传说。传说中她发明创造了西兰卡普工艺及大量的织锦图案，“阳雀（即杜鹃鸟）”悠扬而急促的叫声象征每年春分时节，催促土家人早早耕种，不误农时的“织种女神”西兰姑娘的声音。

《四十八勾》，所谓“四十八勾”的命名，是因为各单元的中心图案由两个互套的、大小不同的六方形勾状复合几何形组成，小的有阴阳十六个勾，大的有阴阳三十二个勾，合起来一共四十八个勾。纯抽象的几何线条、块面分割，变化丰富的构图单元布局、装饰元素的处理、各种艺术对比关系的应用以及对比色彩的并置运用，使之成为西兰卡普中的经典图案。

《台台花》图案在土家人的心目中具有驱白虎、避邪的神奇力量，常用于儿童的服饰、童被装饰。图案由极度变形的“虎头”和“船”这两种基本图案组合而成。图案整体布局构成复杂，图案均用横线、竖线、斜线这三种基本线条进行造型，依照“对称、循环、有规律、便于记忆”的原则进行，也形成了传统织锦的另一种独特艺术风格。

“实毕”纹样构图是多个四方连续的菱形连缀，每个菱形方格内安排了一个平面化处理的小野兽，这种布局源于战国时期楚国郢都的彩色丝织物。

二、土家织锦设计

1. 原料

土家织锦以丝、棉、麻为原料，以红、蓝、黑作为织锦经线的棉线颜色，纬线则由织者自己决定，各种颜色均可。

2. 组织结构和纹样

土家织锦多以菱形结构、斜线条为主体，讲究几何对称，反复连续，共有上百种传统纹样。土家织锦织物组织的共同特点是采用了“通经断纬”工艺，经线连续构成素地，纬线起花。土家织锦的图纹特征主要体现在三个方面：几何图形的运用、单一性连续构图、均衡对称（见图 6-33）。这些均体现了土家人对自然万物的美化，以及从自然形态到艺术形态的升华。

图 6-33　土家织锦纹样构成

几何图形与单一性连续构图的运用，是土家织锦图纹特征之一。以棉线为经为素地，以彩色棉纱或绒线为纬起花，采用加固变化斜纹组织，使图案形成斜线呈阶台状递进。如“马必花”中马的头部、身体和尾巴均是由直线和斜线来表现的，形成了简单明快的几何图形；再如“蛇花”以规则的小三角形、菱形块排列，配以单边勾、“万”字流水边来表现蛇的斑纹。连续构图有三种表现方式——连续性的菱形表现手法；连续性的横式长方条形表现手法、连续性斜式交叉表现手法。连续性的菱形表现手法有二十四勾、岩蔷花等，狗牙齿、单边勾等将反复的主体纹样填充、连接起来，以增加构图的整体效果。连续性的横式长方条形表现手法主体纹样反复重叠出现，色彩也基本统一。连续性斜式交叉表现手法则主要体现在“燕子花”“麻叶花”等纹样中，有的用不同的小边饰填充连接装饰主体纹样，有的根据斜形的织造方向，用斜长条形的交叉边饰来分格和连接纹样。

对称美是西兰卡普图案的一个重要特征，其连续图案无论是二方连续还是四方连续，其主体纹样都是反复地、有节奏地出现；次要纹样则填充或连接主体纹样之间的空间，体现了好事成双、生生不息的愿望。

土家织锦在织物组织上拓展了土家织锦对题材、图案、风格的巨大表现空间，由于土家织锦织物组织为纬起花，虽然起花纬线不连续，但被素地组织固定，结构紧密牢固，故有“土家人的一床打花铺盖用几代人”一说。土家织锦传承靠口传心授的“模仿记忆”，以家庭（家族）为主。

3. 色彩运用

西兰卡普色彩调配鲜明热烈。有一首三字歌诀唱道：“黑配白，哪里得？红配绿，选不出；蓝配黄，放光芒。”表明了西兰卡普喜用对比色，用黑白衬托钩提。各种钩状、锯齿状、梳齿状、缝合状、连锁等边饰，加上各种多角形的小花作为点缀，又以黑色衬底，以白色镶边，主次纹样由于黑白的衬托而显得既界限分明，又连成一体。其次喜欢用暖色，大橘黄之类为基调，用于主要部位，具体配色又是变幻无穷的。

传统土家锦均为自己用植物染和矿物染来获取颜色，色彩配置上本着“相邻两色，分冷热见深浅”的民间装饰色彩原则设色，强调冷暖和黑白对比。并且在配色上从不固定，不同的艺人均根据自己的喜好配色，相同的图案常有不同的色彩效果，比如“四十八勾”，在民间有数十种不同配色。

（1）尚黑忌白　白色在酉水流域土家人的习惯中有“不吉祥”的寓意，因而在日常生活中也多“忌白”。而在湘西土家人眼中，黑色是正直、权威的象征。土家族是一个以自然崇拜为主的族群，把玄黑作为最喜爱和尊重的时尚，最具特色的“台台花”盖裙上黑色与其他色彩的面积比例几乎是 10∶1。同时在斜纹彩色织锦中，基本上都是以黑（青）等深色为底，尽管主体色彩丰富鲜艳，也能被调和统一，但黑色一般少用于主题图案上，只多作底色和边饰，即使用到黑色也只是点缀，以求呼应完整、主次分明有序（见图 6-34）。

图 6-34　土家织锦的纹样与色彩搭配

（2）原色的对比与复色的互补　原色的对比是土家织锦中最常见的色彩搭配方式，运用红、黄、蓝三原色，并延伸至红、黄、绿、蓝、黑。将一对对相互独立而又鲜艳的原色放在一起，通过颜色的对比、色彩的面积、构图及其他一些特定空间因素共同构成整体效应。“蛇花”“椅子花”“大刺花”等都运用了明度较高、对比强烈的色块相互映衬。红与绿、黄与紫、橙与蓝这些对比色，镶嵌在黑、深红等厚重色彩中，而对比色彩的边缘或周围则用灰色或白色线与面交错其间，从而形成线包面，面夹线的穿插，使图案不仅明快，也更为细腻精致。同时，紫、橙、棕等复色作为适当的补充，极大地丰富了画面的表现力，并使每一个画面在具有一个基调、一个主色的前提下，既鲜艳悦目，又统一协调（见图 6-34）。在土家织锦的色彩搭配中，既有斑驳陆离的艳丽之色，强烈的色彩对比形成装饰性的锦面效果，使人眼花缭乱；也有古朴素雅的土家织锦，给人宁静古朴的感觉，表达出丰富的视觉效果和情感语义，形成了动静结合风格多样的色彩特点。只要有两种色彩同时存在，就会形成对比。土家织锦的配色最大限度地保留了色彩的本质特征，红色、绿色、黄色和蓝色都尽显本色，没有人为的渐变色，追求色彩浓厚的装饰性、高纯度、强对比。如常把墨黑、深红、深蓝做底色，以红与绿、黄与紫、蓝与橙分别放置图案中，形成强烈对比，而又不失调和。在色彩边缘又多用白或高明度色彩的线与面交错其间，起到陪衬作用，突出主体图案。土家人在绘画中的谚语道：绘画无巧，闹热为生；用色无巧，斑斓为佳。

（3）黑白色间隔　黑白的间隔使这些高纯度的色彩既保留互补色的固有特性，又能够和谐共处。色彩大多呈现补色或浓烈色彩对比形式（见图 6-34）。土家族虽然“忌白”，但仍能看到少量白色线条穿梭于红绿之间，不仅在喧闹的色彩中有分隔块面的作用，还起到了提亮画面的视觉效果。

（4）深色为底　土家织锦色彩显示既冲突又互相衬托，通过大面积的深色使强对比的色彩趋于协调，从而达到色彩的和谐。由于黑色等较深的色彩给人一种沉稳的视觉感受，不仅能压制与其并置的鲜艳色彩的跳跃感，起到稳固视觉的作用，同时还能衬托出其他色彩的纯度与明度，所以土家织锦常用大红、深蓝、墨黑为底色，尤其以黑色为多。图案中的湖蓝、中黄、橘黄、桃红、白色等，在深沉的底色上，使色彩搭配既明亮又不失其沉稳（见图6-34）。

（5）鲜明的民族特色　土家人尚红、黑色，因红色系暖色，代表光明，黑色为冷色，象征庄重，故西兰卡普以红色为主、以黑色为辅，间之以黄蓝白色参差点缀。设色古艳厚重，斑斓多彩，对比中显调和，素雅中见多彩，给人以明快、活泼感觉。构图中多采用浪漫主义的概括、变形、夸张等手法，巧妙地将各种动和静的形体、自然纹样和几何纹样有机地结合，图案兼具生活情趣和鲜明民族特色。

三、织造方式

1. 腰织机

西兰卡普用一种古老的木质斜织腰机（见图 6-35、图 6-36），采用反面朝上的“通经断纬”方法挑织而成。

西兰卡普织造

图 6-35　土家织锦腰织机

图 6-36　传统西兰卡普织机结构示意图

2. 织造流程

西兰卡普多以土红棉线为站（经）线和暗喂（纬）线（梭罗线），以五彩丝、棉为起花纬线，反面挑织而成。主要工艺流程为：倒线—牵线—装筘—滚线—捡综—翻篙—捡花—捆杆上机—织布—挑织图纹。

（1）倒线　又称倒筒，是利用纺车将棉纱（线）套入倒线绷架上，再将 5 寸长的竹筒

（络线筒）装在纺车上，手工将线倒在竹筒上，便于牵线（见图 6-37）。

（2）牵线　俗称地桩牵经（见图 6-38）。用三根以上的光滑竹、木杆插入地下，称为告桩。然后在与告桩垂直的方向将倒在竹筒上的站（经）线固定为“8”字形排列（称为地桩），竹筒一般在 15～30 个之间，然后往复牵线，按地桩的顺序牵挽绕桩。该工序要求起端站（经）线排列次序不变，并用“花岔岔”（8 字套）分组。如果按 32 根/手为单位计算站（经）线，一尺二幅宽的织锦（40 cm），需牵站（经）线数为：40 cm×3 道/cm×4 根/道=480 根（480 根∶32 根/手=15 手）。

（3）装筘　如图 6-39 所示，依牵线时的站（经）线顺序及分组，利用钩针依次将站（经）线用挑子穿入筘眼，每一个筘眼穿入两根线。

（4）滚线　如图 6-40 所示，将牵好已装筘的经线进行梳理，卷上滚棒。该工序要求梳线及卷棒时张力均匀，其间用稻草之类间隔填充，主要是预防垮边。

（5）捡综　如图 6-41 所示，选与综杆相似竹竿，将一端破开，用长约8cm的竹条撑开竹竿。将棉线用近8字形的套结，循环缠住综杆和经线。该工序要求按穿筘时经线顺序进行，实际上相当于穿综。

（6）翻篙　如图 6-42 所示，将综杆和花岔岔互换位置，将两组经线交叉理到竹筘之后。

（7）捡花　如图 6-43 所示，将经线分为三层，把准备起花的那一层清理出来。

（8）捆杆上机　如图 6-44 所示，经线用分经杆分组，用绳索捆扎联动机构，调整综杆与杠杆“鱼儿”及踏杆的位置。经线头端打结上滚棒，调试撑子力度，安放花筒。将花筒安放在插杆上端及上下分组经线的中间。

（9）织布　试织段对斜（平纹）布头，以固定控制织锦面，如图 6-45 所示。

图 6-37　倒线

图 6-38　牵线

图 6-39　装筘

图 6-40　滚线

图 6-41　捡综

图 6-42　翻篙

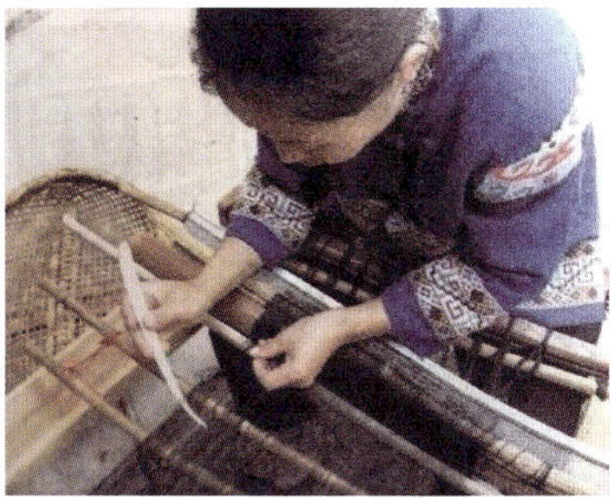

图6-43　捡花

图6-44　捆杆上机

图6-45　织布

（10）挑织图纹　如图6-46所示，挑织时先将束腰的绊带（一般多用宽布带或牛皮带）套腰后，拉紧站（经）线，心计默数或参照现成的纹饰，选色纬线用挑子挑起成束的站（经）线，数纱夹色纬，梭罗（布刀）打纬线，带投梭穿“过线”（暗纬）。织造时身体微微后靠，脚踏分经杆，一手提综，另一手投梭插梭罗，每一纬向的粗色纬挑挖完成后即错综过纬打纬，如此循环。成品纹样如图6-47所示。

图6-46　挑织图纹

图6-47　成品纹样

第四节
海南黎锦

海南黎锦

黎锦是海南省黎族的织锦，集纺、染、织、绣于一体，以棉线制织，也有少量利用麻和其他纤维。黎锦精美轻软、结实耐用，素有“黎锦光辉若云”之赞誉，具有浓郁大自然特色。不同海南黎族方言区织锦各有特色。

一、黎锦的特色

海南黎锦特色

海南黎锦制作精巧，色彩鲜艳，富有夸张和浪漫色彩，图案花纹精美，配色调和，鸟兽、花草、人物栩栩如生，在纺、织、染、绣方面均有本民族特色。黎锦以织绣、织染、织花为主，刺绣较少。

元代的棉纺织革新家黄道婆，将黎族的棉纺织技术加以改进和推广，引发了中国纺织技术以丝麻品为主转变为以棉织品为主的革新。黎族至今还有歌谣吟唱："绣得王家千金花，黎裙汉袍映异彩，道婆学艺在我家"。

黎锦是以棉线为主，麻线、丝线和金银线为辅交织而成。海南东方和昌江地区的黎族人创造了将扎染与织造技艺相结合的织锦手工艺。经线多采用缬染法（即扎染），先在扎线架上绕编好经线，然后用纱线在经线上扎结，染色后拆去纱线，即出现蓝底白花的图案，再织进彩色纬线，即呈现出独特的图纹色彩。

二、黎锦的纹样

海南黎锦纹样

黎锦画廊

黎锦的图案有抽象的马、鹿、斑鸠、蛇、青蛙、孔雀、鸡以及竹、稻、花卉、水、云彩、星辰等 100 多种，大多由简单的直线、平行线和方形、三角形、菱形等几何图形构成。在色彩上，善于运用明暗间色，青、红、黑、白等色互相配合，形成色彩对比强烈的艺术效果。

植物纹是黎锦常用纹饰，常与人形纹、鸟纹相配合，组合成完整的图案。由于黎族人生活在热带丛林之中，所以黎族妇女十分喜欢将花草树木和藤类植物设计成图案织在黎锦上，花草纹沿横向或纵向连续排列构图形式，象征着繁衍生息、人丁兴旺。

几何纹在黎锦中是表现最为突出的纹样。它以日常生活中的物品为主要元素，通过直线、平行线、方形、菱形、三角形等的组合构成各种纹样，表现手法大多很抽象、夸张，反映了黎族人原始思维特征。纹样如图 6-48～图 6-56。

图 6-48　蛙纹

图 6-49　鹰纹

图 6-50　蝴蝶纹

图 6-51　骑鹿纹

图 6-52　哈方言区树纹

图 6-53　赛方言区几何纹

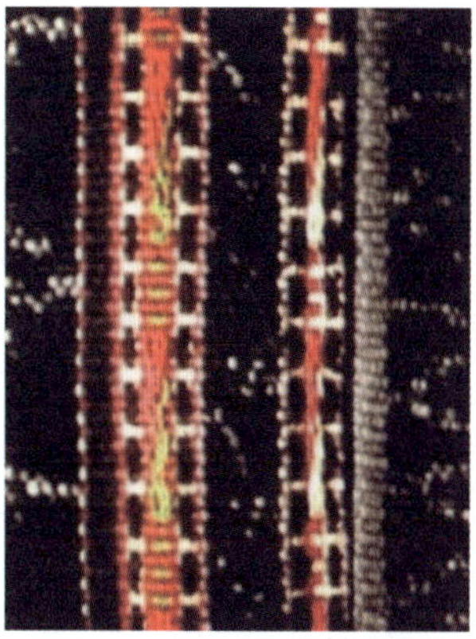

图6-54　美孚方言区经起花

图 6-55　润方言区黎锦上的双喜纹

图 6-56　黎锦菱形骨架上的“卍”字纹

三、黎锦织造

黎锦织造工艺按织物结构的不同分为平纹素织和提花织两大类。平纹素织的工艺比较简单，经线、纬线均是清一色的棉纱，但经线、纬线色彩可以是同色或异色。这种棉布质地平整，如果经线、纬线较细的话，质地就会细腻、柔软。

如图 6-57 和 6-58 所示，黎锦采用腰机织造，织布者席地而坐，沿经线方向伸直双腿，双脚蹬撑经木的两端，而经线的另一端与腰带相连，使经面平直。织第一梭时利用上经时经线的自然开口织入纬线，操作中须将打纬刀穿入并立起，以扩大开口，这时将缠有纬线的梭子从右向左或从左向右引入，之后放平打纬刀，双手握住打纬刀两端，利用打纬刀的刀口用力压紧纬线，这样就完成了第一梭的织造。织第二梭时，须将分经木向前推，一手提起综杆使经线形成开口，一手把打纬刀从第一梭口处取出并插入第二个开口，然后立起打纬刀使之开口扩大，再将梭子从左向右或从右向左引纬，同样，再放平打纬刀用力压纬，就完成了第二梭。这种平纹素织物的织造是以完成两梭为一个循环。

提花织物的制织比较复杂，不仅有提综织造，还有局部通经断纬的挖花工艺。黎族的织锦物就属于这类棉织品。此时，提花综起着十分重要的作用，它将显花部分的经线按图案要求提起，形成梭口，从而织入彩纬，提花综与地综交替提织，共同完成织造任务。

图 6-57　提综并插入纬刀

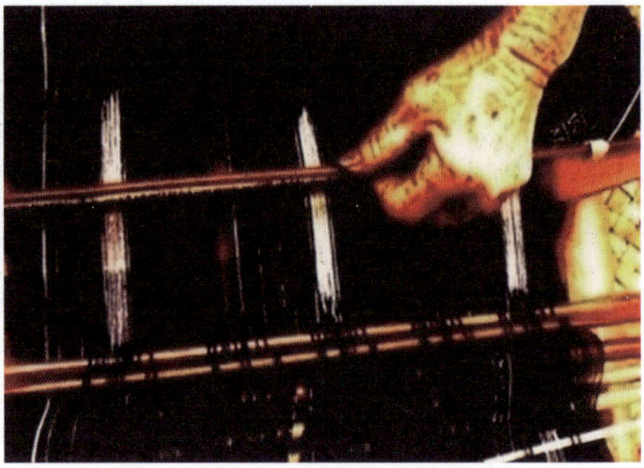

图 6-58　提综、松经并插入纬刀

黎锦的制织工序如下：

第一梭，织地部单起平纹。提起素综杆，插入打纬刀并让其立起，引入纬线，压紧梭口，抽出打纬刀，提起第一根花综杆，使经线形成开口，穿入彩色纬线，压纬线，即完成了第一次提花。

第二梭，织地部双起平纹。在自然形成的梭口内插入打纬刀并使之立起，引入纬线，压紧梭口；提起第二根花综杆，引入彩色纬线，压纬线，即完成第二次提花织造。

第三梭，织地部单平纹。提起第三根提花综杆，引入彩色纬线，压纬线，即完成第三次提花织造。

第四梭，织地部双起平纹。提起第四根提花综杆，引入彩色纬线，压纬线，即完成第四次提花织造。

四、美孚方言区“黎花缬布”制作工艺

黎锦制作

1. 缬染黎锦制作

美孚方言区黎锦与其他方言区黎锦相比，除了花纹分外绚丽外，还通过染的工艺使织锦更加富有特点。这里的“染”是指将纱线按图案要求进行缬染，其扎结工艺比较复杂。首先要把白色的纱线两端固定在一个长方形的木架上，并依次排列很多根，形成所需经线构成的一个平面，在这个平面上设计相应的图案，然后根据其图案结构将局部纱线扎成一个个结（见图 6-59）。扎的工艺完成后就把纱线从木架上取下，投入染缸染色，待晒干后将一个个纱结解开，就能看到被扎紧的纱线依然是白色的或略有渗入的颜色，而未扎的部分则是所染色。这时这根纱线就变成了带有色段的具有斑花效果的经线，而刚才所排列的纱线再排成一个平面时就显出了相应的花纹，如图 6-60 所示。美孚方言区黎锦的经线就是使用了这种带有斑纹的纱线，再通过一定组织与纬线交织，就形成图案。用这种面料制作成的衣裙服饰，与其他方言区服饰相比没有很浓艳的色彩，也没有很夸张的图案，而是具有雅致、稳重的外观特色（见图 6-61）。

图 6-59　在扎经架上扎制花纹

图 6-60　缬染经条纹织锦

图 6-61　美孚方言区织锦

不仅如此，美孚方言区黎锦在染、织技术相结合方面也是黎锦中最为完美、经典的，体现了黎族人的聪慧和才干。

2. 经起花和缬染经条纹织锦制作

根据经线的规格和结构不同有两种：一种是 3/3 方平组织，甲经线较细，为单向捻；另一种是以平纹组织为基础，通过局部的经浮组织点显花，所用乙经线较甲经线要粗些，根据图案需要采用灰、淙、白、灰蓝、大红、翠绿等色线进行排列，色线也为单向捻线且较蓬松。纹条纹处的经线作了缬染处理，与纬线交织织造就显出了花纹。整幅织锦上，缬染条纹花与经起条纹花间隔排列，如图6-60所示。这种在同一件织锦上采用粗细不同的经线，并且应用不同的组织结构进行织造，既有染色显花花纹，又有织造提花花纹的黎锦，在黎锦五个方言区中是唯一的。

五、黎锦“纺、染、织、绣”四大工艺

1. 纺纱

黎锦纺纱工艺用的主要工具有手捻纺轮和脚踏纺车。手捻纺纱是人类最古老的纺纱工艺，这种工艺使用的工具为纺轮。黎族聚居区有极为丰富的木棉、野麻等纺织原料。在棉纺织品普及之前，野麻纺织品在黎族地区盛行。人们一般在雨季将采集的野麻外皮扒下，经过浸泡、漂洗等工艺，渍为麻匹。麻匹经染色后，用手搓成麻纱，或用纺轮捻线，然后

织成布。野麻布质地坚实。

2. 染纱

染料主要采用山区野生或家种植物为原料。这些染料色彩鲜艳，不易褪色，且来源极广。美孚方言区还有一种扎染的染色技术，古称绞缬染。先扎经后染线再织布，把扎、染、织的工艺巧妙地结合一起，在我国是独一无二的。

3. 织造

黎锦织机主要分为脚踏织机和踞腰织机两种。黎族妇女用踞腰织机可以织出精美华丽的复杂图案，不同图案、色彩和风格的黎锦曾是区分具有不同血缘关系的部落群体的重要标志，具有极其重要的人文价值。

4. 绣

黎族刺绣分为单面绣和双面绣。以白沙润方言区女子上衣双面绣最为著名。

六、黎锦独特的扎染技术

扎染工序一般有描样、扎制、入染、解结等。扎制也称“扎花”，在扎染中起着关键性的作用。

黎族妇女在扎染时常常不需要事先描图，而是凭脑海中对图案的构想直接扎制，双手穿梭游走于经线中，瞬间就能结出数不清的花纹染结。扎制完成后，就从木架上取下，放入陶缸湿染。为使纱线着色均匀，在湿染前，要先将结好的纱线用清水弄湿，然后放入染液之中，不停翻动，直到上色均匀后再取出来晾干，以使棉线上的颜色在空气中氧化凝固。这样的过程需要重复数次，直到对所染色彩满意为止。当纱线晒干后，就将扎制的一个个纱线拆除，再用清水漂洗并晾干，这时候经线上就显出色彩斑斓的花纹和图案。这种自然形成的不规则色晕，为黎锦平添了几分神秘的艺术感。

虽然我国其他民族也有絣染，但是其中的大多数都是先织布后絣染，只有黎族的絣染技艺是先絣染后织布，这样的处理方式不仅丰富了图案的层次，还有朦胧美的艺术效果，具有很高的艺术欣赏价值。

第五节 瑶锦

瑶锦

一、瑶锦的工艺特色

瑶锦主要流行于湖南和广西等地，主要用于被面、服饰、背带、头饰等。湖南瑶族织锦中的主要类别八宝被是一种典型的经起花织物。瑶锦织法有别于其他民族的织锦，是典型的经起花工艺，即经线为不同的单元颜色，纬线为单一底色，不断纬，花纹由经线显出。用于被面的瑶锦色彩素净，线条古朴，花纹韵律性很强，用于服饰的瑶锦则色彩艳丽。

广西瑶锦常用于床毯、被面、腰带、头巾、背带芯等方面。分为织锦与绣锦两种。作为广西瑶族花带的瑶锦，在节日时作为盛装的服饰品配置，用黑、白两色丝线织成图案鲜明的锦带，宽约 30 cm，长约 1 m，梳理头发时，盘在头上作为装饰。还有一种以红色丝线为主，配上各种颜色丝线，如绿、黄、白、黑等色丝线织成的带，宽约 0.5 m，长可超过 1 m，两端留有约 0.5 m长的穗子。这种织锦带色彩鲜艳、图案突出，主要用于扎在腹部小围裙外。

二、瑶锦纹样

瑶锦画廊

瑶族世居深山峻岭，受自然环境的陶冶，织锦纹样多为几何形作对称式波状二方连续排列，组成山峰、巨龙等象征性图案。花纹主要有万字纹、几何纹、文字纹、正方形、菱形、三角形、圆形、水波形、工字形、之字形，以及蝶恋花形、龙戏珠形、稻穗、人物、齿轮、花草、树木、飞禽、走兽等植物纹、动物纹等图形。贺州瑶族文化的基本图形，多以两方连续、四方连续等组合形式出现，还有些图案就代表着民族的图腾崇拜或者宗教信仰。这些简单的自然万物经过巧妙的构思，通过纹样造型，装饰在深色服饰上，将实用性与艺术性结合在一起，无不彰显瑶族女性的独具匠心与手巧心灵。

瑶锦纹样有素锦和彩锦，以经线显花为主，纬线挑花为辅，瑶锦纹样如图6-62～图6-66所示。

图 6-62　瑶锦八宝被纹样

图 6-63　挑花彩锦舞乐图

图 6-64　素锦纹样

图 6-65　彩锦纹样

图 6-66　瑶族锦经起花纹样

三、瑶锦的色彩

瑶锦在色彩运用上亦极富瑶族特色，调色大胆，善用强烈的对比色调，以红、橙、黄、绿、蓝、白等色为主，五彩缤纷、古艳厚重，而且瑶族人民善于巧妙运用黑、白色作间隔及连缀，华而不俗，既和谐统一，又强烈对比，有新颖、独特、浑厚的效果。瑶族服饰如图 6-67 所示。瑶族信仰图腾名为“五色犬”，衣服也以这五色为主，名为“五色衣”，包括红、黄、蓝、黑、白这五色。色彩多用大红、桃红、橙黄等暖色调，间以蓝、绿、白、紫等，色彩鲜明强烈。

图 6-67　瑶锦服饰

四、瑶锦的织造

湖南瑶锦“八宝被”采用典型的经线起花工艺，在其工艺流程中，奇特的牵经器具以及牵经方式在中国的民族织锦中实为少见：织造时不采用综框提经的方式提花，却是使用“竹扦”挑起双经起花，因此织物表面的花纹由双经凸的绒点组成，表现出立体效果。其底纬线被经纱紧紧覆盖住，不露于织物表面，这体现出瑶族织锦本身独有的经起花特征，如图 6-68 所示。

图 6-68　瑶锦织造

第六节
苗　锦

苗锦

一、苗锦的特色

苗锦是苗族人民传统生活用品。苗锦同银饰、刺绣、蜡染一起，被称为苗族四大服饰工艺。苗锦基本组织为人字斜纹、菱形斜纹或复合斜纹，多用小型几何纹样。苗族服装常用苗锦镶嵌衣领、衣袖做装饰。苗锦以纬丝起花，采用多把小梭子织造。开口用多片综（或提经竿），可以兼用“通经断纬”挖梭织法，纹样色彩优美，富有民族风格。

二、苗锦的纹样和色彩

苗锦画廊

苗锦的纹样布局多以寓意吉祥的花草、动物排列在几何形、菱形的框架内，装饰风格较为粗犷，动物纹是苗锦图案的主要内容，如龙纹、牛纹、蝴蝶纹等，反映出苗族的多神信仰和祖灵崇拜。纹样是正方形或菱形适合图案。菱形内纹样繁复勾连，变化中有统一，配色对比强烈，装饰感强，与整体构成骨架的直线风格统一，很有力度感。苗锦纹样和服装如图 6-69 所示。苗锦纹样“或在素底上织彩，或在彩底上织素”，图案色彩浓艳而富丽，对比强烈而调和。

图 6-69　苗锦菱形骨架内的勾连纹样与服装

三、苗锦的织造

苗锦有素锦和彩锦，苗族妇女用棉花织锦的工序为：选花、轧花、弹花、卷花、纺纱、倒纱、浆纱、牵纱、织、染等。织锦方法为机织、编织和挑织。

1. 机织

机织即用织布机织锦，与一般织布的设备有所不同。织平布只用两个综线，而织锦用的综线至少是五个。每个综线都连着一块踩板，脚踏踩板，牵动综线而将经纱交错上下分开。每次只能踩两块，依次进行，或周而复始，或踩毕倒回。机织的花纹要简单一些，不如挑织的多样，并且都是左右对称，千篇一律。机织一般多用于织锦带，如图 6-70 所示。

2. 编织

编织即以手代替挑板或综线来交错上下分开经线的编织方法，编织只能用于宽一寸以下而经线较粗的锦带。一些少女在上山干活或放牧时，将牵好的经线卷好、上筘（短筘），随身携带，在空闲时，即以一端系于小树上，一端系于腰带，手拣经线而引进纬线。编织的花纹同机织一样，如图 6-71 所示。

3. 挑织

挑织用于宽锦，机织和编织只用于锦带。挑织宽锦的地区不多，而织锦带则较普遍。织锦花纹和配色，各地略有区别。

苗锦挑织工序：将牵好的经线上筘，并引进“线综”（织布时使经线交错上下分开，以便投梭引进纬线的装置），上机后，用一块长约一尺、宽约五分的光滑竹片，按照花纹需要，向经线逐一挑通，然后投梭引进一根花纬，拉筘打紧纬纱。接着利用综线交错上下分开经线，织一根地纬。第三根纬线仍为挑织花纬，如此循回织成的宽锦，称为挑织。挑织可以通经通纬或通经断纬，如图 6-72 所示。

图 6-70　苗锦机织

图 6-71　苗锦编织

图 6-72　苗锦挑织

第七节 新疆维吾尔族艾德莱丝绸

艾德莱丝绸

一、艾德莱丝绸特色

艾德莱丝绸，是维吾尔族人生产，以纹样粗犷奔放、色彩绚丽鲜艳、图案细腻严谨著称；主要用桑蚕丝织造，是维吾尔族妇女最喜爱用于做服装的土产丝绸；主要产于和田市、喀什市、莎车县等地。“艾德莱斯”意为“扎染”。这种丝绸采用我国古老的扎经染色工艺，按图案的要求，在经纱上扎结，进行分层染色，整经、织绸。染色过程中图案因受染液的渗润，有自然形成的色晕，参差错落，疏散而不杂乱，既增加了图案的层次感和色彩的过渡面，又形成了艾德莱丝绸纹样富有变化的特点。艾德莱丝绸质地柔软，轻盈飘逸，尤其适于夏装，其布料一般幅宽仅 40 cm，维吾尔族妇女特别喜爱这种绸料。

二、艾德莱丝绸图案和色彩

艾德莱丝绸画廊

艾德莱丝绸图案呈长条形，有的呈二方连，错落有致地排列；有的为三方连，交错排列。丝绸色泽十分艳丽，与沙漠边缘单调的环境色彩形成强烈对比，突出了维吾尔族人民对生活的热恋和追求。

艾德莱丝绸有两大产区：一是喀什、莎车的绸，色彩绚丽、鲜艳著称，常用翠绿、宝蓝、黄、桃红、金黄等色，色彩对比强烈，图案细腻严谨，如图 6-73 所示。二是和田、洛浦的绸，讲究黑白效果，虚实变化，纹样粗犷奔放，用白底黑花或黑底白花或红白、蓝白兼配以小块金黄、宝蓝做点缀，使色彩简洁而富于变化，如图 6-74 所示。

图 6-73　喀什、莎车图案

图 6-74　和田、洛浦图案

三、艾德莱丝绸的生产

艾德莱丝绸制作

1. 生产流程

艾德莱丝绸的生产流程包括：作茧、煮茧抽丝、做纬、并丝、扎经、染色、拼花、整经、穿经插箱、织造，如图 6-75～图 6-83 所示。

图 6-75　特制支架作茧

图 6-76　煮茧、抽丝、做纬

图 6-77　并丝

图 6-78　扎经

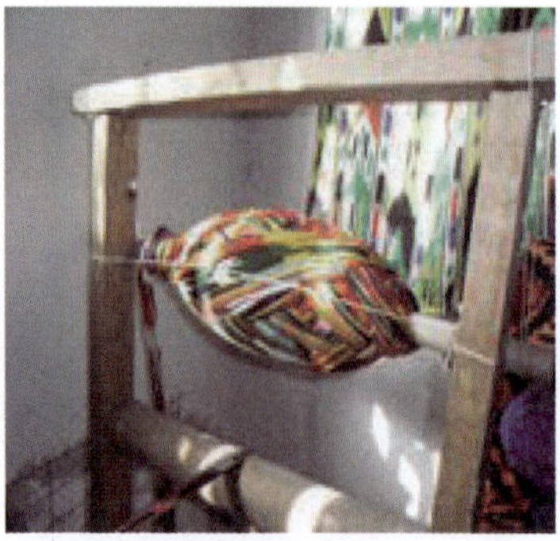

图 6-79　染色

图 6-80　拼花

图 6-81　整经

图 6-82　穿经插筘

图 6-83　织造

2. 主要特色工序

（1）染色　艾德莱丝绸至今还是采用原始手工织造，用古老的扎经染色法工艺，采石榴花、沙枣花、海那花，用花液、天然石料色，染出五彩的丝线。

染色时依据色彩多少分层分次进行，染料是天然的植物和矿物，花绸最终的效果取决于染色过程中图案轮廓受染液的渗润情况，其自然形成的色晕，好像用干笔擦出的效果，各种颜色呈现参差错落，疏散而不杂乱，既增加图案层次感和色彩过渡面，又使形成的纹样富有变化特色。“一扎一染”是“艾德莱丝”扎染的关键。

（2）整经　色染好后就该“整经”了，即：将扎着的结全部剥离，然后将丝晒干的过程。艾德莱丝绸按照束来整经，整经装置是一个多功能木质四方架，可绕中轴转动、可伸缩，以适应不同条件下的整理工作。在工作平台上，每隔 3～5 cm 有木质销钉，用于对蚕丝进行分束，这样既保证了各经纱清晰分束，又方便了后面的制作。整经速度不可过快，否则会影响丝绸的质量。

（3）织造　艾德莱丝绸在特制木制织绸机上，采用通经通纬的方式织造，效率高，如图 6-84 所示。艾德莱丝绸服饰如图 6-85 所示。

图 6-84　艾德莱木质织绸机织造

图 6-85　艾德莱丝绸服饰

第八节
布依锦

布依族织锦

一、布依锦特色

布依锦是贵州布依族民间织锦，以贵州省安顺地区镇宁织锦最负盛名。布衣锦是在古老的织布机上布衣人用自己染好的青线、蓝线作经，用五颜六色的花线作纬，用竹片拨数纱线，穿梭精挑细插编织而成，即蓝经彩纬织造方式。布衣锦锦面类似丝绣，光滑平整，花纹精致，大多用作妇女头帕、衣服、围腰、背带芯、挎包、被面、门帘和各种花边等。

二、布依锦色彩和纹样

布依锦画廊

布依族男女服饰好青色，布依族男青年也有穿长袍的，多为蓝、青二色。老人大多穿大襟短衣或长衫，也多为青白色。布依族妇女多包青帕，穿青蓝色大襟短衣和长裤，衣肩、盘肩、衣袖和裤脚处镶上雅致的花边，在青蓝色的衬托下，显得格外灵秀；腰系半截绣花围腰，用青布或青绸做成，以绿色缎布作飘带，带上绣有各色花卉图案，喜用大红、黄、绿、紫蓝、橙等艳丽色彩。

布依人将自然纹样经提炼、归纳、简化为抽象的几何纹样，布依锦图案多采用菱形、三角形、四方形、勾纹、回纹、井字、田字等几种几何图案进行有规律的组合排列、穿插构成人物或各种动物，新颖别致、趣味盎然。彩色花线交相辉映，花纹精致紧密，表面光滑平整，图案瑰丽美观，每一图案以一种动植物命名，色彩鲜明夺目，如图 6-86 和图 6-87 所示。

图 6-86　布依锦几何纹样

图 6-87　布依族背心

三、布依锦材料

布依锦根据材料特点可分为棉质和丝棉交织两类，一般以青色或蓝色棉纱作为经线，以红、黄、蓝、绿等五彩棉纱或丝线作纬线。

四、布依锦织造

布依锦制作

布依锦用双综双蹑织机织造，彩纬显花。花纹为几何纹，大多在黑地或白地上织彩花，用竹片拨数纱线，穿梭精挑编织而成。整经和织造如图 6-88 和图 6-89 所示。

图 6-88 布依锦整经图

6-89 布依锦织造

第九节 景颇锦

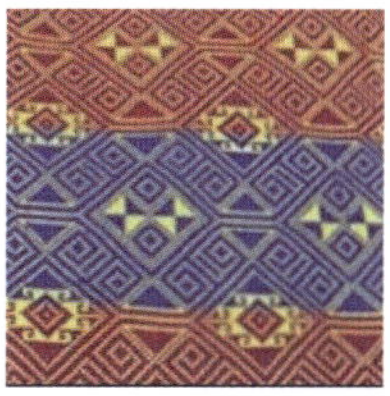

景颇族织锦

景颇锦是指云南德宏景颇族织锦，采用纯手工原始腰机织造，织锦内涵丰富，种类繁多，形式内容及色彩别具一格，花纹图案独树一帜，是景颇族妇女手工文化的艺术精髓所在。景颇族织锦集实用、装饰、艺术三位于一体，是景颇文化发展的见证和反映风俗习性的一面镜子。

一、景颇锦纹样和色彩

景颇族织锦画廊

景颇族织锦图案用红、黑、白等色彩勾勒，具有特殊的含义。景颇族对黑、红、白的颜色，有着一套完整的应用概念和心理感觉。“红”“黑”“白”贯穿整个祭祀柱中，红色象征血，代表勇敢顽强；黑色代表驱邪除恶；白色代表吉祥、平安，用在祭祀活动上表示行礼、崇敬并求神灵保佑。

景颇织锦图案绝大多数是由点、面、线组成。织锦图案上的点可以是各种形状的点。线也可以是粗、细、直、曲、折、弧等多种多样的线，曲折线居多，弯弧线极少。各种线同时使用，加上间隔的变化，色彩的对比，线的形态是多姿多态、千变万化的。同样，面的变化也是形态各异的，一般有方形、三角形、折形、多角形、菱形、圆弧（很少见）、扇形，等等。几何图案编排十分巧妙，比例尺寸协调，讲究对应关系，有的相互连贯、连接成体。多数图案具体而形象生动，少数图案则比较抽象，看不出图案所表达的内容和含义。值得一提的是，菱形、菱角图案几乎是所有传统织锦作品的底纹图案，其由折线围成，有 3、4、5、6、7 折之分，如图 6-90 所示。

图 6-90　景颇族织锦纹样

二、景颇锦织造

景颇锦织造

景颇族先民逐渐掌握了较高的手工纺织技术，从纺棉、绩麻、染色、架线到纺织，传统织锦是用非常古老简陋的木、竹制土机进行数线（络筒）、捡线（整经）、插线、穿梭、腰机织造，费工费时，制作一条筒裙要一个月时间。

景颇族织锦多以自捻的棉线、麻线、羊毛线，并经自然印染（深青色、深红色）初步加工后作为织锦材料。机杼由“工”字形主线支架、皮制腰带、数对梭子、两只相同的竹竿、梭镖（形似古代青铜剑，用于压线）、线轴、底杠组成，所有部件均为竹制或木制。制作织锦时，将线纵向排布于主线支架上，一端固定于两棵平立的木桩上，另一端系在腰间即成经线系统，由较小的梭子完成横线布线及挑花等工作，最后由大木梭镖压紧。在织锦过程中，4 线成股及 8 线成股两种压线技法最为常用，根据织锦、图案种类大小排列组合，结合使用以制得各式图案，在必要时还可以结合手工挑线成花，使图案更为精密、丰富。单线压线法则用于制作背带等简单部分。

景颇锦的牵经、织造和服饰如图 6-91～图 6-93 所示。

图 6-91　牵经

图 6-92　腰机织造

图 6-93　景颇服装

第十节
傣 锦

傣族织锦

傣锦是少数民族织锦之一，当地称“娑罗布”。傣族织锦与傣族人民的日常生活及佛教信仰、鬼神崇拜等方面都有着紧密的联系，在傣族社会生活中占有相当重要的位置。傣族织锦既含蓄又明朗，想象丰富，构思巧妙，手法独特，在中国织锦艺术中占有重要的一席之地。

一、傣锦特色

傣锦也有棉织锦和丝织锦两种。棉织锦基本用通纬起花，丝织锦则既有通纬起花又有断纬起花。棉织锦以本色棉纱为地，织以红色或黑色纬线。德宏地区傣锦常用红、黑、翠、绿结合。织造时，傣族妇女首先将花纹组织用一根根细绳系在“纹板”（花本）上，用手提脚蹬的动作使经线形成上下两层后开始投纬，如此反复循环，便可织成十分漂亮的傣锦。设计一幅傣锦，需几百乃至上千根细绳在“纹板”上表现出来。图案有狮、象、孔雀、树木、人物等。织幅一般 33 cm，长度约 50 cm，多用作被面，亦作装饰织物，具有强烈的民族风格。

二、傣锦织造

傣锦织造

1. 傣锦组织

傣锦织物组织是一种重纬组织，见图 6-94。地纬与纹纬比例为 2∶1，经线与地纬是黑色，每织4纬地纬，地纬中加金线，纹纬有桃红色和绿色两种颜色。

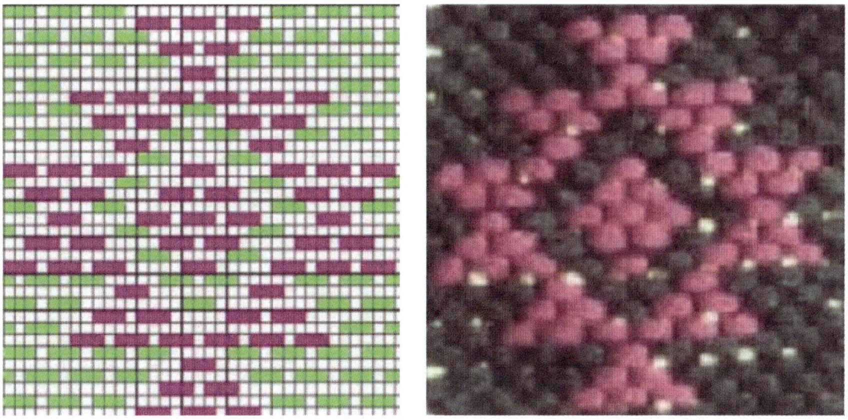

图 6-94 傣锦组织和实物（未标出地纬）

2. 傣锦织机

如图6-95所示，傣锦织机组成和作用如下：

（1）综：带动经线分开形成梭口。傣锦有两种综，一种地综一种花纹综。傣族的地综是一根竹裘，把线系在竹裘上做综眼，线的一端系在综杆上，一圈圈缠在杆上，每一个圈里系进一根经纱。傣族使用双综，分别系住经纱的奇、偶数经纱。花纹综就是提花帘综，用来记载纹样花本。

（2）蹑：也叫踏杆，用一根绳与综相连，下踩时提起综。

（3）花本：图中①、②、③、④代表经纱，1、2、3、4……n为帘式低花本织机储藏花本信息的竹棍，a、b、c、d是与经线相连的提花综线。织面以上为I区，织面以下为Ⅱ区。当花本显花时，将第一根竹棍下拉，把经纱分成两部分，②、④在前，①、③在后，I区出现一个织口，同时Ⅱ区经纱会出现相同的开口规律。用打纬刀扩大织口，完成这一纹纬的投梭，将竹棍1抽出插入Ⅱ区的纱线开口。这样就保留了这个开口的经线规律，不过，竹棍1到了花本的最下端。当完成一个花纹循环后，花本必须由下往上倒着进行。

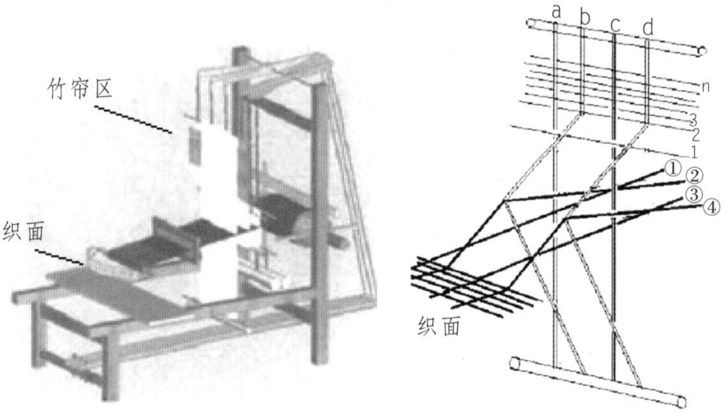

图6-95　傣锦竹帘花本织机织造原理

线编花本的低花本织机主要是云南的西双版纳傣族在使用。按卷轴的固定形式可以分成腰式机和完整机架织机。这种织机是用线编的竹帘综存储花本信息，综帘上的花本线与经线的上综口相连，再用横线与花本线编织，将与需要提升的经线相连的花本线（竹辊）编在横线的前面，不需要提升的编在横线后面，所有横线都在帘式花本的左边系在一根专门的绳子上，右边则不系，把编好的花本综帘放在织面的上方，而花本线一直通到织物的下方。综框和花本都吊挂在自己上方的横梁上。这种织机的花本形式与帘式花本机相似，只是把编制花本的纱线换成了竹棍，这种织机可以从花本上看出织锦的图案。

穿花综时，先把每一根经纱穿入相应帘综的提花综线，然后编花本。编花本时，先用手工挖花的方式在经纱上挑织一个纹样循环，每挑织一个梭口，就把与提起的经线相连的帘综提花经线挑出，插入一根竹棍或线综。一个纹样循环挑织完成时，花本也就编织完成了。如傣锦挎包上的四方纹，整个纹样经纱36根，如果把一次开口织入的双色纹纬看作一纬，则纬线总数51根，纹纬17根，因为这个纹样图案上下对称，同一个纹纬出现两次，所以不同的纹纬只有9根，花本只需要9根竹棍。

（4）织造：如图 6-97 所示，首先织平纹地组织，踏下一根与综页相连的踏杆提起综页，形成一个梭口，穿梭，用竹箍打紧。踏下另一根踏杆，织下一纬。

图 6-96　傣锦竹帘花本

图 6-97　傣锦织造

织纹纬时，用帘综花本中的竹棍把相应的提花经线分开，提拉竹棍前面的经线，插入木梭，形成织口，根据花纹手工挖花穿入纹纬。把取下的竹棍插进织面下面的提花综线中，把花本信息储存下来。

纹纬与地纬交替织造，如果织锦夹金，则每织两地纬平纹，把其中一根地纬换成金线。轮流踩下不同的踏杆形成地纬开口，提起花本上的竹棍织入一次花纹纬。当花本上的 9 根竹棍走完一遍，再倒序走一遍，就可以完成一个组织循环。

三、傣锦色彩和纹样

傣锦画廊

傣锦有特殊的地方色彩和浓郁的生活气息，傣锦色彩浓重，运用巧妙，常在一个黑、白、红色的底子上，大量使用大红、白、精黄、翠绿、淡黄、蓝、橙、紫等彩度高的饱和色，用黑色勾勒纹边，再用白色作为纹样隔断，反衬施色，给人以热烈、鲜明、对比强烈的感觉。加上丝线的光泽和金银丝点缀，色彩艳丽、热烈明快。傣锦图案丰富多彩，经过夸张、变形成的植物纹样在傣锦图案中占很大比例，常见的有菩提树、八角花、茉莉花、贝叶、木瓜，四瓣花、芭蕉花、生姜花、红毛树花；其他纹样有动物、房屋、孔雀、蝴蝶人物、犬马等，如图 6-98 所示。

图 6-98　傣锦纹样

第十一节

佤族织锦

佤族织锦

佤族人群主要分布在云南的西南部怒山山脉南段，位于萨尔温江和澜沧江之间。佤族的主要聚居地是沧源的佤族自治县和西盟的佤族自治县，这里属于热带、亚热带地区，气候温和湿润，海拔在2000 m左右，平坝很少，又被人们称为“阿佤山区”。

在佤族村寨，妇女们都会纺线织布，佤族妇女穿的筒裙、背的挎包、绑腿、床单、被面等都是用自染自织的土布缝制，佤族先民濮人吃苦耐劳，勤于耕耘，清王思训所著《滇志杂志》就曾提到佤族人“耕山力穑，颇知纺织”。2021年5月，云南省普洱市西盟佤族自治县申报的佤族织锦技艺，经国务院批准列入第五批国家级非物质文化遗产代表性项目名录。

一、佤锦生产

佤族织锦织造

1. 原料

佤族织锦原料有麻、棉、丝、毛，但主要用草棉、苎麻和野生火麻。

2. 佤族织锦生产流程

棉、麻线的制作分为用纺锤捻线和用纺车纺线两种，其中纺锤因方便随身携带、随时随地都可以捻线而广受佤族妇女的喜爱，在佤族聚居区的路上经常会看到佤族妇女手拿纺锤捻线的身影。棉织大致是从采花到轧花、弹花、卷筵、纺线、染线、整经，麻织大致要经过割麻、剥麻、纺麻、煮麻、洗麻、染麻、整经、织造等工艺流程。

3. 佤族织锦的染纱

佤族织锦染线用的染料以天然植物染料蓝靛草为主，在佤族很多族人的房前屋后都种有蓝靛草。在佤族织锦中运用最多的黑色，则是将用蓝靛草煮好的材料再放置于麻栗树皮的水内浸染而得；佤族织锦中的红色以虫胶即紫梗作为染料，浸染过程中还会加入一些酸性植物的汁水；黄色则使用黄花作为染料。

4. 佤族织锦的织造

佤锦的织造也采用原始腰机踞织的方法，织造者席地而坐，把经线一端系在腰部的背上，另一端系在房柱或树上。竹质综杆分经形成开口，用若干木棍或按细竹棍规律挑压经线，用梭引纬，用打纬刀打紧，纬纱织六行加入一根粗棉线，使其突起，更有立体感。织出的佤锦幅宽50～70 cm，一般长6～7 m，如图6-99～图6-102所示。

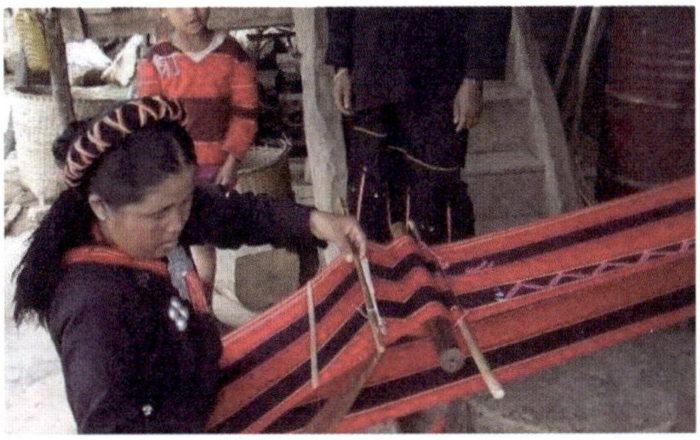

图6-99　沧源佤族织锦

图6-100　耿马佤族织锦

图6-101　西蒙佤族织锦

图6-102　佤族织锦局部断纬挑织

二、佤族织锦色彩和纹样

佤族织锦画廊

独特的色彩和纹样构成佤锦的独特风格，在织锦色调中，以黑色和红色为基本色，穿插黑色或彩色棉线形成条纹或方格，黄、绿、白、蓝相间，粉色、棕色为辅助色，颜色呈深浅变化；花纹以直线、平行线、方形、三角形、菱形等组成连续的几何花纹，有条纹、菱形纹、十字纹等，线条流畅，视觉突出，像一道炫目的彩虹。阿佤人世代居住在大山里，同大自然建立了深厚的感情。花纹中的绿、红、黄、蓝、紫等色是与动植物密切相关的。所织图案呈现着佤山、天地、山水、村寨、河流、森林、花草、鸟兽、云霓等融成的如画的自然美景和阿佤人富有诗意的衣食住行、信仰、风俗等情景；款式别致，结构协调，反映出佤族人民丰富多彩的精神世界，堪称佤族有形文字的代表，反映了佤族人民“万物有灵”的原始自然崇拜理念。佤锦纹样和应用如图 6-103 所示。

图6-103　佤族织锦纹样与应用

第十二节

基诺织锦——砍刀布

基诺族织锦—砍刀布

一、基诺锦特色

基诺族主要分布在云南省西双版纳傣族自治州景洪县基诺乡，其余散居于基诺乡四邻山区。基诺织锦，因其打纬刀形似砍刀，故又称砍刀布，织造原料为棉麻混纺料，既具有棉料的柔软厚实、穿着舒适的优点，又兼备麻料透气凉爽、耐磨耐用的特点，非常适合基诺族日常生存的地域环境及气候条件穿着。

二、基诺锦织造

基诺族织锦—砍刀布织造

基诺锦使用较原始的腰织机织造。腰织机由一个“工”字形的支架、一个分线板、一根压线板、几只木梭组成。织布时，把事先通过分线板分好的彩色（或净色）纱线的一端系于木柱或某一横木上，另一端通过分线板固定在一横木棍上，此横木棍的两端系一布带，横跨织布人的腰际，为另一支点，织布人坐的位置以绷紧纱为度。操作时席地而坐，双手持木梭将纬线来回牵引，穿插于拉直的经线间，穿梭一次后，便用砍刀式的木质打纬刀（形似砍刀）将纬线左右推紧，如此周而复始，一块漂亮的“砍刀布”便织成了，“砍刀布”也由此得名。基诺织锦的牵经如图6-104所示，腰机织造如图6-105所示。

图6-104　基诺织锦的牵经

图6-105　基诺织锦的腰织机织造

基诺族织锦“砍刀布”的幅面较窄，一般为20～30 cm，颜色以素白色为最好。基诺族认为在创世神话《女始祖尧白》中，开天辟地的始祖母阿模尧白就是全身银装素裹而降生的。发展到后来，纯白色的基诺族服装渐渐加上了一些粗细不一的直纹条饰。

三、基诺锦色彩和纹样

基诺族织锦—
砍刀布画廊

基诺族织锦色线的染色工艺有其独特之处。染黑（青）布，采板蓝根鲜叶泡化去渣，加入石灰水搅拌充分和匀，煮水，把布投入水中翻动多次，捞出晒干即可，煮泡越透色越深；若染青色，只要浸泡一会即可；染黄线，采鼠鞠草花与线同煮即可；染绿色，采一种藤“阿纽克帕”和一种树“资夺帕”的鲜叶与线同煮，加石灰水少许即可；染红线，用“阿纳切”树根、“朴腊突”树皮和红高粱壳，加石灰水与线同煮即可。

砍刀布色彩构成有着稳定、和谐的美感，其色调质朴、形式简洁，有强烈的辨识度和浓郁的民族特色。色彩偏向象牙白和米色，这种纯净的底色可将不同的色相形成和谐明快的效果。

砍刀布上的条纹有宽窄之分，宽纹以强烈的对比色配置，常为等距的黑、红、蓝进行排列，砍刀布的条纹分布排列有序，遵循着简单的重复，间距的变化产生了节奏和韵律的形式美，具有明快的风格。砍刀布常用来制作女子三角帽、男子服装和挎包，基诺织锦（砍刀布）在服饰上的应用如图 6-106。

图 6-106　基诺织锦的服饰

第十三节
阿昌锦

阿昌锦

阿昌族是我国云南特有的少数民族。打铁和纺织在阿昌族的社会生活中起到重要的作用，明清时期，阿昌族有“一天要织三机布，一夜要登布三机，织到鸡叫放下刳，打个哈欠做饭去”的民谣。纺织是阿昌族妇女必备的技能，女孩长到十二三岁就开始从母亲或祖母那里学习织锦。妇女巧于织造的复杂精美的筒子花锦是阿昌族的特有纺织品。

一、阿昌锦的种类和用途

阿昌锦的用途

阿昌织锦分纬锦和经锦。以织造筒裙的纬锦最出名，被称为筒子花锦或者节子花锦，是阿昌族最具特色的织锦。纬锦主要有两种用途，一种是专门用来做阿昌族已婚妇女的筒裙，另一种是用来做阿昌族妇女的绑腿，阿昌族叫“绞脚”。阿昌族经锦主要用作阿昌族妇女结婚时必备的花腰带，故又叫“花带子”。

二、阿昌锦纹样和组织结构

阿昌锦画廊

1. 阿昌纬锦——筒子花锦

阿昌纬锦采用重纬组织结构，地纬起基础组织（平纹），纹纬起花纹组织（一上三下浮长），根据花纹需要选择纹纬的组数，地纬与纹纬的排列比为2∶1。筒子花锦以黑色纱线为经线，与两组纬线交织而成。两组纬线中，一组为黑色纱线作通纬，形成织物的地部，另一组为彩色纱线作纹纬，以挖织的形式形成花纹。织造时两组纬线交替使用，根据花纹的需要排列，起花的纹纬与经线交织显现在织物正面，而不起花的纹纬沉于织物背面。两种或两种以上的彩色纹纬织成一个长方形的色块花纹，象竹筒一样的色段，故称筒子花。每一幅筒子花锦都由长短不同的筒子花组成，由五节或者七节筒子花组成的阶梯形或菱形状的几何形图案。阿昌锦色彩艳丽、明快，其组织结构如图6-107所示，面料实物如图6-108所示。

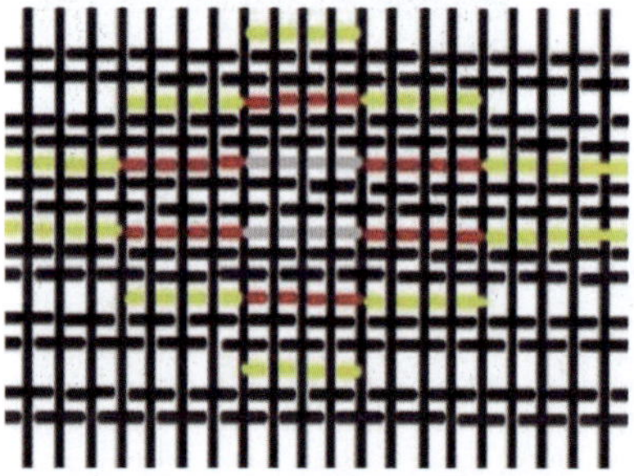

图6-107　筒子花纬织锦组织结构

图6-108　七筒花纬织锦与服饰

2. 阿昌经锦

阿昌族经锦花腰带的起花部分是平纹经二重组织，里组织是平纹，表组织经浮长一般是3或者5，白色表经与黑色里经1∶1排列。花腰带为已婚妇女系筒裙用，长一丈余，宽两寸，抠有18～36种花纹，两端留有缨络，其组织图和实物如图6-109所示。

图6-109　经锦花腰带组织和实物

三、阿昌锦生产

阿昌锦生产

阿昌锦的生产流程包括：捻线、纺线、染线、打线、经线、织布。

（1）捻线　将棉花或用芭蕉水煮过的蚕茧抽成线，绕成团。（现已失传，可用机制成品线替代。）

（2）纺线　将捻好的棉线在锭子（阿昌语称“屋摇”）上纺成线，绕在线棍（阿昌语称“那”）上，再由纺车将纺线成扭。

（3）染线　采自种的火靛和野生的小靛，放到大缸里浸泡 7～8 天，将渣去除留下靛水，放适量石灰混合搅拌，称为“打靛”；再把缸中沉淀后的清水取出，把沉淀泥放到灰萝里，用泥巴封顶，称之为“养靛”；又重新用大靛叶、小靛叶，加草木灰（或蒿子灰、芭蕉叶灰），放水并滴数滴酒，加入适量淀泥搅拌均匀直至缸中靛水泛起绿色泡沫，加几滴白酒，染色水便制成。拿 5～6 支线用手捏赶 3～5 min 再用一根木棍穿好放在缸里浸泡 1～2 h，取出洗净晾干，每天染两次，重复 3～5 天，线就可以染色均匀了。

（4）浆线　把打碎后的大黑果枝、小黑果枝放到铁锅里煮 1 h，然后将染好的线放入同煮 1 h，然后再把线取出放进稀泥里埋 1～2 h后再取出洗净晾干。此工序须重复 3 次，以起到保色作用。

（5）揉线　将一碗红米煎熟加水煮烂后，放到木桶里或大盆中与线一起揉，揉至红米粥与线黏合，把线取出抖掉红米渣晾干，起到“板争”（使布干后发硬发挺）的作用。

（6）打线　将染好的线用纺线机绕在线筒上。

（7）牵经线　将打好的线筒插在经排上，把每根线头绕在经杆上，做成布线。如图 6-110 所示。

（8）织造　将布线移到控杆上，装好滚筒、扣棍、推棍等工具，即可开始操作。阿昌锦使用最原始的腰机织制，如图 6-111 所示，在地综起平纹组织的基础上，通过线综控制起花部分、手工抠花织造形成花纹。筒子花锦在织时需用两种纬线：一种为黑色纱线作通纬，形成织物的地部；另一种为彩色纱线作纹纬，可以通纬或者局部通经断纬的抠花，如图 6-112 所示。

图 6-110　牵经线

图 6-111　织造

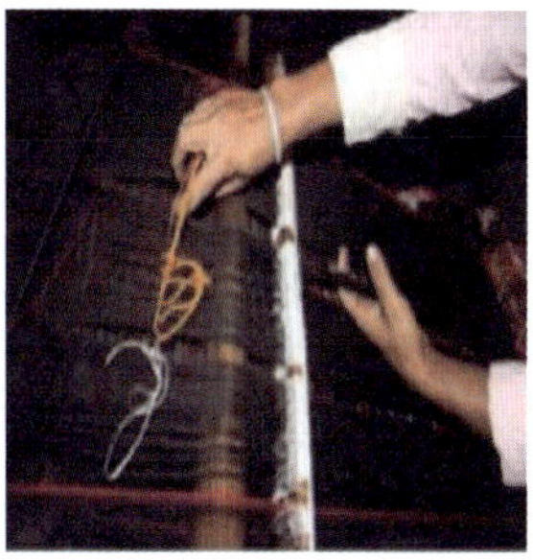
图 6-112　抠花

分经杆和综杆作用如下：

分经杆：用直径为 5～6 cm 的竹棍，置于分综棍前，将经线按奇数与偶数分开，与综杆形成交叉，以便提综时形成综口。

综杆：综杆上的综丝垂直穿过上层经纱，综丝把下层经纱一根根吊起来，织造时，提起综杆，可将上下两层经纱对调，形成新的梭口。将经线以奇数或偶数用细线拴在一细竹竿上，提杆使经线交错上下分开，形成综眼，以便引纬的梭子穿过。阿昌族用腰机上使用半综，系住经纱的奇数或偶数股线，以手提综完成一次提综开口，另一次靠经纱张力和分经棍完成。

阿昌锦以4根经纱为一组，以图 6-107 中的五节筒子花纹样为例，分经杆把经纱分为上下两层，综杆上的综丝垂直穿过上层经纱，综丝把下层经纱（1、3、5、7、9、11、13、15、17、19……奇数）一根根吊起来，织造时，提起综杆，可将上下两层经纱对调，形成新的梭口。纹经杆又把下层经纱平分为上下两部分（纱线 2、6、10、14、18 在纹经杆下面，纱线 4、8、12、16、20 在纹经杆上面）。根据纹样，把一个纹样中具有相同提升规律的经纱放入一个线综（筒子花每一节花纹经线有相同的提升规律，放入一个线综。例如，五节筒子花需要三个线综，分别穿入第一、三、五节的经纱，这样就可以把起花经纱分为五部分。同理，七节筒子花需要四个线综），如图 6-113 所示。

首先织造平纹地组织，如图 6-114 所示，织第一纬时，提起综杆，形成梭口，将纬刀平穿入综口内，再将打纬刀竖起以扩大综口，穿入一根地纬，用打纬刀打紧，抽出打纬刀。第二纬，将分经杆推向织口，利用纱线张力和分经杆形成新的梭口，织入一根地纬，完成一个平纹组织。织第三纬，即花纹纬时，先将分经杆向后移，将纹经杆移向织口，所有经纱分成两层，操作时用一手提起控制需要起花区域经纱的线综，线综控制的纱线形成开口 A，纱线 3 与纱线 1 形成开口 B，用手插入织口 B，挑起经纱 2、3、4，并接引另一手拿来的彩色纹纬纱线，此动作当地俗称抠花。对所有需要起花的地方抠花，然后提起综杆，形成梭口，织入第4根地纬，用打纬刀打紧，把前一纬织入的纹纬夹紧。

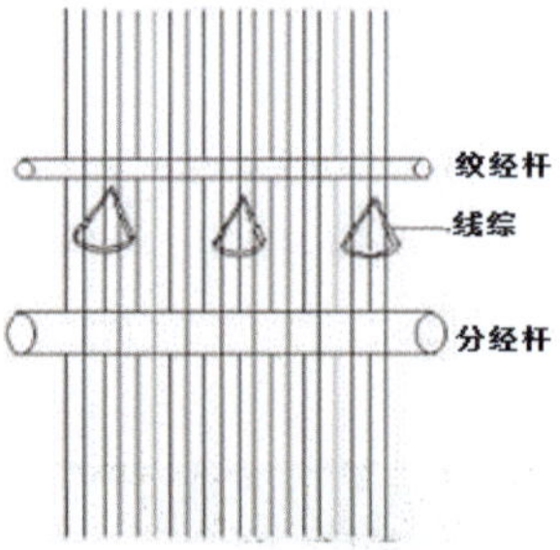

图 6-113　穿综示意图

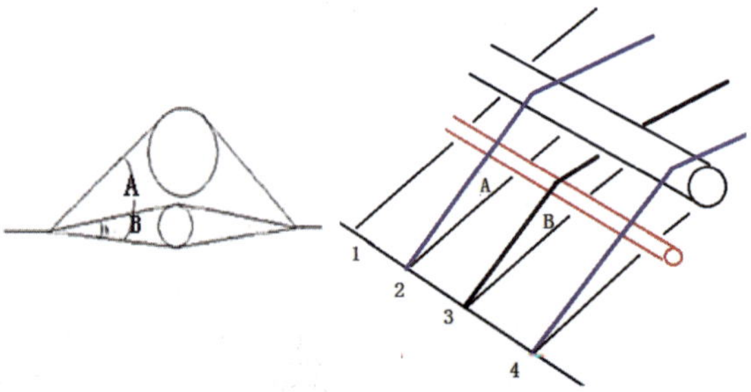

图 6-114　开口示意图

第十四节

傈僳族火草布

傈僳族火草布

四川省梁山州德昌傈僳族火草布织布技艺，于 2014 年 12 月入选第四批国家级非物质文化遗产传统技艺类目录。德昌傈僳族用火草绒线与火麻线自织的布，俗称“火草布”。火草布的制作须经过割、晒、淋、泡、理、漂、绕到纺织等 20 多道加工环节。每年六、七月，傈僳族妇女们上山采集野生的火草叶，割火麻秆；将火草叶背面的白色外皮搓成线，称为火草线；把麻秆泡水后剥下外皮用纺线机纺成线，叫火麻线，用它来做经纱，后来也有买棉线做经的。每株火草有 5～10 片尖矛状的叶子，叶片和根部长满黄白色细毛，叶背为薄膜状白色纤维，在古代人们将其收下晒干，用作打火用的火绒，故名“火草”。

火草布画廊

一、纤维获取、捻线和牵经

将火草叶片背面的白色纤维撕下后捻成线，并与粗细麻或者棉混织成布料。傈僳族人用自己种植的或上山采割的野生火麻，经过日晒、雨淋、浸泡后剥下皮，再将麻皮用纺线车纺成麻线，纤维采集到牵经过程如图 6-115～图 6-118 所示。

图 6-115　采集火草

图 6-116　火草

图 6-117　火草扯出纤维并捻线

图 6-118　牵经

二、火草布织造

织布前，傈僳族妇女三五人约好，相互配合拉好线，不同的拉线方法可以决定布料的单双层和长宽度，一般每匹布要拉十多抱长（成年人两手向身体两侧平举的长度为一抱），宽度可以放一百多股线。然后把这些线一根一根穿过织布机子和竹盘子，再将线的两端固定在柱子上，把织布机挂好就可以开始编织了。

火草织布采用双梭编织，一梭火草线，一梭麻线，相互交替。织布者坐在织布机一端踩动脚下的竹板，竹板带动织布机一上一下把穿好的线平均地分成整整齐齐的两份，织布者把线放到中间，再踩一下竹板便织好了一道。此时只要加上不同颜色的线，就可以织出带花纹的布匹了。

傈僳族的火草布使用双综双蹑木织机织造，有筘可以控制布幅和打紧纬纱。织布时，织造者坐在织机前用脚踩脚下的竹蹑，带动上边的综页将纱线分开形成织口，穿入纬纱。如果要织彩色有花纹的布，纬纱除了用火线草，还用红色或黑色的棉纱。傈僳族火草布上机织造如图 6-119 所示。

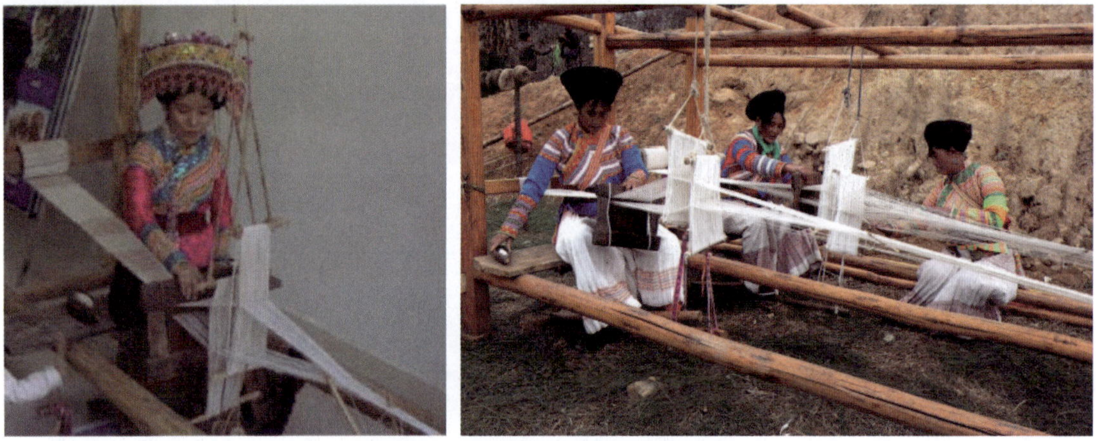

图 6-119　火草布双综双蹑织机织造

傈僳族火草布幅面很窄，要多幅缝合，才能用来做被面、上衣、裙子。火草布卷取整理如图 6-120 所示，傈僳族火草布服装如图 6-121 所示。

图 6-120　火草布卷取

图 6-121　傈僳族火草布服装

第十五节
独龙毯

独龙毯

独龙族是我国目前人口最少的民族，全部聚居于云南省。独龙毯是独龙族的服装标志，独龙毯一般宽 1 m，长 2 m，结实耐用，白天穿在身上作为衣服御寒，夜晚铺在火塘边又可以当被子。

一、独龙毯的特色

独龙毯画廊

独龙毯都是由独龙族妇女用山上采集或自己种植的麻，经过剥皮、脱胶、洗麻、煮麻、捻成麻线，用各种植物液体染成多种颜色，织布完成。现在，各种颜色的棉、麻、毛线进入独龙地区，使其质地更加柔软，颜色以彩虹色为主，纹样以条纹为主，风格粗犷，格调热烈。

二、独龙毯的织造

独龙毯织造

独龙毯是独龙族妇女在原始的腰机上踞织而成的，经线用不同颜色经纱排列成各种颜色的条纹，各条纹宽窄不等。织造时，织造者席地而坐，面对经纱，腰缠皮带，用身体的力量控制纱线张力，手提综杆，形成梭口，引入一根纬纱，打纬，利用纱线张力和分经杆形成下一次梭口，再引入一根纬纱，打纬，织造一段时间后，调节送经轴与卷布轴。每幅约 20 cm，几幅缝制成片即成独龙。织造方式如图 6-122 所示，面料和服饰如图 6-123 所示。

图 6-122　腰机织造独龙毯

图 6-123　独龙毯面料和服饰

第十六节
藏族锦带和藏毯

一、藏族织锦带

藏锦织带

1. 藏族锦带特色

甘肃省甘南藏族自治州舟曲县锦带是藏族妇女用以束腰、扎靴、拢发乃至点缀服饰的花带，艳丽多彩、图案优美。传统的锦带编织一般用胡麻、羊毛、棉花等捻成线，染成五色或十色丝线进行编织；现代也用七彩真丝、锦纶、腈纶线、膨体纱、金银线等材料混合编织。锦带的宽窄长短依用途而定。每逢吉庆节日，藏族妇女穿戴的华丽盛装就需要少则五六条，多则十几条宽窄长短相宜的锦带来装饰。可在一个锦带上编织出 15～38 种图案，图案多是质朴、古拙、简单而色彩逼真的几何纹样或仿生题材。

2. 藏族锦带织造

舟曲藏锦带采用古老的腰机挑织，如图 6-124 所示，纹样和服饰如图 6-125 所示。

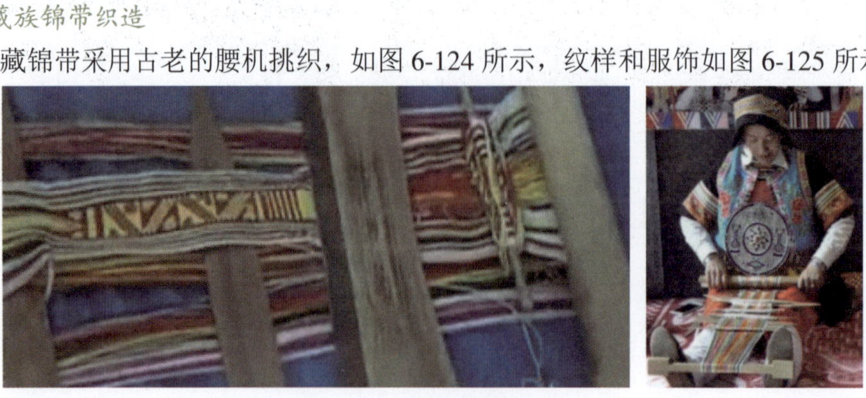

图 6-124　藏锦带腰机织造

图 6-125　藏锦纹样和服饰

二、加牙藏毯

藏毯已有三百多年历史，分为传统的康巴藏毯及将藏汉文化融为一体的安多藏毯。加牙藏毯正是属于安多藏毯，分布在湟中县加牙村等地。青海加牙藏族织毯技艺于 2006 年 5 月列入第一批国家级非物质文化遗产名录。

1. 藏毯特色

加牙藏毯采用藏系绵羊毛、牦牛绒，纤维粗壮、光泽好、光洁度好，低温染纱、低温洗毯、手工连环编结，色泽艳丽、弹性好、不脱色不掉毛。有 14 个系列、70 多个品种，以卡垫、炕毯、地毯为主，毯面较厚，花样新奇，做工精致，保留着传统藏毯边缘不缠线的特点，藏毯“洗后似锦缎，剪后如浮雕”。

藏锦画廊

藏毯按质地大体分为三种：第一种是用牦牛绒捻纺的毛线和羊毛套织而成的长毯，质地柔软、重量轻，适宜在藏南气候温和的地方使用。第二种是用绵羊细毛捻的毛线织成，有素色和花样两种，花样藏毯用彩色毛线织成，毛毯较薄，城市居民普遍喜欢。第三种是用无染料牦牛毛和羊毛线混纺织，混纺好的藏毯黑白分明，粗厚耐磨耐脏。

2. 藏毯加工

（1）工艺流程：藏毯加工包括羊毛的筛选、分色、纺线、桄线、洗纱、染色（用橡壳、大黄叶根、槐米、板蓝根等植物染料）、晒纱、缠纱、图案设计、上经、挽橧、锁边、编织、平整、掏沟等整套完整的编织工序。

加牙藏毯织造技艺

（2）织毯：西藏古毯的织机是一种斜靠在墙上的立式机梁，可以方便家庭作坊使用，毛线环绕在绕线杆上，待织完一行时，将毛线扣全部拉紧、纱线扣全部跺实，再用刀具将杆上的绕纱割开。或者“挽头儿割绒”，即将绒纱同时缠绕在经线和编织杆上，连续操作，挽到一定长度才割绒一次，割绒的同时抽出编织杆，如图 6-126 所示，即毛栽绒的“8”字扣是借助于穿扣杆来栓结完成的，比传统的“8”字扣的每头儿必砍减轻了劳作强度，于是，在毯面上出现层层毛线的断面，这一制作工艺被称为手工连环结。手工编织有重叠连环扣的，俗称“手捧缠”。整片藏毯织完之后，再用剪刀对其进行打磨。

另一种是藏毯拉杆结扣法工艺。手工栽绒地毯是在立式机梁上织做的。首先要在机梁上挂好经线、经线排列的宽度决定了地毯的宽度，密度决定了地毯的道数。经线上要插入经棒、绞棒等。织毯匠手持的工具必须要有铁耙子和砍刀、剪刀。织毯时毯匠用各种彩色毛线在经线间栓“8”字扣，拴一个扣用刀砍断纱线，形成一个栽绒头。栓完一排扣后，用纬线将一排绒扣压住，用耙子砸紧，缠边，边的形状有扁边和圆边2种。缠好边后再过第二道纬，剪去绒头多余的荒毛头。绒头的长度决定了地毯的厚度。这一套织毯动作，要反复操作，一块地毯方可织成。

具体操作：织做藏毯时，左手持穿扣杆，右手结扣。左手食指顺序从经线的间隙中勾出彩纱，直接套在穿扣杆上，依次反复，直到绕完一杆之长的绒扣后，用鸭嘴木榔头将绕有绒扣的穿扣杆砸紧，再分别从两边过纬，然后用“打”的方式将纬线砸实，之后再用刀片划开穿扣杆上的彩纱扣，拿去穿扣杆，剪齐绒头，一道栽绒便织做完成。栽绒的长度，取决于穿扣杆的粗细程度。这套动作反复操作，一块藏毯才能织做完成。这种织做工艺方法就是西藏人独创的“拉杆结扣法”。地毯织好后要用大剪刀剪平毯面，如图6-127所示，平毯之后再用小剪刀把毯面各色花纹的边沿剪出细沟槽，使花纹显得更清晰，这叫掏沟。修整过程实际上就是对地毯的美化过程。首先要修去毯面多余的毛头，有些地毯两头要栓穗。总之就是要把地毯的每个细节都做得更完美。

图6-126　连续扣线织毯

图6-127　剪平毯面

附：其他少数民族织锦

毛南锦

第七章　蓝印花

本章内容：

（1）蓝印花的工艺特色；

（2）蓝印花的题材纹样；

（3）蓝印花加工；

（4）枫香染蓝印花技艺。

第一节
蓝印花的工艺特色

蓝印花

蓝印花布技艺 2006 年入选国家非物质文化遗产。蓝印花是传统的镂空版白浆防染印花，又称靛蓝花布，俗称药斑布、浇花布等，是中国传统的工艺印染品，镂空版白浆防染印花，距今已有 1300 年历史，主产地有江苏省南通市、浙江省桐乡市、湖南省邵阳市、山东省兰陵县等地。

南通为中国蓝印花布的主要产地，此外还有山东临沂等地。土布与天然兰草为农家平常之物，故前庄后坊的蓝印花布染作坊曾遍布农村集镇。蓝印花布主要用来制作日常的衣服、被面、蚊帐、枕套、包袱布等。蓝印花布以简单、原始的蓝白两色，创造出一个淳朴自然、千变万化、绚丽多姿的蓝白艺术世界。蓝印花布的纹样图案都来自民间，反映了百姓的喜闻乐见，寄托着她们对美好生活的向往和朴素的审美情趣，蓝印花布真实地反映了一种深厚的文化和艺术积淀。

蓝印花最初以蓝草为染料印染而成。蓝印花布用石灰、豆粉合成灰浆烤蓝，采用全棉、全手工纺织、刻版、刮浆等多道印染工艺制成。

第二节
蓝印花的题材纹样

蓝印花画廊

蓝印花布的图案取材于百姓喜闻乐见的民间故事、戏剧人物，但更多的是由动植物和花鸟组合成的吉祥纹样，采用暗喻、谐音、类比等手法尽情抒发了民间百姓憧憬美好未来的理想和信念。

一、纹样题材和形式

蓝印花布图案朴素优美、吉祥如意，大多取材于飞禽走兽、花草树木与神话传说，如五福（蝙蝠）捧寿、吉庆有余（鱼）、狮子滚绣球、鲤鱼跳龙门等。纹样分类可以概括为植物、动物、人物纹样；中心纹样、几何纹样、花边纹样、角饰纹样等，如图7-1～图7-6所示。

蓝印花布为纯手工制作，图案有断刀特点，产品上具有在染色过程中自然形成的冰裂纹；色花比较完整，图案自然、美观、分布合理；允许有轻微色差，无明显搭色、集中的小色点和影响外观的露底。

蓝印花布图案造型建立在“断刀”纹样的基础上，既要符合刮浆耐磨的需要，又要兼顾其纹样的特点。蓝印花布图案形式多样，内涵丰富，其纹样则有“舍其形而求其神”的造型手段，突出主体，省略细节，即抓住对象的主要特征，省去细枝末节。有的民间艺术家的作品蓝白面积对比强烈、造型大胆、不拘小节、粗犷、拙朴，线条流畅活泼。包袱布中的4只狮子在有限的空间中，欢快地舞动着，烘托出热闹喜庆的场面。这种画面的包袱布，一般都是家庭有添丁、婚庆、祝寿等大型活动时亲朋好友赠送的。

蓝印花布的图案造型具有严格的程式化，点、线、面是其基本元素。虽然长线条必须分为几段呈现，但构思时依然要有点、线、面的概念。点包括圆点、三角点、圆弧点等，有时是单纯的点，有时点是为了连成线，有时是为了铺成面。刻版时，心中要理解构图的形式感，刻出来的花纹要有方向性，才能表现出图案的形与神，不至于造型散乱、模糊。有些传统蓝印花布图案采用连续小圆点形成长串线条或块面，配以单刀刻制的线、面混合组合，互为相衬，使花版的花型非常丰富；有的圆点还配置了边框，亦有以线条配圆点构成连续纹样，由无数圆点排成线条，勾勒出活泼生动的主纹样；有用圆点铺陈背景底图，构成一个装饰层次，形成肌理效果，组合成蓝印花布的纯点造型花版。民间美术中那些富有象征意味的组合，伴随着成语的形式为民间所传承。如多以点、线刻制表示爱情的“凤戏牡丹”、体现喜庆的“双狮戏球”等；以点刻制的“连（莲）生贵子”“金鱼戏莲”“金鱼（玉）满堂”“龙凤呈祥”“鸳鸯戏荷”，这些象征生命点的造型组合，成为繁衍生息的一种标志，为普通民众所熟悉，千百年来盛传不衰。而这种用约定俗成的吉祥语言表达纹样寓意的方式被百姓所公认，并且世代传承。

二、纹样应用

蓝印花纹样应用于被单、被面、服饰、包袱布、兜肚、门帘等，纹样各有不同的美好寓意，如图 7-1～图 7-12 所示。

图 7-1　植物纹样

图 7-2　动物纹样

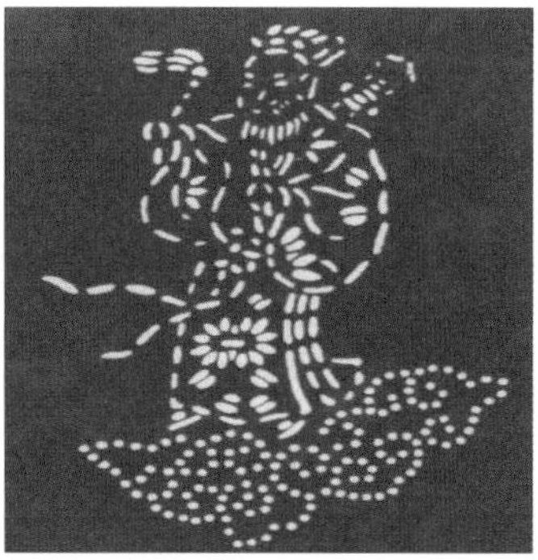
图 7-3　人物纹样

图 7-4　中心纹样

图 7-5　几何纹样

图 7-6　角饰纹样

图 7-7　被单“凤戏牡丹”

图 7-8　门帘“刘海戏金蟾”

图 7-9　包袱布“长寿如意”

图 7-10　枕巾“麒麟送子”

图 7-11　腰裙

图 7-12　兜肚“聚宝生财”

第三节
蓝印花加工

蓝印花布制作

一、基本原理

蓝印花布可分为蓝底白花和白底蓝花两种形式。蓝底白花布只需用一块花版印花，构成纹样斑点互不连接，例如梅、兰、竹、菊。白底蓝花布的制作方法，常用两块花版套印，印第一遍的叫“花版”，印第二遍的叫“盖版”。盖版的作用是把花版的连接点和需留白地之处遮盖起来，以便更清楚地衬托出蓝色花纹。另一种印制白底蓝花的方法，是以一块单独的印花版衬以网状物，花版的纹样无须每处连接，刻好后用胶和漆将花版粘牢在大面积的网状物衬底上，然后再刮印浆料。有的蓝印花布还是双面的，这就需要在正面刮浆干透后，利用拷贝桌在反面对准正面纹样再刮浆一次，染后就可得到双面的蓝印花布。

二、加工前准备

1. 坯布

准备布面平、色质白、质地紧的白色棉布料，裁剪成每段 12.5 m，作为胚布。

2. 靛蓝

用产地范围内种植的蓝草制成的靛蓝 0.5 kg 加水 25 kg，加入 1～1.5 倍的石灰水，再配入 1.5 倍的酒糟式米酒，搅拌充分溶化，待缸水呈蓝色，水面现靛沫即可。

三、具体操作

从蓼蓝草中提取蓝作染料（靛蓝），把镂空花版铺在白布上，用刮浆板把防染浆剂刮入花纹空隙漏印在布面上，干后放入染缸，布下缸 20 min 后取出氧化、透风 30 min，一般经过 6～8 次反复染色，使其达到所需颜色。再将其拿出在空气中氧化，晾干后刮去防染浆粉，即显现出蓝白花纹。因为是全手工印染，干后的浆不免会有裂纹，因而形成了手工蓝印花布特有的冰裂纹。

四、工艺过程

1. 工艺流程

蓝印花的工艺流程如下：脱脂→裱纸→刻花版→上桐油→刮防染浆→染色→晾晒→整理。

2. 关键工艺要点

（1）脱脂　坯布置于含碱 4%～6% 的水中浸泡，加温至 50℃ 以上，浸泡 24 h 后再置于清水中浸泡 2～3 天，反复清洗脱脂退浆后晒干。

（2）裱纸　由 3～5 层纸裱制而成，所用纸为贵阳皮纸或桑皮纸 2～3 层、高丽纸 1～2 层、普通白纸 1 层，如图 7-13 所示。

① 刻版：分蓝底白花和白底蓝花两种图案造型。刻制方法有蓝底白花阴刻法、白底蓝花阳刻法、蓝白底组合刻制法，如图 7-14 所示。

② 上桐油：用光滑卵石将刻制好的花版反面打磨平整后反复刷熟桐油。第一次上油少而薄，干后再刷，正反面反复刷 2～3 次，阴干压平使用。

（3）刮防染浆　在坯布上均匀洒水至半干半湿时卷紧布匹再刮浆。防染浆料选用黄豆粉加入石灰粉（黄豆粉和石灰粉比例为夏季 1∶0.7，冬季 1∶1），配好的原料加水不断搅拌至黏度适中。细致花纹可用糯米粉蒸熟后作防染浆，如图 7-15 所示。

图 7-13　裱纸

图 7-14　镂刻花版

图 7-15　刮防染浆

（4）染靛蓝色　如图 7-16 所示。

（5）刮灰与晾晒　染色的布挑出后置于染缸上沥干再室外晾晒。晒干后用 3%～5% 的醋酸酸性水浸泡 30～35 min 固色，取出沥干清洗3次再晾干，如图 7-17 所示。堆起打松灰浆后刮去灰浆，晾干滚压平整存放。

图 7-16　染色

图 7-17　晒干

五、质量特色

蓝印花布为纯手工制作，图案有断刀特点，产品上具有在染色过程中自然形成的冰裂纹；色花比较完整，图案自然、美观、分布合理；允许有轻微色差，无明显搭色、集中的小色点和影响外观的露底。

附图：国家博物馆馆藏蓝印花作品和镂空印花版，如图 7-18～图 7-20。

图 7-18　蓝印花作品

图 7-19　南通镂空印花版

图 7-20　山东临沂镂空印花版

第四节
枫香染蓝印花技艺（扫码学习欣赏）

枫香染蓝印花

第八章　刺　绣

本章内容：

（1）刺绣溯源；

（2）刺绣艺术与工艺特色；

（3）四大名绣；

（4）地方特色绣；

（5）少数民族刺绣；

（6）电脑刺绣；

（7）其他地域和少数民族特色刺绣集锦。

第一节
刺绣溯源

刺绣

刺绣是针线在织物上绣制的各种装饰图案的总称，是中国民间传统手工艺之一，在中国至少有二三千年的历史。

刺绣渗透了无数绣女的聪明智慧和美好愿望，十指春风，充满了炽热的生命力和美好的情感。绣女手中的针线犹如画家手中的笔墨丹青，可以绣出璀璨精美的图画，并能表达绣女的个性，显示出不同时代的文化风貌和艺术成就。图 8-1、图 8-2 为颇有远古意味的女红和女子刺绣的场景。现在普遍认为“舜始为绣也”。图 8-3 为古代帝王服饰的礼制，将日、月、星辰、山、龙、华虫作绘于上衣，宗彝、藻、火、粉米、黼、黻絺绣在下裳上。

图 8-1　女红

图 8-2　刺绣女子

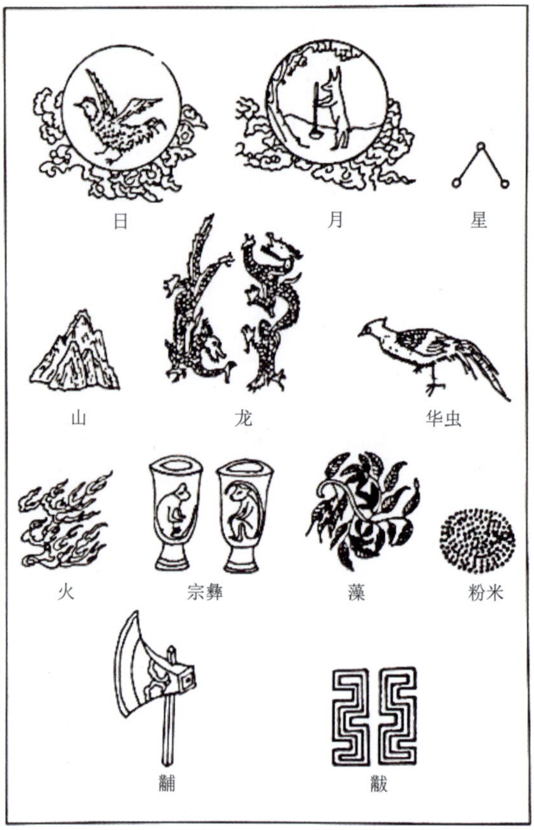

图 8-3 服饰绣制的十二章图样

第二节
刺绣艺术与工艺特色

刺绣特色

一、刺绣工具

刺绣的基本材料是画布和线。选择刺绣画布，首先要与“图案”或“样板画”相匹配，这样才能使刺绣作品的形象效果更为精确。刺绣布一般以无纹白色、浅色柔软布为主，观赏艺术刺绣大多选宽幅绸缎布。

手工刺绣线基本上以 2～24 股真丝线为主，另外还有尼龙线、棉线、毛线和其他线。为表现特殊效果也可采用金线、银线等。

手工刺绣传统的基本工具有绣针、剪刀、绣架、绣架固定腿、线挂、画架等。现代工具有电脑及有关设备、投影仪等。

传统普通绣针以针长、针粗度、线眼长宽来规定其编号。

二、刺绣工艺

刺绣工艺广泛流传至今，刺绣技法很多，主要有刺绣的技法有：素绣、彩绣、凸绣、辫绣、缠绣、锁绣、绉绣、错针绣、乱针绣、网绣、满地绣、锁丝、纳丝、纳锦、平金、影金、盘金、铺绒、刮绒、戳纱、洒线、挑花等。

刺绣的针法有齐针、套针、扎针、长短针、打子针、平金、戳沙等几十种，丰富多彩，各有特色。从艺术角度讲，无论在造型、色彩、工艺还是图案纹样上，刺绣都具有极高的审美价值和深刻的社会内涵。

三、制作过程

刺绣是一种艺术性的劳动。对刺绣者的要求也是非常严格的，刺绣者不仅要具备相当的艺术修养，还要懂得一些基本画理。

1. 预备阶段

首先将制作过程中所需要的材料及工具准备好：要准备的材料有底稿、棉布、绣花线、绑线、连绑线、胶皮线；工具有绷框、站架、手扶板、剪刀、羊毛针、绣花针、卷尺。

图 8-4 选稿

2. 绣制流程

刺绣的绣制流程主要包括选稿、上绷架、配线、绣制、装裱等工序，如图 8-4～图 8-8 所示。

图 8-5 上棚架过程

图 8-6　配线、分线

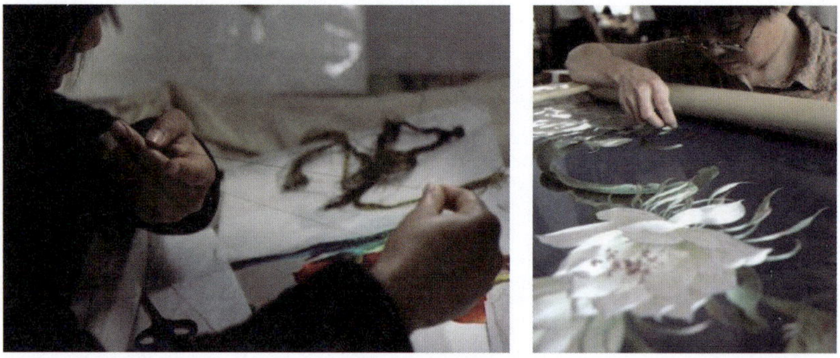

图 8-7　绣刺

图 8-8　装裱过程

第三节
四大名绣

四大名绣

人们把江苏地区以苏州为中心的刺绣称作“苏绣”，把以四川成都地区为主要产地的刺绣叫“蜀绣”，把湖南地区以长沙为主要创作中心的刺绣谓之“湘绣”，再把广东省广州一带的刺绣称作“广绣”，潮州地区的称作“潮绣”，而广绣和潮绣又合称为“粤绣”。苏绣、蜀绣、湘绣和粤绣并称为中国四大名绣。

一、苏绣

苏绣

苏绣画廊

苏绣是以江苏苏州为中心包括江苏地区刺绣产品的总称。苏绣的发源地在苏州吴县一带，滨邻太湖，气候温和，盛产丝绸，当地妇女素有擅长绣花的传统。优越的地理环境、绚丽丰富的锦缎，为苏绣发展创造了有利条件。苏绣图案秀丽、色彩和谐、线条明快、针法活泼、绣工精细。

苏绣继承了宋代绣画传统，讲究以针代笔，突出针法效果。绣工细密不露针迹，丝理圆转自如，绣面平服。配色采取同类色或含灰对比的退晕法，色彩沉静雅洁。在表现物象时善留“水路”，即在物象的深浅变化中，空留一线，使之层次分明，花样轮廓齐整。评价苏绣以“平、齐、细、密、匀、顺、和、光”八个字概括。苏绣针法有 40 余种，主要以针针重叠、不露针眼的套针和线条排列均齐、层层衔接的“戗针”为主，后吸收了“顾绣”以及西洋画的特点，创造出光线明暗强烈、富有立体感的风格。

图 8-9 为红缎绣五彩花篮纹桌帷料，此桌帷料构图新颖巧妙，绣工精细，花纹生动形象，物象形强，具有苏绣的特点，是清晚期苏绣中精品之作。

苏绣艺术特点为：山水能分远近之趣，楼阁具现深邃之体，人物能有瞻眺生动之情，花鸟能报绰约亲昵之态。苏绣的仿画绣、写真绣，其逼真的艺术效果名满天下。在刺绣的技艺上，苏绣大多以套针为主，绣线套接不露针迹。苏绣题材有油画、国画、水乡、花卉、花瓶等，实用品涉及服饰等。

图 8-10 为清代的女性衣袖口饰边，尺寸高 53 cm，宽 12 cm，上绣方祥云、太阳，人物周围绣满了石榴、佛手、牡丹、芙蓉、桂花、兰花、梧桐、扁蝠等花样，有着“福添贵子”“富贵长春”的寓意，用打籽、盘金、钉线、锁绣、网针等刺绣针法绣成，图案吉庆，画面丰满，绣工精良。

图 8-9　红缎绣五彩花篮纹桌帷料

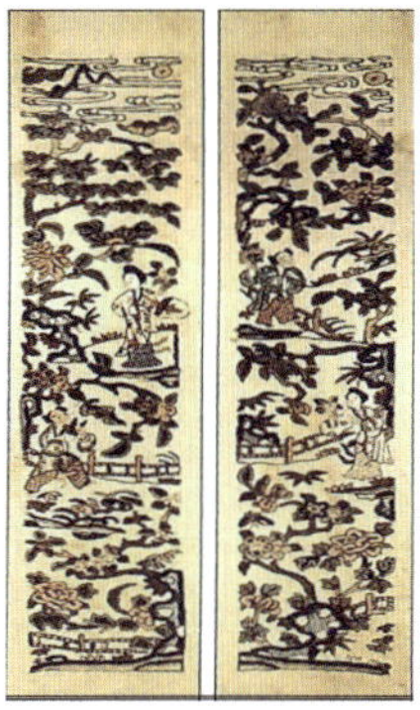

图 8-10　清代衣袖口饰边

苏绣绣品种类齐全，按品种分，有双面绣、单面绣；按体积造型分，有台屏、墙屏、地屏和大型组合屏风；按表现内容分，有人物、宠物、花鸟、风景、静物、特色建筑物等。如图 8-11 是绣的宠物猫。现代苏绣随着潮流应运而生出各式各样的绣种并积极开拓国外的市场，生产刺绣被面、和服腰带、绣衣等产品，其中苏州刺绣厂产出的绝大部分和服腰带出口日本，苏绣以日用品商品的面貌走进了人们的现代生活。如图 8-12～图 8-15 所示。

图 8-11　猫（局部）

图 8-12　果实图

图 8-13　多籽多福图

图 8-14　现代苏绣手包

图 8-15　现代苏绣挂件

二、湘绣

湘绣

湘绣是以湖南长沙为中心的刺绣产品的总称。湘绣的特点是用丝绒线（无拈绒线）绣花，其实是将绒丝在溶液中进行处理，防止起毛，这种绣品当地称作“羊毛细绣”。湘绣多以国画为题材，形态生动逼真，风格豪放，曾有“绣花花生香，绣鸟能听声，绣虎能奔跑，绣人能传神”的美誉。湘绣人文画的配色以深浅灰和黑白为主，素雅如水墨画；湘绣日用品的色彩艳丽，图案纹饰的装饰性较强。

湘绣作品特别强调颜色的阴阳浓淡效果，其作品一般采用套针，正戗针、齐针等技法绣制，花纹图案风格文雅，有国画之味道，用色比苏秀艳，但又不如广秀艳。绣品大部分为插屏、挂屏心，图案以竹石、花鸟为多，以着色富于层次，绣品若画为特点。湘绣还以特创的“鬅毛针”绣雄狮猛虎等大型动物，体现出猛兽的威武雄健和毛丝刚劲的形态特征，如图 8-16 所示。故而湘绣有“绣花能生香，绣鸟能听声，绣虎能奔跑，绣人能传神”之美誉。

图 8-17 为红缎绣桃花水仙茶花松树桌帷料，此桌为构图简洁富有创意，用色浓重富丽，花纹极具物象性及装饰性，绣工精湛，真有绣花能闻香的味道。

图 8-16　采用鬅毛针绣

图 8-17　红缎绣桃花水仙茶花松树桌帷

图 8-18 为白绫绣五彩芙蓉鹭鸶屏心。此屏心构图巧妙，用色丰富，浓重艳丽，富有光泽，绣工细密，花纹形神兼备，栩栩如生，是清晚期湘绣中的精品。

图 8-18　湘绣屏心

湘绣技法

湘绣画廊

三、蜀绣

蜀绣亦可称作为“川绣”，是以四川成都为中心的刺绣产品的总称，是中国具有悠久历史传统的刺绣品种之一。

蜀绣

蜀绣画廊

蜀绣以软缎和彩丝为主要原料，针法种类丰富，充分发挥了手绣的特长，具有浓厚的地方风格。蜀绣题材多为花鸟、走兽、山水、虫鱼、人物，除纯欣赏品绣屏以外，还有被面、枕套等生活用品，观赏性与实用性兼备。

蜀绣以软缎和彩丝为主要原料，运用独特的技艺，绣制被面、枕套、衣物等日用品及画、屏等。其针法有百余种之多，其绣品以针法严谨、针脚平齐、色彩明快为特色。花鸟虫鱼、人物山水均可入绣，题材广泛，尤以绣鱼为佳。

蜀绣袍颇为经典，图 8-19 所示为缎地平金绣龙袍，此袍胸背、襟、袖子绣有金线龙纹，又间彩绣万福如意、云纹、仙鹤、宝相花纹等；裙边绣寿山福海，空白处又绣彩云，形象生动，绣工精密，是蜀绣的精品。此外还有蜀绣官服补子，如图 8-20 所示。

现代蜀绣如图 8-21 和图 8-22 所示。

图 8-19　缎地平金绣袍

图 8-20　仙鹤——品文官补子

图 8-21　蜀绣梅花图（局部）

图 8-22　蜀绣荷花（局部）

四、粤绣

粤绣

粤绣画廊

粤绣泛指以广东为中心的刺绣品，为中国四大名绣之一，粤绣又称“广绣”，包括以广州为中心的“广绣”和以潮州为代表的“潮绣”两大刺绣流派。粤绣的历史悠久，据传最早起源于少数民族，和黎族的织锦同出一处。粤绣的色彩繁多，针法变化丰富，针步均匀，纹理分明，善留水路。粤绣的制品品种丰富，功能实用类的制品主要有床上用品，如被面、枕套、床楣、绣衣等，欣赏类的艺术装饰品主要有台屏、挂屏和条幅等。粤绣的刺绣题材多以写生花鸟和动物为主，如凤凰、牡丹、松鹤等（见图 8-23、图 8-24）。

图 8-23　粤绣 鹦鹉（局部）

图 8-24　粤绣 丹凤朝阳

粤绣技艺精湛，构图装饰性强，色彩浓郁鲜艳，绣绒平整光亮，文理清晰，绒条洒脱。粤绣用孔雀毛绩为线缕，绣制官服补子，即云章袖口。挂屏、荷包、扇套、绣画等刺绣品，其针法丰富。粤绣分为绒绣、线绣、定金绣、纳纱绣，尤其是纳纱绣，底层用羊皮金做衬，金光闪烁，格外精美，粤绣的绒绣最著名。粤绣的配色非常有特点，由于亚热带气候的缘故，广东地区常年绿树成荫，生机盎然，所以粤绣的色彩也是艳丽堂皇，构图比较饱满热闹，充满喜庆的味道。主要归纳为以下 5 个方面：

① 用线多样，除丝线和绒线以外，也用孔雀毛捻作线，或用马尾缠绕成线。

② 色彩搭配明快，颜色对比强烈，追求色彩鲜艳华丽的艺术效果。

③ 多用金线作刺绣花纹的轮廓线。

④ 装饰花纹繁缛丰满，热闹欢快，常用的有百鸟朝凤、海产鱼虾、佛手瓜果之类具有地方特色的题材。

⑤ 绣工多为男性，绣制大件作品时皆是站立着手拈长针刺绣，这种现象在其他地区很少见。

粤绣又分为广绣和潮绣两大流派，广绣喜用对比强烈的色彩渲染欢快热闹的气氛，18 世纪的纳丝绣，则底层多用羊皮金做衬，金光闪烁格外耀眼，潮绣中以加高垫金银绣最具风格，且绣花方法丰富，绣材多样。那时广州，潮州就铺设绣庄、绣行、绣坊，粤绣专业队伍庞大。

粤绣也擅长大量运用珠子作绣，珠绣粤剧服装珠光闪烁、多彩多姿，至今仍有丰富的各式珠绣品畅销国内外。粤绣无论是日用品还是欣赏品题材，都包含着吉祥喜庆祝福美好的寓意，被人们喜闻乐见。图 8-25 为粤绣珠绣服装。

图 8–25 粤绣珠绣服装

第四节 地方特色绣

一、沈绣

沈绣，是以沈寿命名的刺绣流派。1904 年 6 月，沈寿和余觉到北京，筹绣工科，开办了中国第一所公立刺绣学校。沈寿在传统绣艺的基础上，融合西画用外光来表现物体明暗的手法，创造了具有独特风格的“仿真绣”，如图 8-26 所示，意大利妇人像，这样的绣品，画面富有立体感，开创了苏绣新纪元。

图8-26　意大利妇人像

沈绣

沈绣画廊

沈寿改良了传统刺绣的材料——丝线以及绣法。旋针是沈寿独创的一种刺绣针法。以往做刺绣的时候，一般都是平绣，就是直着往下拉平着往下绣，沈寿所用的针法，用机针和逼针进行旋转，但在旋转的时候还要根据物象的机理来掌握针脚的长短，所以比一般刺绣的平针绣要难。运用沈绣技艺，百年前就可以绣出西方绘画风格的绣品了。人们能清晰地感受到绣品所表现出的油画般的光影效果。沈绣以人物绣最为擅长，人物肖像表现生动、传神、逼真，针法变化多端。其艺术特点是：丝线的自然光泽与独特的针法所表现的绣面，艺术感强，颜色雍容典雅华贵，从不同角度欣赏所产生的艺术效果都不一样。在用针和用线方面充分体现了刺绣的针法与绣线的工艺，作品具有仿真的艺术效果，具有很高的收藏价值。

二、鲁绣

鲁绣

鲁绣画廊

鲁绣亦称为“衣线绣”，是流行于山东、河北、河南等地，以暗花织物做底衬，以双股合捻的衣线为绣线的刺绣品。鲁绣在西周时已有之。西汉时，山东刺绣工艺已盛行于民间，并有了专业绣工。东汉时的王充在《论衡》中记载说：“齐郡世刺绣，恒女无不能。”从这段记载中可以看出，山东的刺绣工艺不仅具有悠久的历史，而且具有广泛的民间基础。流行于山东、河北、河南等地的衣线绣，因以山东为代表，故被称为“鲁绣”。其绣品不仅有服饰用品，亦有观赏性的书画艺术品。

鲁绣与南方刺绣相比较为粗犷，色彩也浓烈，牢度强而耐磨，构图自然生动，代表着北方的刺绣风格，也被人称作“北绣”。传世经典的鲁绣作品，有明代的《芙蓉双鸭图轴》（见图 8-27）和《荷花鸳鸯图》（见图 8-28）等。鲁绣针法质朴健美，风格豪放坚实，是很具特色的刺绣。

芙蓉双鸭图轴采用十来种富于变化的针法绣制花纹，加之采取蓝绿、灰绿、灰蓝、暗红、月白等浓郁沉着的色线，使绣面浑厚，具有质朴健壮的特点。

鲁绣《牡丹凤凰图》（见图 8-29）是清乾隆年间的刺绣作品，以盛开的牡丹和一对凤凰为主宾，兰芝荣昌，蝴蝶穿行，上方一支铁杆海棠耄耋寿昌。用衣线绣齐针、网针、套针、接针、斜针、松针，针针绣出美好的向往，丝丝引出对生活的热爱，绣者将画面绣得色彩调和，花叶花秆层次分明，凤凰羽翅钉绣勾勒工整，活泼又不失端庄，粗犷仍含秀丽，充分体现出鲁绣的优秀风格。

图 8-27　芙蓉双鸭图轴

图 8-28　荷花鸳鸯图轴

图 8-29　牡丹凤凰图

三、顾绣

顾绣是指代表顾名世一家的刺绣技法和风格的刺绣品。顾绣是明代南方地区的代表绣。顾绣起源于明代，摹绣古今名画，尤为神妙。是画绣结合的观赏艺术品。

图 8-30 所示顾绣“洗马图”，是以细于发的擘丝、纤甚于毫的绣针刺绣而成，为了刻意追求此画的神韵，其在局部山坡上巧妙地施加了淡彩晕染，以画补绣，使之更具神韵。顾绣运用的丝线色彩、针法的疏密、轻重、逆顺，以丝理的走向和丝线的排列来表现物象的质感。既能把笔墨之趣摹绣得与画一般，绒丝配色自然浑沉，使刺绣工艺具有绘画艺术不能达到的细腻的物象质感，“以线代墨，点染浑成，凡墨有晕缺，则线能补齐”，使中国刺绣达到了运针如运笔的最高境界。顾绣在继承宋元刺绣传统技艺的基础上，又创造了新的刺绣针法和艺术风格的新品种，它的最大特点是以树林做底衬，以染补绣，以线代笔，构图丰满，景物浓淡有致，空间层次清晰，绣面生动逼真，古朴高雅，题材广泛。

图 8-30　顾绣洗马图

顾绣

顾绣画廊

四、京绣 

京绣

京绣画廊

京绣本指明清两代北京地区的刺绣（见图 8-31，图 8-32），又称“官绣”“宫廷绣”。京绣多以服装和配饰等实用品居多，其以绣制戏服最为著名。京绣由于地处皇城，颇受宫廷绣精工细丽之风的影响，加上继承和改进了各地刺绣工艺，特别是顾绣和苏绣，缝工精良，绣工规矩，针脚整齐划一，用线常以整根线而为之，平、齐、光、匀，端庄大方，色彩鲜活明丽，富贵旷达。人物、花鸟、庭院、鱼虫都是京绣入绣的题材，风格卡通提炼，装饰华美，极能显现日常穿戴使用的高档、气派及即美观耐用。至清代，北京地区的刺绣已具规模。京绣特色主要还是体现在实用类刺绣上，由于有时也服务于清宫，所以有着比较重的皇家满汉相间的风格，服装、椅披、帷幔等。京绣的做法有补花、堆绫、纳纱、戳纱、洒线、盘金、穿珠等多种，造型活泼丰富。

京绣以捻金线和捻银线，采用平金银的刺绣方法盘钉花纹的平金银绣最为著名，名扬大江南北，有“南绣北平”美誉。至此，形成了京绣结构严谨丰满、装饰华丽规矩工整的风格与特点。图 8-33 所示金地绣五彩云龙纹袍，构图风韵别致、神态生动、用色丰富浓丽，绣工精湛，花纹活泼生动，浑厚奔放。

图 8-31　喜相逢、双凤纹八团补子

图 8-32　京绣团纹

图 8-33　金地绣五彩云龙纹袍

五、汴绣 

汴绣指河南开封的刺绣，悠久的文化铸就了汴绣古朴的风格，在吸收了河南民间刺绣的养分后，以宋代宫廷题材作为汴绣的选择，具有精致细腻、结构严谨、层次分明、忠于原作、古朴典雅的特点，山水、人物、兽禽、花鸟都有精品。有《清明上河图》《簪花仕女图》（见图 8-34）等汴绣作品，仿古代名人名画是汴绣的最大风格特征。

图 8-34 汴绣簪花仕女图（局部）

汴绣

汴绣画廊

六、晋绣 

晋绣为山西地方绣，与其他刺绣相比，有着非常突出的民俗特色。晋绣无论在山区、平原，还是在晋南、晋北，因当地民风率真、淳朴、热烈，刺绣也体现了相似的特点，或真实、夸张、朴素，或大红、大黑、大蓝，刺绣图案大多色彩明丽，构图简洁，针法多样，信手拈来，天然成趣。山西的刺绣成为人们生活的组成部分，服饰、门帘、坐垫、桌布、枕顶、褡裢、荷包、手帕、钱包、手袋、车帘，大拙大雅、巧雅成趣，丰富多彩，取材宽广，构图生动，用色对比浓烈却和谐宜人，颜色搭配不多，却显得多姿多彩（见图 8-35）。

图 8-35 晋绣

晋绣

晋绣画廊

第五节
少数民族刺绣

我国少数民族妇女是民族刺绣最优秀、最天才的创造者，她们将生活中、自然界中的万象万物都收集入自己民族的刺绣里，神奇美妙的民族风给予了她们取之不尽、用之不竭的灵感，将日常的所想所见都极为自然地融入了他们的日用品刺绣里，形成了少数民族绣的精彩纷呈，是中华刺绣的奇葩与瑰宝。

一、苗绣

苗绣

苗绣画廊

苗绣是贵州、湖南、云南、湖北、海南、广西等苗族地区的刺绣。苗绣技法有平绣、绉绣、结绣、辫绣、卷绣、挑花、打籽等十余种，一般用剪纸花作纹样，也有信手绣的图案，色彩构图都会事先设计，揭示生活中熟悉的形象。清水江边的苗族常取水中鱼、蛙等纹样；住在山地的苗族则多用植物、蝴蝶（见图 8-36）、鸟类以及几何纹，造型夸张有趣，如鱼的头圆圆的，身体肥大，嘴小眼宽，形象可爱。苗绣常用于衣襟、衣袖、腰带、围腰、小孩背扇、帽子、鞋花等生活用品。如苗绣挑花腰带流行于广西南丹，妇女自织自染青、黑色土布做底部，上面绣上十字挑花图案，取几何形纹样，组合多样，富于变化，疏密有致，装饰鲜明。再如苗族衣袖花流行在贵州雷山、凯里等地，是一种妇女服装的衣袖刺绣品，分头片和正片，头片多用两条几何纹样花边组成，正片才是纹饰主要部分，图案有九龙袖、飞鸟袖、石榴袖等十余种。图案可顾名思义，例如龙绣就是以龙为主型，象征吉祥光明神圣，分别有龙鸡袖、盘龙袖、龙钱袖等，千姿百态，古拙可爱。飞鸟袖以千变万化、婀娜多姿的飞鸟形象构成，图案生动活泼，情趣盎然；石榴袖以石榴形做轮廓，用编织的花带沿着外形绣钉，内点缀其他花样，四周添绣少量花纹，图案严谨统一。

苗族刺绣中还有一种特别的种类——锡绣（见图 8-37），主要分布在贵州省剑河县清水江沿岸南寨乡的一些村寨中。锡绣工艺是用剪刀将锡片剪下长约 18 cm、宽约 1 mm 的细锡丝条，把细锡丝条拉直，一头打一个小勾，另一头剪成针头状，同时把准备好的布垫铺在已绣有图案的棉布上，用针将图案的一根棉线挑出后，再用针头状的细锡丝条穿过已挑出的棉线，把打一小勾的细锡丝条紧扣棉线，用剪刀把细锡丝条剪下，并将余下的细锡丝条反扣在棉线上，这样就完成了一个扣锡过程，之后按棉布上的图案周而复始进行。它改变了人们传统刺绣的用料观念，形成了一种独具特色的刺绣，是迄今全国乃至世界挑花刺绣绝无仅有的手工艺，是苗族人民的智慧结晶。

图 8-36 苗绣蝴蝶花卉纹

图 8-37 锡绣服装

二、羌绣

四川地区的羌绣富有原始古朴的特点，是羌族人民装饰美化生活的直接写照，也是羌族妇女心灵手巧的象征。羌绣题材丰富，寓意吉利，羌族妇女把对幸福的憧憬和追求都绣入了手帕、坎肩、腰带、桌布、衣领、挎包、鞋面等生活用品上。羌族挑绣盛行于四川阿坝地区，用于美化、点缀服饰、枕帕等，当地妇女几乎个个善绣，不需图稿，信手挑成，图案物象鲜明，色彩传统鲜艳，充满生气，组合形式多样，无论团花、角花或花边，纹样皆富于变化，疏密有致，装饰性强。图案取几何纹样，多自然景物，如花鸟、虫鱼、走兽之类，内容都很吉祥，如娥娥对花（见图 8-38）、鱼水和谐、团花似锦、牡丹花、云云花等。刺绣的针法也多种多样，有挑花、扦花、纳花、链子扣、平绣几种，挑花精巧细致，扦花与纳花爽朗明丽，链子扣绣则刚健淳朴。

图 8-38 羌绣（娥娥对花）

羌绣　羌绣画廊

三、瑶绣

瑶绣流行于广西、湖南、云南、广东、贵州等地的瑶族地区，多用于服饰，如衣领、围裙、头巾、鞋面、绣边等，绣布以自织的棉布为多，少量用缎布。

瑶族女孩七八岁就和母亲学绣，先学挑花，针法一般用十字和平针绣，图案有人物纹、植物纹、动物纹、象形纹等，五花八门，标新立异，工整严谨，主次分明，如图 8-39 所示。历史上瑶族就有好五色的说法，瑶绣在黑、深蓝或青蓝布上用红、白、黄、橙、绿彩丝绣出美丽且富于变化的图案，鲜艳亮丽，清晰而多变。

图 8-39　瑶绣

瑶绣

瑶绣画廊

四、壮族刺绣

壮族刺绣流行于广西壮族居住地，尤以龙州县城关镇为盛，历史也最悠久。壮族刺绣喜用黑、枣红、深绿为底，将剪纸花样贴在绣料上，而后用平针、戗针、盘针等针法绣制；图样喜用二龙戏珠、独龙、双凤朝阳、凤穿牡丹、狮子滚球及蝴蝶、花鸟、万字、人物等，造型简练，生动活泼，色彩对比强烈，艳丽悦目；常用以绣花鞋、花帽、胸兜、帐帘、坐垫、荷包和壮剧服装等。图 8-40 为色彩对比强烈的壮族刺绣绣片。

壮族背带绣则流行于广西天峨、龙州等地区。绣背带是背小孩用的，它由许多独立的花纹小块组成，在每条丁字形背带上配以三角形、扇形、菱形等图案，多取龙、凤、牡丹等传统纹样，然后将裁剪成形的图案根据需要贴在各种色布或绸缎上，用多种深浅不一的绒线刺绣，镶接成完整的背带绣片。

图 8-40　色彩对比强烈的壮族刺绣

壮绣

壮绣画廊

电脑刺绣

第六节
电脑刺绣

一、电脑绣花的风格特点

图 8-41 现代刺绣服饰

电脑绣花风格主要有古典的传统风格和简约时尚的现代风格。起初，电脑绣花图案的设计主要以中国的龙凤、牡丹题材为主，图案装饰含蓄、雅致，极具东方绣花特色。主要表现在旗袍等传统服饰中，如图 8-41 所示，一些有规则几何图形纹样的现代绣花风格比较受年轻人的喜爱，现代风格以简洁代替烦琐，运用直白的装饰语言强调个性和宁静的风格特色。

随着科技的发展及绣花设备与工艺技术的进步，电脑绣花表现手法层出不穷。新工艺、新手法能把绣花图案的个性特色表现得淋漓尽致。

二、电脑绣花的配色特点

色彩在所有造型中是最引人注目的，人们可以从绣花色彩的倾向感受到绣花的风格特征。受设备工艺的影响，电脑绣花的色线不宜过多，表现出的效果比较单纯。电脑绣花的配色需要注意以下几个方面：

（1）绣花材料的复杂性决定了绣花图案色彩的多样性。即便是相同的颜色，使用不同粗细的绣线、不同原料、不同形状时绣制出来的图案色泽、质感也会产生较大的差异。

（2）绣花针迹设置得不同会引起不同的色彩感受。针迹密者色感强，针迹疏者色感弱。

图 8-42 婚庆床品刺绣（被套局部）

（3）生产设备和成本的限制使绣花图案的套色尽量单纯化。随着绣花产业的进步，五六年前还普遍采用 1～2 套颜色，现在普通绣花机有 12 套颜色，如图 8-42 所示。即便如此，也还远没达到印花工艺采用颜色的程度。

（4）绣花底布的厚薄、质感肌理的不同以及透明程度的差异，均会使相同的配色产生不同的视觉效果。如图 8-43 所示，在薄透的纱质底布上刺绣套针的图案，得到薄与厚、红与黑的肌理效果。

（5）绣花辅料品种繁多，如亮片、珠子、亮管等，这些材料的使用会影响整体的配色效果。在色彩搭配上要有一定的色彩趋势把握，以免造成色彩的杂乱。图 8-44 所示刺绣礼服中运用了对比色搭配，运用了亮片、珠子等不同的刺绣材料，整体表达个性鲜明，立体感强，装饰效果好。

各种电脑绣花机及其绣品如图 8-45～图 8-48 所示。

图 8-43　纱质面料刺绣

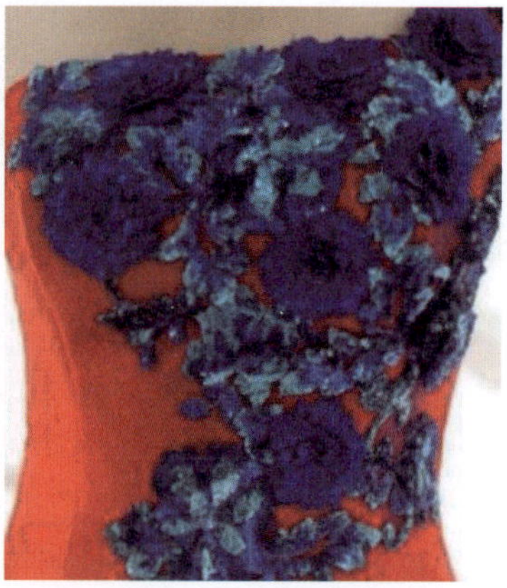

图 8-44　刺绣礼服

图 8-45　绳绣+亮片绣花机

图 8-46　珠绣绣花机

图 8-47　窗帘绣花机

图 8-48　十字绣绣花机

三、电脑绣花的图案构成

从成衣绣花图案的构图角度来说，电脑绣花的构图被分为单独构图与整体构图两大板块。不论怎么划分，图案的构成形式也离不开点、线、面及综合运用 4 种构成方式。

1. 点状构成

点状构成的绣花图案在成衣中表现形式有两种：第一种是由一个或几个较大的点状绣花图案组成；第二种是由许多较小的绣花图案组成。点状构成的绣花图案具有集中、醒目、活泼、吸引视线的特征，因此在绣花成衣设计中非常突出。如图 8-49 所示，由于 T 台秀的特殊性，绣花图案在服装中非常的抢眼突出。日常的绣花服装不适合大面积的绣花，但在童装中装饰效果则非常好。

图 8-49　点状刺绣图案

2. 线状构成

线状构成非常符合现代绣花图案设计。绣花图案在成衣中，一种表现在主要部位，另一种表现在成衣的边缘部位，如图 8-50 所示。线状发射的构成运用得也比较多，线本身具有指向性的功能特性，所以说线状构成的表现特征相当的丰富，它可以独立存在，也经常与点、面相结合，创造出层次与动态丰富的视觉效果。垂直的线状绣花图案给人干净利落的感觉；水平的线状绣花图案给人平衡稳重的感觉，适合于中老年消费群体；斜线状的绣花图案表现的是个性与运动，被很多青年人喜爱；而曲线状的绣花图案给人女性优美之感。电脑刺绣的品种如图 8-51 所示。

图 8-51（d）所示的以水溶绣是通过电脑平极刺绣机绣在底布上，再经热水处理使水溶性非织造底布（如水溶性聚乙烯醇纤维面料）溶化，留下有立体感的花边。机绣花边的花型繁多，绣制精巧、美观、均匀，整齐划一，形象逼真，富于艺术感和立体感。

图 8-50　线状刺绣图

（a）平绣　（b）亮片绣　（c）贴布绣

（d）水溶绣　（e）绳绣　（f）牙刷绣

图 8-51　其他电脑刺绣

第七节
其他地域和少数民族特色刺绣集锦（扫码学习）

潮绣技艺和画廊

温州瓯绣技艺和画廊

青海堆绣技艺及画廊

水族马尾绣及画廊

绒绣技艺和画廊

潮汕抽纱绣技艺和画廊

第九章　地域特色纺织非遗技艺

本章内容：

（1）漳　绒；

（2）香云纱；

（3）白族扎染；

（4）苗族蜡染；

（5）鲁　锦；

（6）其他地域特色纺织非遗集锦。

第一节
漳　绒

漳绒

漳绒是江苏省丹阳市的地方传统丝织品，以绒为经，以丝为纬，用绒机编织，织物表面构成绒圈或剪切成绒毛，可用作服装、帽子和装饰物等。因起源于福建省漳州市，故名“漳绒”，亦称“天鹅绒”。

一、漳绒的特色

漳绒画廊

花漳绒分“亮花”和“暗花”两种，按色泽分素色和花色漳绒，如图 9-1～图 9-3 所示。花纹图案多清地团龙、团凤、五福捧寿及花鸟、博古等，织地常用凹凸来表现，色彩以黑色、紫酱色、杏黄色、蓝色、棕色为主。漳绒的绒毛或绒圈紧密耸立，色光文雅，织物坚牢耐磨，不易褪色，回力弹性好。

图 9-1　素色漳绒

图 9-2　花色漳绒

图 9-3　黄绒万字蝠漳绒

二、漳绒的形成原理

漳绒有花漳绒和素漳绒两种。花漳绒是指将部分绒圈按花纹割断成绒毛，使之与未断的线圈联同构成纹样；而素漳绒的表面则全为绒圈。一般漳绒用蚕丝作原料或作经线，以棉纱作纬线，再以桑蚕丝（或人造丝）起绒圈。

漳绒的织造与普通织物相比，织入起绒杆是最为特殊的工艺，这种织造方法叫“杆织法”。 操作时，每织入三纬后织入一根下起绒杆（不锈钢丝），投纬次序是：粗纬、细纬、细纬、起绒杆，依次循环。织到一定长度时在机上用割刀沿铁丝剖割，即成毛绒。漳绒依纹样设计起毛绒。构成织物的纹样有两种形式：一是绒花缎地，即漳缎；一是绒地缎花，即漳绒。其特点是少有织地，有单、双色，或嵌金银线。

三、漳绒的设计举例

天鹅绒的原料为22～30茧甲级原丝，也采用蚕丝为经，棉纱为纬交织的“地”。以蚕丝或人造丝起绒圈。经丝和纬丝都先经脱胶或半脱胶、染色，加捻后织造。举例如下。

1. 经纬原料和结构

漳绒由两组经线和三组纬线交织而成，经线分为地经和绒经，纬线分粗、细和起绒杆（假纬）。地经为生染色桑蚕丝，绒经选用熟染色桑蚕丝，纬线由两种粗细不同的生色桑蚕丝组成。

（1）地经 地经线选用生染色桑蚕丝，其规格为（22.22/24.42 dtex，8 T/S×2）6T/Z（6捻/cm，Z捻向），以使质地挺括。

（2）绒经 绒经线采用熟染色桑蚕丝，以使绒毛柔软细腻，富有光泽，其规格为（22.22/24.42 dtex，8 T/S×2）6 T/Z×3。由于绒经采用了加有一定捻度的丝线，因而绒毛挺立不倒伏。

（3）纬线 纬线由两种不同的生染色丝组成，其规格为（22.22/24.42 dtex，8 T/S×2）6 T/Z×3。此外，起绒杆“假纬”的规格为直径1 mm左右的不锈钢丝，可按不同高度的绒毛需要来选择所粗细适合的钢丝，但最细不能低于0.5 mm，以免给割绒工艺带来困难。

2. 经纬排列

地经与绒经排列比为2∶1，纬线与起绒杆排列比为3∶1。

3. 每筘穿入数

每筘齿穿入6根经线（4根地经、2根绒经）。

4.四枚变化斜纹

为了使绒毛牢固，其毛圈绒的固结方法采用“W”形固结，因此，在穿综时绒经既要穿入伏综又要穿入起综，这样可使绒经按组织结构要求，在地经的上面或下面形成不同的梭口，达到“W”形固结的结构。

四、漳绒的织造

漳绒采用双织轴（绒经和地经双轴），大花楼织机织造，织造过程大致分为织绒、提花、割绒三部分。

织机也分为送绒车（供纱架，见图 9-4）、提花车（提花龙头，见图 9-5）、织绒车（见图 9-6）三部分。织造时至少要两人，一人织绒，一人要登上约 2 m 高的提花车上提花，两人相互配合（见图 9-5），日织 1 m。其生产过程十分复杂细致：首先用一组圆形钢丝或具有沟槽的扁平金属杆作起绒杆（见图 9-7），然后绒经和地经按 2∶1 排列，地纬与起绒杆的织入比为 4∶1 或 3∶1，即在每织入 4 纬或 3 纬后投入一根起绒杆。每嵌织一根起绒杆时，全部绒经或单、双数绒经提起形成绒圈。织物每织 10 m 左右，便从织机上取下放在台板上抽出起绒杆，遂形成耸立平排环圈状的绒圈。

图 9-4 送绒车

图 9-5 提花车（右上）

图 9-6 织绒车

图 9-7 起绒杆

花漳绒则是将织好的整匹织物从织机上取下置于台板上，用白粉先在织物表面上印、绘出花纹图案，然后用硬质钢刀将有花纹处的绒圈“刮处”（称为雕花），形成细密浓簇的毛绒花纹，再抽出起绒杆，未刮成的部分仍然保持环圈状，构成均匀紧密的绒圈地纹。绒毛、绒圈相互衬托，构成花地分明的花漳绒坯绒。经“雕花”的后整理后，形成股地绒花的独特风格。

天鹅绒的雕花工序不是在机上进行的，而是当织物织成一段或几米就可以取下来，安放在刻花架上进行刻花。刻花顺序为：先将织物在刻花架上平展安放，根据所设计的图稿在其上用白粉描稿，然后用图 9-8 所示的硬质快口钢刀，沿着花纹轨迹将起绒杆上的绒经刻（割）断。当全部花纹都刻完后，用力拔去钢丝（起绒杆）。天鹅绒经刻花，拔出钢丝后，织物表面便形成绒圈地和绒毛花的花绒。

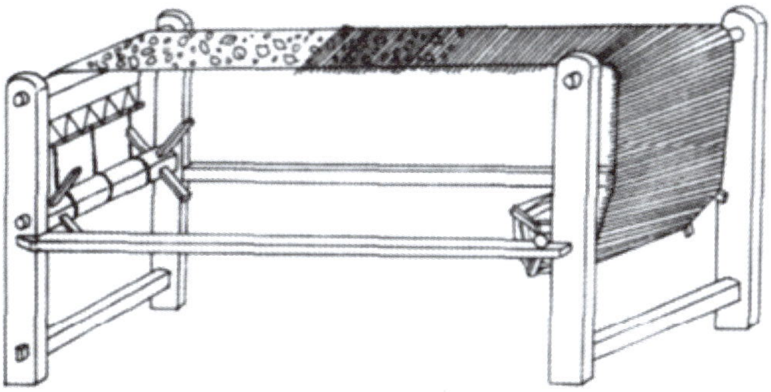

图9-8　漳绒雕花工具（刻刀和刻花架）

第二节
香云纱

香云纱

香云纱俗称莨绸、云纱，是一种用薯莨的汁水对桑蚕丝织物涂层，再用含矿物质的河涌塘泥覆盖，经过太阳暴晒加工而成的纱绸制品。目前香云纱以顺德出产为主。香云纱染整技艺是第二批国家级非物质文化遗产之一，由于穿着走路会“沙沙”作响，后人以谐音叫作“香云纱”。

一、香云纱的风格特征

香云纱画廊

香云纱富有身骨，具有普通丝绸面料不具有的挺括、坚韧的厚重质感，正面色泽乌黑发亮，反面色泽咖啡色或原底彩色，并具有莨斑和泥斑痕迹；古朴典雅、色彩深沉，给人以高贵大气之感；质地细洁，不易起皱；穿着凉爽宜人、遇水快干、透气性强、不贴身，如图 9-9 和图 9-10 所示。

图 9-9　香云纱质感

图 9-10　香云纱服装

顺德过去有一个传统习俗，富人买回香云纱服饰先给佣人穿，佣人穿一段时间后自己才穿。这是由于香云纱本身的材料和生产方法致使新的香云纱服装纤维比较粗，穿起来不舒服；而穿过一段时间的香云纱会变柔软。

二、香云纱的天然染色工艺特色

香云纱是纺织品中唯一用纯植物染料染色的丝绸面料，实际上是薯蓣科的薯莨汁液泡过的小提花绸，和广东顺德、南海、三水等地特有的没有被污染过的河泥（俗称“过河泥”）发生化学作用的产物。薯莨汁液主要成分为易于氧化变性产生凝固作用的多酚和鞣质，和“过河泥”的高价铁离子发生化学反应后产生黑色沉淀物，凝结在制作绸缎的表面。香云纱正面黑色，反面黄褐色。

三、香云纱的染整工艺

1. 原、辅材料

（1）坯绸：香云纱的胚绸为纯蚕丝织物，其密度偏差率、质量偏差率均应符合国家相关规定。

（2）薯莨：薯蓣科，薯蓣属，多年生粗壮藤本植物的块茎；表面棕黑色，切面红色。

（3）河泥：采集于顺德区境内河道，富含亚铁离子，颜色灰黑，无恶臭味，手感细腻，不含影响使用的杂物。

2. 加工过程

坯绸准备→薯莨液制备→浸莨水→晒莨→洒莨水→一次封莨水→一次煮绸→二次封莨水→二次煮绸→三次封莨水（俗称“起货”）→过泥→清洗河泥→四次封莨水（俗称“复乌”）→摊雾。如图 9-11 所示为田间香云纱制作场景。

图9-11　田间香云纱制作

3. 工艺要点

（1）坯绸准备　将坯绸裁剪成长 15～20 m 的段，在每段坯绸的两头缝制棉织品的穿棒套。

（2）薯莨液制备　薯莨液是将磨碎的薯莨放于竹箩内后浸于水槽中并过滤所得液体。浸在第一个槽中得到的薯莨液称为“头过水”，将得到“头过水”的薯莨碎浸入第二个水槽中得到的薯莨液称“两过水”，以后依次得到的薯莨液称为“三过水”“四过水”。

（3）浸莨水　将准备好的坯绸浸入“头过水”中，不断翻动，直至浸透。

（4）晒莨　取出浸莨水后的坯绸，自然沥水后，正面向上平摊于草地上，曝晒至干。

（5）洒莨水　用“两过水”洒在经过晒莨的坯绸上，并立即用葵叶扫把将坯绸表面上的“两过水”涂抹均匀、晒干，如此循环多次。

（6）一次封莨水　将坯绸放置到特制的封水槽中，将坯绸浸入“三过水”持续 30 min 以上，并进行晒莨，如此循环多次。

（7）一次煮绸　将坯绸置于大铜锅中，用温度为 45℃～50℃ 的“三过水”浸泡 4～5 min，期间应不断翻动。浸泡后的坯绸应自然沥水、晒干。

（8）二次封莨水　用“四过水”对一次煮绸后的坯绸进行第二次封莨水，如此循环多次。

（9）二次煮绸　用“四过水”对二次封莨水后的坯绸进行第二次煮绸。

（10）三次封莨水（俗称“起货”）　用“四过水”对二次煮绸后的坯绸进行第三次封莨水，仅进行一次，待坯绸晒干后将其卷成筒状。

（11）过泥　坯绸在经过上述工艺处理后，进行过河泥处理。过河泥应在阴凉处，按以下步骤进行：

① 将河泥均匀搅拌成糊状；

② 将坯绸正面向上平摊于洁净的水泥地面，涂抹河泥，使其表面形成均匀的薄河泥层，以肉眼看不到露底为准；

③ 涂泥后，将坯绸按其中轴线轻轻对折，再平稳地将坯绸抬到沙地上平摊 30～50 min。

（12）清洗河泥　将过泥后的坯绸抬到晒地附近的河中洗涤，将河泥洗尽后，正面向上平摊在草地上晒干。

（13）四次封莨水（俗称“复乌”）　对坯绸进行第四次封莨水。在四次封莨水后，将坯绸平摊于草地上晒干。

（14）摊雾　在太阳下山前后，将坯绸平摊在草地上，使坯绸吸收草上的水分而软化，共持续 40 min。

四、香云纱坯纱织造

“白坯纱”织造采用平纹木梭或提花木织机，如图 9-12 所示。平纹地上起绞纱点子暗花，莨纱花纹幅度很小，全幅共有 30 个花纹循环，上机时根据所选提花机的大小，选择 3 花、5 花、10 花的装造均可，每花内再分成几个相同的花纹循环。莨绸 500 年来就只有黑、咖两色，正反两色，一面咖啡色，一面黑色。

图9-12　简单提花木织机

白族扎染

第三节
白族扎染

白族扎染是大理白族采用民间图案，通过对传统的扎染工艺进一步渲染和艺术加工，使之成为融艺术化、抽象化和实用化为一体的工艺品，2006 年 5 月列入第一批国家级非物质文化遗产名录。

一、扎染原理

白族扎染画廊

扎染工艺分为扎结和染色两部分。它是采用纱、线、绳等工具，对织物进行扎、缝、缚、缀、夹等多种形式组合后进行染色。其目的是对织物扎结部分起到防染作用，使被扎结部分保持原色，而未被扎结部分均匀受染，从而形成深浅不均、层次丰富的色晕和皱印。织物被扎得愈紧、愈牢，防染效果就愈好。

二、扎染特色

扎染可以染成带有规则纹样的普通扎染织物；也可以染出表现具象图案的复杂构图及多种绚丽色彩的精美工艺品。如果扎染以蓝白二色为主调，被线扎缠缝合的部分未受色，呈现出空心状的白布色，便是“花”；其余部分呈深蓝色，即是“地”，便出现蓝底白花的图案花纹，“花”和“地”之间往往还呈现出一定的过渡性渐变的效果，多冰裂纹，自然天成，生动活泼，克服了画面、图案的呆板，使得花色更显丰富自然。青白二色的对比营造出古朴的意蕴，且青白二色的结合往往给人以“青花瓷”般的淡雅之感。

三、扎染过程

1. 扎染流程

传统扎染一般以棉白布或棉麻混纺白布为原料，主要染料来自山上生长的蓼蓝、板蓝根、艾蒿等天然植物的蓝靛溶液。古人扎染要步骤有画刷图案、绞扎、浸泡、染布、蒸煮、晒干、拆线、漂洗、碾布等，其中主要有扎花、浸染两道工序，技术关键是绞扎手法和染色技艺。染缸、染棒、晒架、石碾等是扎染的主要工具。

2. 扎染扎花

扎花，原名扎疙瘩，即在布料选好后，按花纹图案要求，在布料上分别使用撮皱、折叠、翻卷、挤揪等方法，使之成为一定形状，然后用针线一针一针地缝合或缠扎，将其扎紧缝严，让布料变成一串串“疙瘩”，如图 9-13 所示。

扎染主要是在面料的染色过程中，以扎、包、缠和捆等方式对局部面料进行防染处理，在包扎部位形成花纹自然、层次丰富的染色效果，如图 9-14 所示。

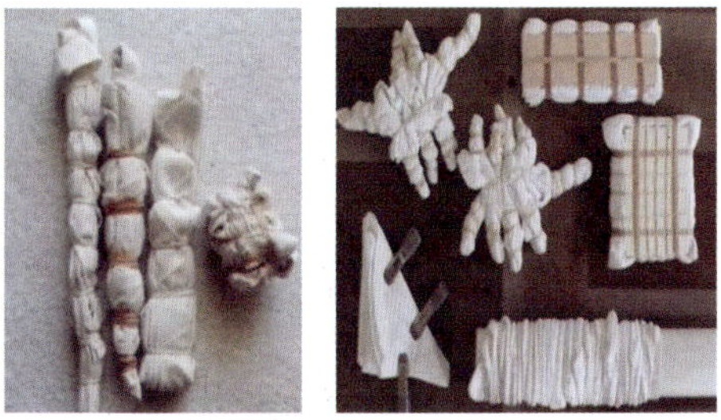

图 9-13　扎花

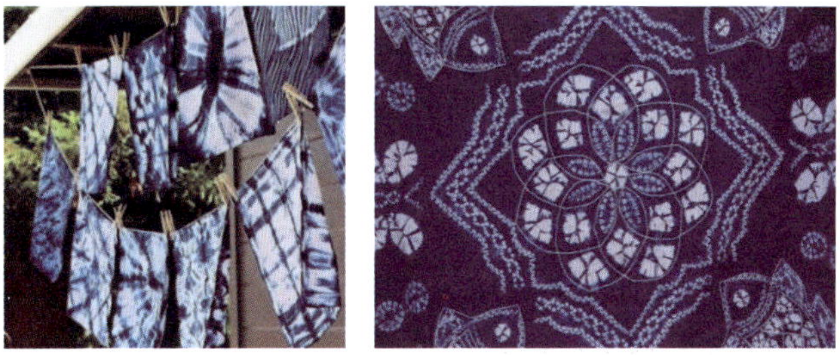

图 9-14　扎染成品

3. 染色

扎染工艺过程一般包括：

（1）扎染准备　将已经完成扎结的面料置于染缸内，以 80℃左右的温水保温，缸内加入适量纯碱或洗衣粉并不断搅拌，随后取出面料，用清水冲洗并晾干备用。

（2）染液准备　先用冷水将染料调成浆状，冲入纯碱软化后的沸水，搅拌促使染料溶解，过滤调配后的染液，将 3/5 的过滤液倒入染缸，加入适量热水并保持适宜温度。

（3）染色　将准备好的扎染面料放入染缸进行第1道染色；加入剩余 2/5 过滤液，搅拌均匀，维持染液温度，进行第 2 道染色；升温，根据染色需求进行不同次数的浸染。随着浸染次数的增加，面料颜色逐渐变深。

（4）染色结束后，将面料置于固色液染缸中，设定温度进行固色，冷水清洗后进行浸泡、蒸煮、晒干、拆线。

白族印工用刺了洞的蜡纸在生白布上印下设计好的图案，再由妇女将布领去，用细致的手工按图案缝上，再送到扎染厂或各家染坊。白族扎染多用作壁挂、窗帘、门帘、台布、沙发罩、床罩、枕套等。

第四节
苗族蜡染

苗族蜡染

苗族蜡染技艺流传于苗族聚居区，贵州珙县丹寨蜡染技艺是首批国家级非物质文化遗产之一。

一、蜡染的原理和特色

苗族蜡染画廊

蜡染实际上叫“蜡防染色”，它是用蜡把花纹点绘在麻、丝、棉、毛等天然纤维织物上，然后放入适宜在低温条件下染色的靛蓝染料缸中浸染，有蜡的地方染不上颜色，除去蜡即现出因蜡保护而产生的美丽的白花。蜡染的灵魂是“冰纹”，在浸染中，作为防染剂的蜡自然龟裂，使布面呈现特殊的“冰纹”，这是一种因蜡块折叠迸裂而导致染料不均匀渗透所造成的染纹，如图 9-15 所示。冰纹也是蜡染的防伪标记，真正的蜡染冰纹是无规律的。

图 9-15　蜡染冰纹

二、蜡染的工艺流程和技术关键

蜡染工艺流程有十来道工序，包括布面制作、蜡液制作、蓝靛制作、上蜡、浸染、脱蜡、缝合等，其中上蜡最为关键。苗族蜡染上蜡方法有两种：一种是利用印花的镂空版，即先用镂空版夹压好织物，再往镂空处灌注蜡液；另一种是用 3～4 寸的竹笔或铜片制成的蜡刀（实际是两片铜片构成的滴蜡容器，类似两扁汤匙扣合在一起，上下有孔，蜡在其中，见图 9-16），在平整光洁的织物上绘出各种图案，如图 9-17 所示。待蜡冷凝后，将织物放到染液中浸染，然后用沸水煮去蜡质。去除蜡后的织物，原先有蜡的地方，蜡防止了染液的浸入而未着色，在周围已染色彩的衬托下，呈现出白色花纹图案。由于蜡冷凝后的收缩以及周围的皱褶，蜡膜上往往会产生许多裂痕，入染后，染料渗入裂缝，成品花纹就出现了一丝丝不规则的色纹，形成蜡染制品独特的花纹效果。

图 9-16　点蜡刀（容器）

图 9-17　点蜡构图

蜡染的关键是蜡液的调制和蜡液的温度控制。蜡液由蜜蜡或虫蜡混合松脂经加温溶化而成，混合比例视冷凝后需要的软硬要求而定。画蜡时，蜡温一般以画蜡后蜡液能迅速渗透到织物背面为好。

三、蜡染的步骤

苗族蜡染，用一种特制的蜡刀点蜡，以蜂蜡熔汁绘画于白布上，如图 9-16 所示。染色后取出煮于水中，蜡去则花现。制作方法是先将白布平铺于案上，再将蜂蜡置于小锅中，加热升到 60～70℃，使蜡熔化为液状，然后蘸蜡汁画在布上。有经验者完全凭自己的观察以定温度。绘成后，投入染缸渍染，染好捞出用清水煮沸，蜡熔后即现出白色花纹。具体步骤如下：

1. 制板

艺人将取材于大自然的各种图案加上自己的想象发挥，用大头针沾上蓝墨汁，把图案一针一针地刺在白布上。

2. 画蜡

用蜡刀蘸上正在加热的蜂蜡，顺着刚刺好的图案重新勾一遍。

3. 填色封蜡

用植物染料（这道工序一般做彩色蜡染时才运用，如红、黄、绿等）把蜡染画所需要的颜色填在相应的位置，然后进行封蜡。封蜡就是用蜂蜡把填好颜色的地方重新盖一遍，分清图案的界线；使两种颜色不会混合在一起。

4. 蓝靛染色

将封好的蜡染画投入染缸多次染色，直至蓝色深度满意为止。

5. 脱蜡

将染色的织物经高温水脱蜡，然后反复漂洗，一幅完整的蜡染成品便制成了。

四、苗族蜡染纹样

苗族蜡染纹样主要有蝴蝶纹、鱼纹、铜鼓纹、鸟纹、旋涡纹、花草纹、人物纹等，如图 9-18～图 9-23 所示。

图 9-18　蝴蝶纹

图 9-19　鱼纹+蝴蝶纹

图 9-20　铜鼓纹

图 9-21　鸟文

图 9-22　花草纹

图 9-23　人物生活纹样

第五节
鲁　锦

鲁锦

鲁锦织造技艺是山东省的汉族传统手工技艺。诞生在山东省西南部一带，以棉纺织为主，虽大多不是采用重纬或重经结构的织锦工艺，但是因其图案色彩绚丽，美丽如锦，后被定名为“鲁锦”。2008年，鲁锦织造技艺被列入第二批国家级非物质文化遗产。鲁锦按织造技法分类有提花鲁锦、坎花鲁锦、打花鲁锦，包花鲁锦和缂花鲁锦五种。

一、织造工艺

鲁锦画廊

（1）纺线　将棉条接向快速转动的线锭子，棉条自动加捻成线。

（2）染线　将纺线放进染液中，搅动并加热至沸腾，使其着色。

（3）浆线　把染好的纺线在糨糊中搓揉后，穿晾至干透，如图9-24所示。

（4）挽经（整经）　依色纱排列将色线络子固定在几十个铁环上，将铁环上的线牵出，按顺序挂在线座上。

（5）刷线（梳经）　清理经线之间的缠连，将经线一段段梳开。

（6）掏缯（穿综）　经线或穿过缯（综）片的圆环，目的是使经线在织造时上下分出梭口，便于穿纬线。缯越多，纹样就越丰富。

（7）闯杼（穿筘）　将经线逐根插入杼（筘）中。

（8）吊机（绑把）　包括拴布、吊脚蹑等。

（9）织布　踩踏板的同时推出撑框，一手投梭，一手接梭，接梭后将撑框后拉打纬。手脚配合。按综页数量分为二、四、六、八匹缯，纹样复杂程度不同，如图9-25所示。

图9-24　浆线穿晾

图9-25　织布

二、色彩和纹样

1. 色彩

鲁锦红绿搭配，黑白相间，蓝黄穿插，常用颜色有大红、桃红、湖蓝、靛青、绿、黑、黄、棕、白等，用色大胆，色彩对比强烈，鲜艳亮丽，装饰效果强，不同纹样搭配组合和色线交织变化，呈现出不同的艺术效果。

2. 纹样

图案意境用各种色线交织出各种几何形状来体现，通过抽象图案的平行、重复、连续、间隔、对比等变化，形成特有的节奏和韵律，它反映生活的形式是曲折的、间接的，具有浑厚中见艳丽、粗犷中见精细的独特风格。鲁锦的纹样由最初的斜纹、条纹、方格纹等发展到枣花纹、水纹、梅花纹、斗纹、芝麻花纹、合斗纹、鹅眼纹、猫蹄纹等较复杂的纹样。

（1）合斗纹　以正方形、长方形组成的“十”字、“井”字图案。合斗纹组合多样，图案规则，织做方便，是鲁锦图案常见纹样，一般配合其他基础纹样出现。“十”字象征“十全十美”，代表水的“井”是收成的保证，体现了人们对美好生活的寄托和对丰收的渴望，如图9-26所示。

（2）四大朵　并列的四组图案，由大小合斗组成，如四朵绽放的鲜花，故名“四大朵”。四大朵构图简洁大方，色彩明快素雅，给人以沉静、安稳之感，如图 9-27 所示。

（3）梅花纹　由 9 个单元组织构成大正方形的中心图案，平纹在中心，四周为上下、左右相互对称的四个花瓣，寓意吉祥的“五福”，如图 9-28 所示。

（4）鱼眼纹　“鱼”寓意“年年有余”，是农耕社会的一种理想。鱼眼是点，两侧为水纹线，点线结合，增强了跳跃，富于韵律感，如图 9-29 所示。

图 9-26　合斗纹

图 9-27　四大朵

图 9-28　梅花纹

图 9-29　鱼眼纹

（5）错节纹　一种方格组织，营造了一种疏密变化，经、纬色在方格中依次采用底片法，大量使用黑与白、红与绿、紫与黄的补色对比组合，如图 9-30 所示。

（6）金砖铺地　民间“金砖铺地”为富裕之意，采用一种变化方平组织，沿着长度和宽度方向改变方格的大小，如图 9-31 所示。

（7）井字纹　“井”字图案中，织者会用到底片翻转的构成手法，如红地上白字，白地上红字，表达“风调雨顺、吉祥富贵”的主题，如图 9-32 所示。

（8）阴阳瓦　采用底片翻转、强化对比，纹样之间以红线间隔，如图 9-33 所示。

图 9-30　错节纹

图 9-31　金砖铺地

图 9-32　井字纹

图 9-33　阴阳瓦

（9）八盘八碗星星纹　全称“八个盘子八个碗，满天的星星乱挤眼”，来自鲁西南地区传统婚俗中婚席上的丰盛场面：八人一桌，八个盘子八个碗。由浓重色调的合斗花纹组成“八盘八碗”，以清淡明亮的蓝白二色交织出“闪耀的星星”，用浪漫的手法表现出婚宴的丰盛和热闹，如图 9-34 所示。

（10）灯笼花　灯笼有着喜庆、吉祥的寓意。灯笼花在斗纹的基础上，把菱形扩大进行排列，菱形的中间辅以其他纹样，整个图案中纹样套纹样，纹样之间不断组合形成更大的图案，造型迥异的不同组合又形成新的图案形象，如图 9-35 所示。

（11）迷魂阵　构思巧妙，布局严谨规整，配色讲究，非常难织，像是迷魂阵，故得此名。该图案是飘线提花，织造时需要织者一只脚同时踩两个脚蹑，因此山东当地妇女也称此锦图案为“难死人”，如图 9-36 所示。

（12）鹅眼纹　以鹅的眼睛为题材，以六边形为基础造型语言，以四方连续为图案呈现形式，体现一种格律之美，民间有“六六大顺”寓意，如图 9-37 所示。

图 9-34　八盘八碗星星纹

图 9-35灯笼花

图 9-36迷魂阵

图 9-37鹅眼纹

（13）斗纹　源于民间的计量器“斗”，后来“斗”成为吉祥用语和吉祥物，“日进斗金”体现了老百姓的美好愿望，如图 9-38 所示。

（14）猫蹄纹　把现实中提取的猫蹄印迹的特征元素，以菱形组合来表现。以“X”形为中心，不断往外扩展，形成四方连续辅助纹样，如图 9-39 所示。

（15）山芋花　跟人们的生活息息相关，花瓣有褪晕的色彩渐变。通过在大的正方形中分割成小正方形来体现多层山芋花，如图 9-40 所示。

（16）鱼眼长流水　又叫“长年有余”，是鲁锦经线起花的一种典型织法。由菱形及椭圆形组合而成的鱼眼纹和由粉、草绿、红、黄、深绿、黑、蓝、白、青、紫等色彩组成的纵条纹共同构成图案纹样。鱼眼纹和两侧代表“长流水”的条纹图案总是相伴而生。长流水采用平纹组织结构，鱼眼纹采用“地二花二，花经全浮型”的组织结构，如图 9-41 所示。

图 9-38　斗纹

图 9-39　猫蹄纹

图 9-40　山芋花

图 9-41　鱼眼长流水

（17）枣花纹　枣花被鲁西南、鲁西北、鲁北甚至整个山东作为祈子吉祥物，枣花纹用概括的菱形为造型，以二方连续或四方连续出现，通过不同色彩、不同排列来表现枣花。多用作嫁妆，象征美好爱情，有早生贵子，如图 9-42 所示。

（18）开不败　运用线的渐变，同时也运用了底片翻转，使实线和地纹留白都处于渐变之中，线的渐变还被处理成为横竖垂直交错，形成小的正方形，这样就由线的渐变又转换成了面的渐变，如图 9-43 所示。

（19）“内罗城外罗城，里头坐着个老朝廷”　蓝黄色彩搭配的经典。它取材于历史事件和神话故事：上古尧帝善理国政，百姓安居乐业，尧去世后，织者织出这种锦纹以示对他的怀念。用两片综手工织造的平纹格子布图案被称为“老朝廷”，图案中黄格象征着宫殿的外部，蓝格象征着宫殿的内部，宫外明亮舒坦，宫内安详平静，寓意生活富足太平，如图 9-44 所示。

（20）骨头节　纹样可能是原始渔猎生活的一种遗存。它以连续麻花的形式构成，简单而有节律。图案以鱼眼、水纹与骨头节相搭配，主体图案呈现为条带状，与纹样的单体结构相符合。主体图案之间也以条带状的地纹（水纹）相间隔，两个主体图案在色调上拉开距离，一为红黄结合的暖调，一为绿白结合的冷调，均以黑为地色，上下呼应，对立统一，如图 9-45 所示。

图9-42　枣花纹

图9-43　开不败

图9-44　内外罗城纹

图9-45　骨头节

（21）其他纹样　如图 9-46 所示席纹，图 9-47 所示云雷纹，图 9-48 所示所示双喜纹，图 9-49雪里飘花，图 9-50 所示八仙桌挂牡丹，图 9-51 所示抬花轿，图 9-52 所示窗棂挂纱灯，图 9-53 所示芝麻梭。

图 9-46　席纹

图 9-47　云雷纹

图 9-48　双喜纹

图 9-49　雪里飘花

图 9-50　八仙桌挂牡丹

图 9-51　抬花轿

图 9-52　窗棂挂纱灯

图 9-53　芝麻梭

2022 年 1 月，国家博物馆举办的鲁锦展览（见图9-54），使人们近距离认识了历时悠久又富有生活气息的鲁锦。线本柔软盘曲，一旦用力绷直便承载了人的力量与智慧，民间工艺对线的使用普遍且各具创意。线的色彩、长度、曲直、走向不同，所构成的平面或与平面产生的互动亦多姿多彩，隐喻着数理规则、时空界限、社会伦理等丰富的主题。当历经千年的用线工具遇上祖辈传承的温暖色彩，方寸间穿梭的经线纬线，开拓出了质朴规矩的广袤天地。

图 9-54　2022年国家博物馆鲁锦展现场

第六节
其他地域特色纺织非遗集锦（扫码欣赏）

台湾高山族腰机织锦和服饰

苏州四经绞罗织造技艺

四经绞罗画廊

吴罗织造技艺

杭罗织造技艺

荣昌苎麻夏布制作技艺

第十章　现代服饰面料

本章内容：

（1）时尚色织面料；

（2）新颖外观面料；

（3）典型化纤面料；

（4）典型毛织面料。

第一节
时尚色织面料

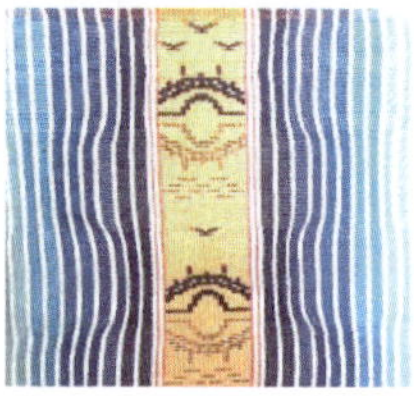

色织面料

一、时尚色织的特征

色织物是指先染纱后织布的织物，也包括先染纤维，再纺纱、织布的色纺纱织物，通过色经色纬纱的不同排列组合、织物组织的变化和（或）后整理，形成混色、条纹、格子、配色模纹、小提花、经起花、纬起花、剪花、孔隙、凹凸、管状、泡皱、弹力、双层或多层以及绒毛感、麻感、绸感、透明感的外观和质地，并可赋予织物一些特殊功能，如防水、防油等。

二、色织物的典型品种

色织物主要品种有：细纺、府绸、斜纹布、贡缎、牛仔布、牛津布、米通布、青年布、泡泡纱、绉布、弹力布、绞综布、巴厘纱、双层布（表里换层、接结双层）、管状布、剪花布、绒布坯、棉麻布、段染纱织物、中长布、大提花织物、深加工织物（液氨整理、预缩整理、烂花整理、吸湿排汗整理、三防整理、静电植绒织物）。其主要特征简述如下：

1. 细纺

细纺是低特中密度织物，采用细特棉纱、粘纤纱、棉粘纱、涤棉纱等织制，布身细洁柔软，质地轻薄，布面杂质少。

2. 府绸

府绸是低特高密织物，平纹组织，经纬密之比为5∶3以上。菱形粒纹效应，手感滑、挺、爽。有缎条、提花、彩条、闪色府绸等，常用作衬衫面料，如图 10-1 所示。

3. 牛津布

牛津布的特征为色经白纬，细经粗纬，纬纱特数一般为经纱的 3 倍左右，混色效应，针点效应，织物平整，组织为 2/1 纬重平、方平等，也称双经布，如图 10-2 所示。

4. 青年布

青年布的特征为混色效应，色经白纬，织物组织为平纹，色泽调和，质地轻薄，滑爽柔软，主要用作衬衫面料，如图 10-3 所示。

图 10-1　经起花府绸

图 10-2　牛津布

图 10-3　青年布

5. 牛仔布

牛仔布为色经白纬、粗厚斜纹织物，一般由 3/1 组织织制。织物正反异色，经防缩整理。织物的纹路清晰，质地紧密，坚牢结实，手感硬挺。

6. 米通布

米通布也称米通条，高支高密，色经白纬，组织为平纹，色纱排列：经纱1A1B色，纬纱一色，或经纱一色，纬纱1A1B色排列，如图10-4所示，米通布实际上是府绸织物的一种。

7. 绞综布

绞综布也称纱罗，由地经、左右绞转的绞经两组经纱与一组纬纱交织，常采用细特纱并用较小密度织制。织物透气性好，纱孔清晰，布面光洁，布身挺爽。常用作夏季衣料（见图10-5）。

8. 绉布

（1）利用绉组织形成的绉织物　原理是利用组织中不同长短的经纬浮点沿纵横向均匀交错排列，浮点长的组织结构较松，浮点短的组织结构较紧，使织物表面产生均匀的不规则的凹凸不平的细小颗粒状外观效应。

（2）利用强捻纬纱形成的绉织物　形成原理是将强捻度的纬纱在一定张力和温湿度条件下“暂时定形”，然后与普通捻度的经纱交织成坯布。坯布在后整理加工中通过热和碱液的作用，破坏了强捻纬纱的“暂时定形”，强捻纱解捻，产生收缩力，从而在织物的经向形成不规则的绉纹。如色织顺纡绉布，如图 10-6 所示。

（3）利用弹力纱与非弹力纱交织形成泡绉织物　将纯棉纱与氨纶包芯纱按照一定的规律间隔排列进行织造，经后整理加工，消除织物中的内应力，使氨纶包芯纱得以充分回缩，而纯棉纱由于无弹性无法回缩，被氨纶包芯纱带动而凸起，使织物表面出现泡绉效应。如果经向采用纯棉纱，纬向采用纯棉纱与氨纶包芯纱间隔排列，则织物表面形成单向的泡绉效应；如果经、纬两向均采用纯棉纱与氨纶包芯纱间隔排列，则织物表面产生双向的泡绉效应。又如将PBT弹性纤维与棉等非弹性纤维混纺、交织，织物经整理后也会起绉

（见图 10-7）。

（4）化学处理碱缩整理的泡泡纱　利用棉纤维受到浓碱液浸渍后产生收缩的特性，使织物表面形成泡泡。碱缩泡泡纱以纯棉细特纱平纹织物为底坯，印有浓碱液的布面发生收缩，未印浓碱液的部分不收缩，如此布面形成泡皱效果。或者在后整理中用浓碱局部处理棉织物，使织物局部形成凹凸起皱效应绉布（见图 10-8）。另外还有采用机械起皱方法的抓绉布（见图 10-9）等。

图 10-4　米通布

图 10-5　绞综（纱罗）布

图 10-6　纬纱强捻绉布

图 10-7　弹力绉布

图 10-8　碱处理绉布

图 10-9　机械抓皱布

9. 双层布

双层布为双层组织，织物柔软、透气性好，有接结双层，表里换层等（见图 10-10）。

10. 剪花布

剪花布利用经起花、纬起花组织，表里换层组织织造后，将局部长浮长线剪断，留下的固结组织起到装饰作用（见图 10-11～图 10-13）。

11. 泡泡纱

泡泡纱利用地经和泡经两个系统的经纱织造，泡经送经量大于地经送经量，形成泡泡效果，泡经与地经送经长度之比为泡比，通常在 1.2∶1～1.35∶1 之间。泡泡纱外观别致，立体感强，穿着不贴体，凉爽舒适（见图 10-14）。

12. 管状布

管状布包括利用局部双层组织形成的纬向管状布（见图 10-15），以及利用织物背面弹力纬浮长线使得织物正面凸起的弹力经向管状布（见图 10-16）、乱管布（见图 10-17）等。

13. 棉麻布

棉麻布是利用棉麻混纺纱织造的布面具有麻节外观的织物（见图 10-18）。

图 10-10　表里换层织物

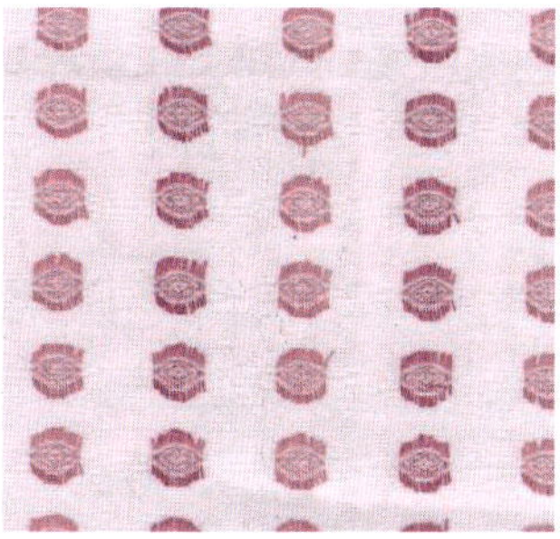
图 10-11　经剪花府绸

图 10-12　纬剪花府绸

图 10-13　双层剪花布

图 10-14　泡泡纱

图 10-15　纬管布

图 10-16　纬弹经管

图 10-17　乱管布

图 10-18　麻棉布

14. CVC 织物

CVC 织物纤维配比为棉 55%/涤 45%，以棉为主要成分，旨在保留涤棉织物的快干、免烫和抗皱性好的特点的同时，提高织物的吸湿、柔软的舒适性。

15. 巴厘纱

巴厘布采用精梳细特纱、低经纬密度、经纬纱强捻、平纹组织，质地稀薄透明，“薄、透、漏”手感挺爽，布孔清晰，也可采用插筘时，每筘穿入根数疏密变化，增加装饰效应，有白织和色织两种，用作夏令女装面料（见图 10-19）。

16. 绒布

绒布采用细经粗纬、纬纱捻度较小、纬密大于经密及 2/2、2/2 或 3/1 组织织造的纯棉坯布，经后道拉毛或磨绒处理后，织物表面有绒毛、柔软保暖（见图 10-20）。

17. 段染纱织物

段染纱织物的布面具有断续的印节纱效果（见图 10-21）。

图 10-19　稀密筘巴厘纱

图 10-20　绒布

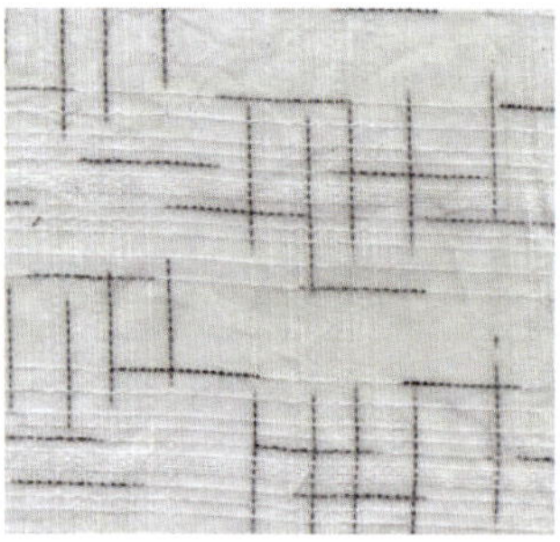

图 10-21　段染（印节）纱织物

18. 中长布

中长布也称中长仿毛织物，是将高收缩或异形中空涤纶纤维切断成毛纤维长度（51～65 mm），与黏胶、腈纶等短纤维在棉纺设备上混纺成纱线，经染纱、织造，后整理形成具的有毛型感织物风格的色织面料。

19. 大提花织物

一般经纱为本色纯棉纱，纬纱为有色棉纬纱、有色有光黏胶丝、涤纶丝或者桑蚕丝等，采用大提花织机织造（见图 10-22）。

20. 曲线布

曲线布采用异形筘织造，在打纬时，钢筘使经纱偏斜与纬纱交织形成曲线效应（见图 10-23）。

21. 浮纹织物

利用特殊刺绣针随着织造进行在织物表面不断按一定轨迹移动，将刺绣纱上下织入织物，形成浮纹刺绣外观效应织物（见图 10-24）。

图 10-22　棉经与长丝交织面料

图 10-23　曲线布

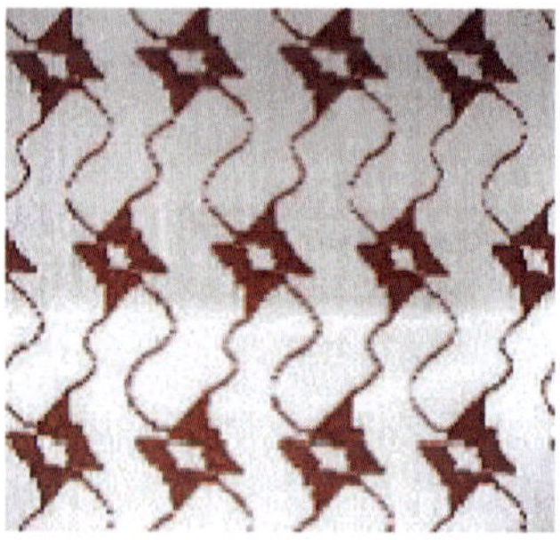

图 10-24　双刺轴浮纹织物

22. 压纹整理织物

利用热压原理，将金属辊上的花纹压到布面上，形成凹凸纹样（见图 10-25）。

23. 烂花整理织物

常见烂花织物为经纬纱采用涤纶芯丝外包棉短纤维的涤棉包芯纱织造，后整理时，在花型部位将含酸印花糊料印到坯布上，并经焙烘、水洗，使腐蚀、焦化后的棉纤维被洗除，得到涤纶丝组成的半透明的花纹图案。烂花布所用的原料，除涤棉外，还有涤粘、维棉、丙棉等。烂花布的花纹有立体感，透明部分如蝉翼，透气性好，布身挺爽，如图 10-26 所示。

24. 静电植绒织物

静电植绒织物是利用静电使得绒毛极化竖立，在织物上将绒毛按设计的图案用胶粘接而形成的具有立体效果的织物（见图 10-27）。

图 10-25　压纹整理织物

图 10-26　烂花整理织物

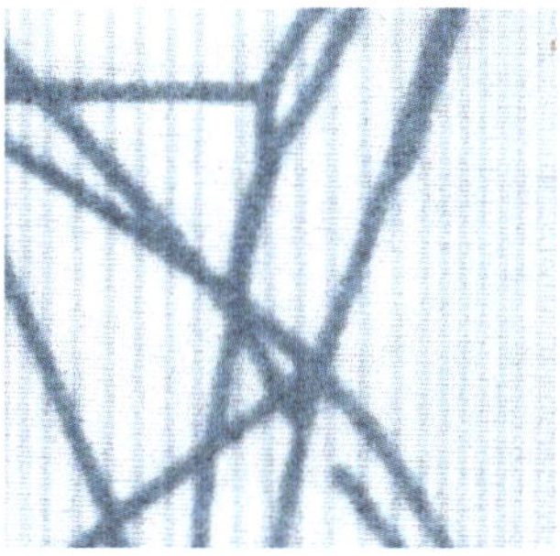
图 10-27　静电植绒织物

25. 液氨整理织物

液氨整理织物是在负压设备中，用液氨整理的纯棉色织面料，其抗皱性、折皱回复性、尺寸稳定性大幅度增加。液氨整理也称形态安定整理或抗皱整理，是高附加值整理。

第二节
新颖外观面料

新颖面料

一、仿针织面料

仿针织面料产生孔隙效应，其外观如图 10-28 所示，组织结构图如图 10-29 所示。

图 10-28　仿针织织物

图 10-29　仿针织织物组织结构图

二、局部剪花织物

局部剪花织物是将透孔组织和经起花组织复合，形成局部双层组织，后整理时在织物背面剪去局部经起花的浮长线，形成局部镂空、局部彩条效果，如图 10-30 所示。

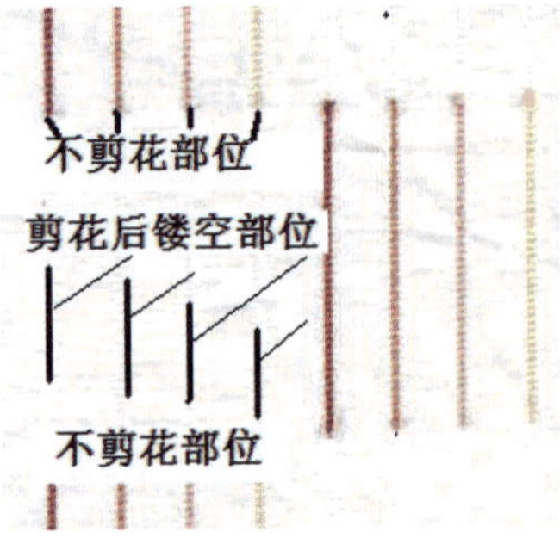

图 10-30　局部双层剪花镂空法

图 10-31　曲线布

图 10-32　曲线布用V形筘

三、弧形曲线效应布

弧形曲线效应布有经向弧形织物和纬向弧形织物两种。经向弧形织物（见图 10-31）的大部分经纱互相不平行，纬向弧形织物则是纬纱互相不平行，二者都是用特制的钢筘在生产时上下移动，使部分经纱或纬纱左右扭曲形成的。

1. 生产原理

经向弧形织物的纬纱和普通织物一样，而经纱一部分平行排列，另一部分左右扭曲，呈波浪状态。经向弧形织物的钢筘高度略大于普通钢筘，织物依赖特制的 V 形钢筘（图10-32）在打纬过程中上下不断移动而形成。当钢筘上下移动时，部分经纱受筘齿片形状的限制，被迫左右扭曲。钢筘上下移动的动程为 5～6 cm，每一纬移动的量很小，所以移动的速度不需要很快，所形成的织物如图 10-31 所示。

2. 技术关键

（1）曲线幅度大小：曲线幅度的大小决定线条弯曲的程度，幅度过大容易断头，幅度过小影响织物外观，可以根据织物风格设定适当的幅度。

（2）异型筘的摆动频率：摆动频率是指1分钟内摆动的次数，依据织机车速和纬向循环根数而定。设某织物机车速是 180 r/min，一花循环就是摆动一次，如果该织物一花有 140 根纬纱，则摆动频率是 1÷（140÷180）=1.25（次/分钟）。

（3）织造曲线织物时，由于打纬时经纱可能在越来越密的筘齿中移动，因而对经纱的耐磨性和强力要求高，要注意提高浆纱的浆膜性能。

四、波纹曲线效应布

波纹曲线布是利用平纹和一组浮长线相间排列，借助浮长线的拉力，实现平纹纹样“由直到曲”的变形。

波纹曲线效应布实物如图 10-33 所示，其形成过程如图 10-34 所示，波纹效应布由平纹区和经浮长区组成，依靠经浮长的拉力将平纹区的左右两端拉向中间靠拢，中间段分别被拉向上下两侧，从而使平纹区扭曲成波纹状。

图 10-33　波纹曲线布

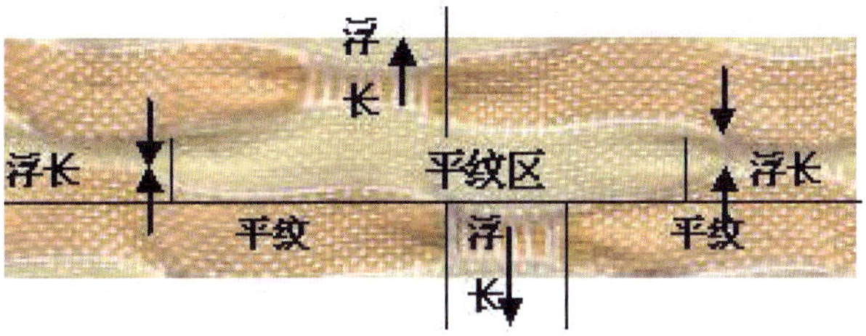

图 10-34　波纹效应布及形成示意图

五、圆形曲线效应布

圆形曲线效应布与波纹曲线效应布原理类似，圆形曲线效应布也是利用纱线浮线，将平纹组织区域拉伸变形，但是不同之处是在平纹区域四周沿经纬两个方向的浮长线，将原有的平纹“方块”四周拉伸变形成圆形。

（1）平纹组织+单纯经纬浮长线（见图 10-35）：原理如上，不复述。

（2）平纹地经起花+平纹+经、纬双浮长线组：可采用两种不同的平纹组织成对角布置的四方连续纹样，增加装饰性，两平纹区四周配置浮长线，将二者拉伸实现“由方到圆”的曲线效应（见图 10-36）。

（3）平纹+透孔等长浮长线组织：采用平纹区域与具有浮长线成组排列的组织间隔排列，形成圆形曲线效应，如图 10-37 所示；透孔组织和平纹组织相邻排列，形成“由方到圆”的外观效应。圆形外观效应实物如图 10-38 所示。

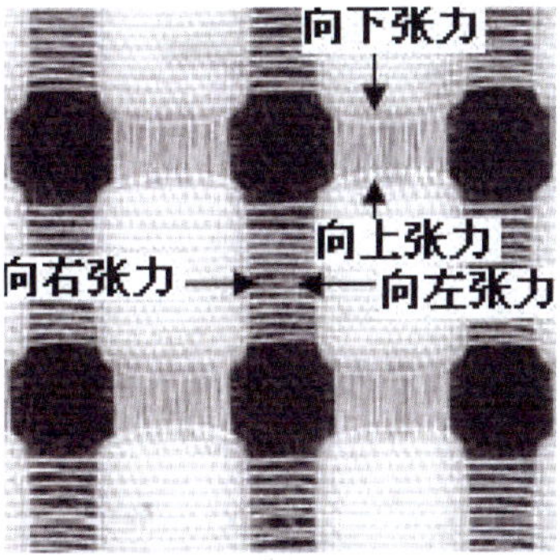

图 10-35　圆形效应示意图

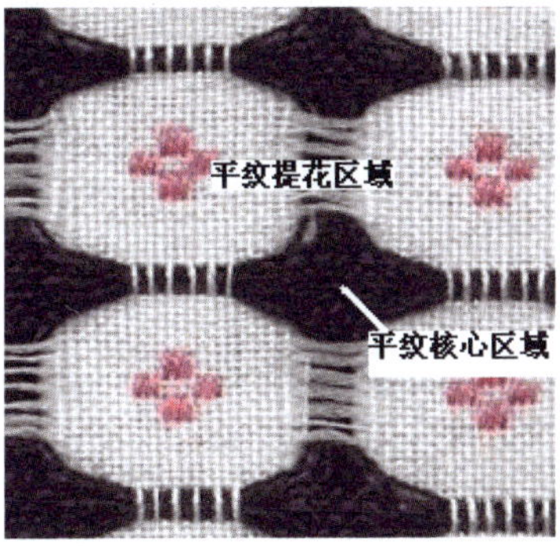

图 10-36　圆形效应示意图

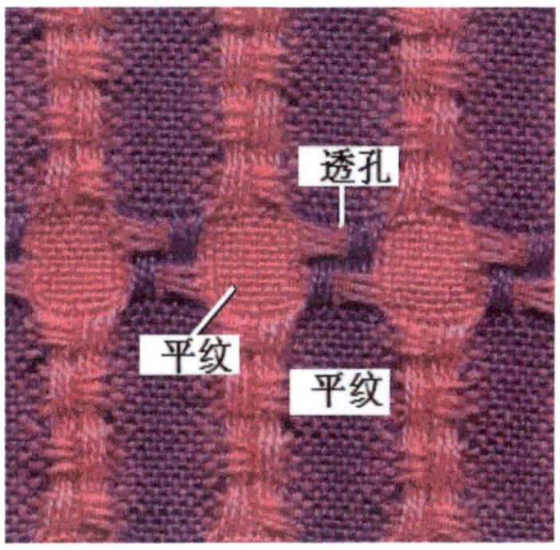

图 10-37　透孔圆形效应示意

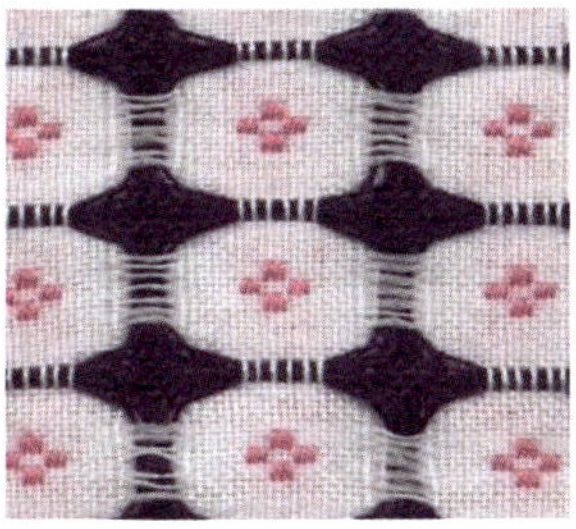
图 10-38　圆形外观效应实物

图 10-39　渐变圆形效应

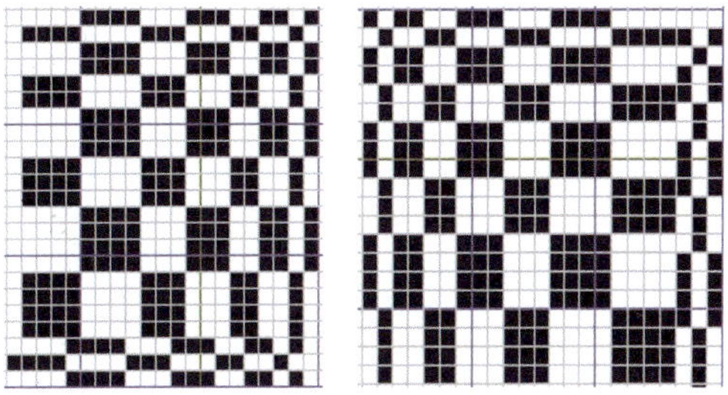
图 10-40　组织渐变形成圆形效应示意

六、方平组织渐变织物

通过渐次减少方平组织组织点的浮长线长度，实现视觉上“从方变圆”的效果，实物如图 10-39 所示，组织结构如图 10-40 所示。

七、浮纹织物织造

浮纹也称仿刺绣织物，以往刺绣织物，要分成织造和刺绣两个工序完成，浮纹织造方式则可同步完成。多尼尔ORW开口式钢筘织造技术，使刺绣工序成功地整合到织造过程中，因此，织造和刺绣能在多尼尔织机上同步进行。多尼尔织机采用模块化设计，织机在通常织造的操作时保留着全部的织造功能和完整应用范围。

织造原理：钢筘的上部开放，通过特殊的导纱针将刺绣纱引入钢筘和综框之间。这些刺绣纱通过一个分路和一个可移动的导纱针进入织造过程。这个分路由位于综框上部的一套附加的经停装置和转向系统构成。

刺绣纱沉入下层梭口后，与纬纱交织，被引入织物。这在织物表面形成了一种按提综图、在一定范围内可被自由控制的、类似于刺绣花型的引纬效果。其织造原理如图 10-41 所示，开口筘织机如图 10-42 所示，单刺绣轴织造的织物如图 10-43 所示，双刺绣轴织造的织物如图 10-44 所示。该技术能应用于多尼尔剑杆和喷气织机系统。

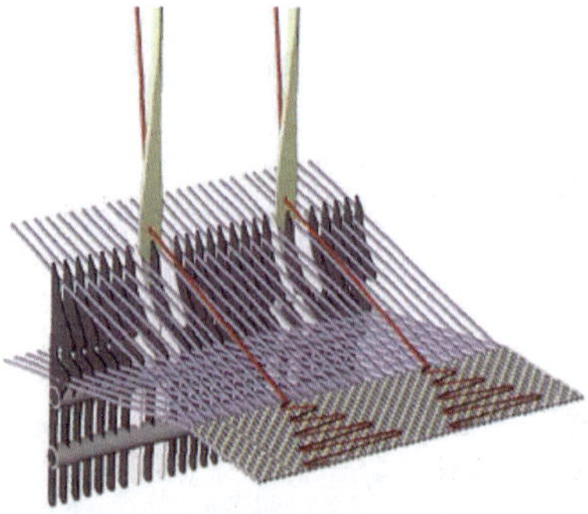

图 10-41 仿刺绣浮纹织造原理

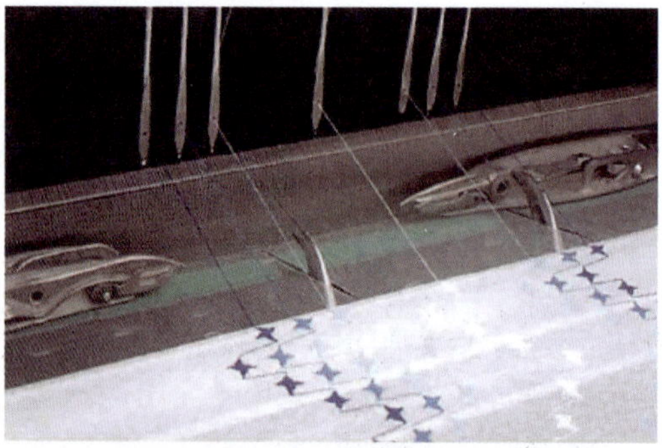

图 10-42 仿刺绣浮纹织造织机

图 10-43 单刺绣轴织造的织物

图 10-44 单刺绣轴织造的织物

八、新颖剪花织物

剪花织物可作为仿刺绣织物的一种，剪花织物分经剪花织物和纬剪花织物，一般以纬剪花织物较为普遍。

1. 经剪花织物

经剪花织物是基于经起花组织织造，在后整理工序利用剪花装置剪掉织物背面的长浮长线，形成经剪花织物（见10-45）。由于经剪花的基础组织是经起花，而经起花是经二重组织，花经和地经组织交织点差异大。经剪花织物采用双织轴织造，生产难度较大，经剪花织物组织图和结构图参见图10-46。

图10-45　经剪花织物

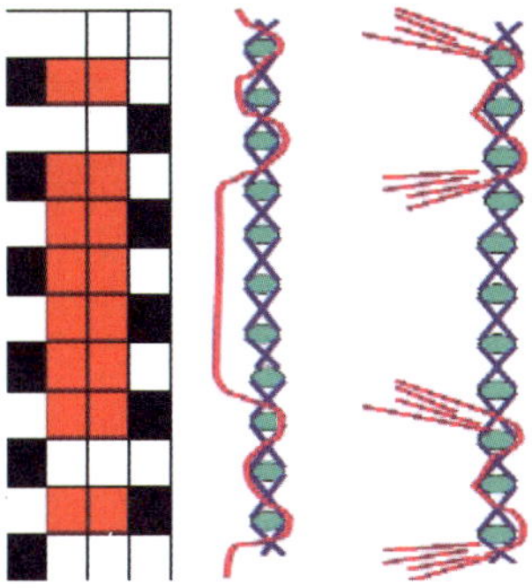

图10-46　经剪花织物组织图和结构图

2. 纬剪花织物

纬剪花织物是基于纬起花组织织造，在后整理工序，利用剪花装置剪掉织物背面的长浮长线，形成纬剪花织物（如图10-12）。纬剪花织物不需双轴织造，工艺难度小，且纬纱的花经颜色可以多变，调整方便，因而应用较为普遍。主要技术关键：

（1）起花区纬密增加　纬向剪花区域纬密要增加，以保证剪花后花纬不至于被拉出。

（2）停卷机构　对于纬密调整：在GA747织机上，可以在纬密增加处，通过最后一页综上的联动装置控制卷取机构的撑头（棘爪）提起，使得所传动的蜗轮蜗杆机构的卷取运动停止，从而增加纬密；到不起花区域时，撑头落下，恢复正常卷取。停卷装置如图10-47所示。对现代喷气和剑杆等电子卷取机构织机，则直接在电脑终端设置即可。织机通过伺服电机控制织物卷取速度，以调节纬密。

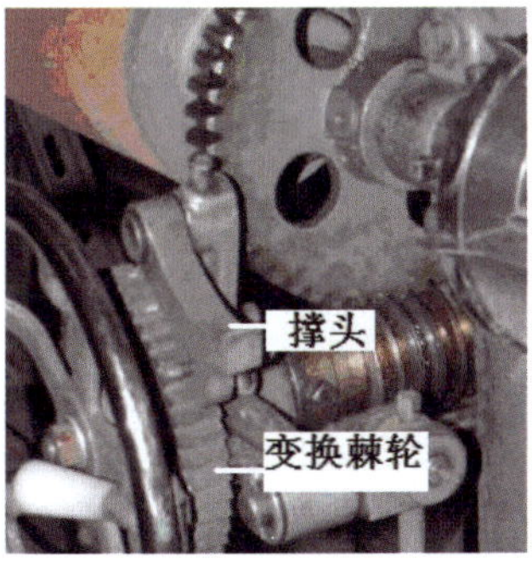

图10-47　使纬密增加的停卷示意图

图10-48　手工剪花工具

3. 剪花机械和设备

过去采用手工剪花，现在对复杂的高附加值剪花织物仍采用手工剪花，工具如图 10-48。但现在对于长浮长线起花织物，普遍采用自动剪花设备剪花，先用带摆动式多刀架割花机（见图 10-49）割断花经或花纬浮长线，再用螺旋刀式剪花机（见图 10-50，一般用于毛织物的剪毛机械）切割、磨断多余浮长线。

图 10-49　摆动式割断花浮长线机械

图 10-50　螺旋刀式剪花机械

九、青花风格色织面料

青花瓷器形古朴宁静、色彩素淡雅致、质地温润细腻、光泽柔和纹饰蕴含中华传统文化寓意。青花瓷艺术因其匠心独具的器形美、色彩美、质地美、纹饰美，在面料设计中有诸多应用。青花风格色织面料结合色织生产工艺技术特点，将青花瓷的艺术性和织造工艺技术的可行性、经济性有机结合起来，让绚烂多彩的古典艺术焕发出现代光彩。如图 10-51～图 10-53。

图 10-51　古典青花风格

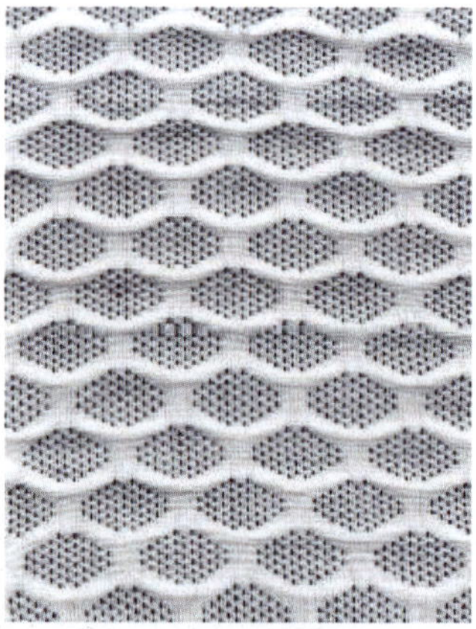

图 10-52　浮雕青花风格

图 10-53　江南园林青花风格

十、立体风格织物

通过织物组织、线条、色块、光影明暗的变化，可以使人眼产生错觉，将平面的织物误认为具有立体效应。

1. 利用配色模纹组织

通过色经和色纬的色相、明度协调与对比，结合织物的配色模纹组织，可以产生“阶梯状”的空间立体感，如图 10-54 所示。

2. 利用色条宽度渐变排列

利用同一色条色纱排列宽度的渐变与组合，将直线排列转换成“曲面凹凸感”、球状感，由于浮长线变化，还能形成波纹感，如图 10-55 所示。

3. 利用表里换层组织

采用表里换层组织，配合色经和色纬的排列组合，可形成如“编织状”的空间立体感，如图 10-56 所示。

图 10-54　配色模纹立体感

图 10-55　渐变形成球状感

图 10-56　表里换层编织感

4. 利用色相和明度渐变

利用色纱色相和明度的渐变，与背景相互映衬，可形成透视的空间立体感，如图 10-57 所示。

5. 利用花式纱线

花式纱与普通纱线间隔排列与经纱交织可以产生立体效应。牙刷纱织物如图 10-58 所示，牙刷纱穿入的筘齿间隙要加宽（可剪去相邻筘齿），以保证织造进行。

6. 采用雪尼尔

采用雪尼尔做纬纱的交织方式，可降低织造难度，增加美观，如图 10-59 所示。花式纱线做经纱织造，一般无须上浆，可采用地经上浆后出烘筒，然后与分绞区挂纱架上的花式纱进行并合，由于花经和地经的张力不同，应采用花经与地经分开的双织轴织造方式。

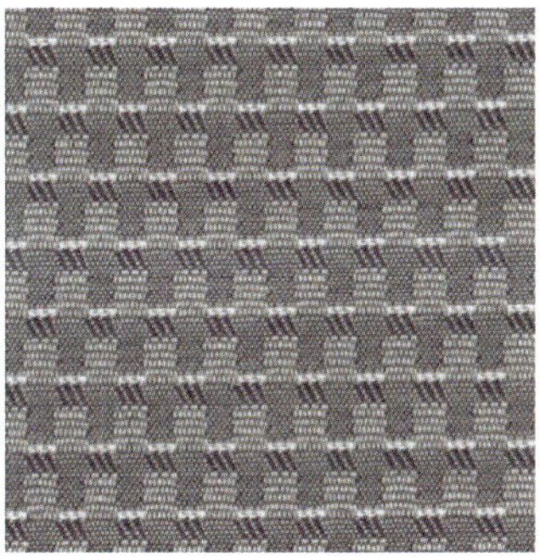

图 10-57　明度渐变呈现空间感

图 10-58　牙刷纱织物

图 10-59　雪尼尔纱织物

十一、渐变条、格织物

将不同对比色或者明度、色相渐变的经纬纱，利用配色模纹组织，通过组织点疏密有致排列，可形成新颖的配色格型或呈现色彩缤纷效果，或由明到暗渐变的光影感和空间感，或形成调色盘新颖效果，使织物呈现纹理纹样的过渡渐变，赋予织物独特的朦胧感、光影感和韵律美（见图 10-60～图 10-63）。

图 10-60　影光感渐变

图 10-61　近似色格子织物

图 10-62　色相渐变调色盘感织物

图 10-63　色相渐变条

十二、画面感织物

基于多臂织机，采用对称穿法、并列穿法、旋转法、延长纬向循环根数、剪花，辅以色纱的对比、渐变等，可形成仿大提花的画面感织物，如图 10-64 所示。

图 10-64　多臂织机织造的画面感织物

第三节
典型化纤面料

化纤面料

一、春亚纺

春亚纺有平纹、斜纹、竖条、五枚、提花等，常年适销系，最为常见的品种有半弹、全弹、消光春亚纺等，用作服装衬里辅料，如图 10-65 所示。

图10-65　春亚纺

1. 半弹春亚纺

（1）规格　半弹春亚纺经线采用涤纶FDY 60D/24F为原料，纬线采用DTY 100D/36F；经、纬密度为386×280 根/10cm，俗称为170T。成品布面幅宽为150 cm，平纹组织，100 g/m^{2}左右。

（2）生产　半弹春亚纺采用喷水或喷气织机织造，坯布经软化、减量、染色、定型。

（3）风格特征　半弹春亚纺采用有涤纶丝光泽，手感柔软滑爽、不褪色、光泽亮丽，可制作彩旗。产品染整后经机械高温整烫轧光轧花工艺，属“环保型”深加工，使里料色泽亮丽、透气性好，特别是轧花里料与提花里料。

2. 全弹春亚纺

全弹春亚纺品种繁多，规格齐全，其中240T、300T市场最为受宠。

（1）规格　全弹春亚纺经纬都采用涤纶DTY75D/72F（网络丝）交织，织物采用1/2斜纹、1/3斜纹，其布面门幅成品为148 cm。

（2）整理　全弹春亚纺染整后处理，如涂PVC、PU、纺绒涂层、与其他面料的电绣、粉点复合、磨毛、轧光等，可用于制作羽绒服、休闲夹克衫等，防水涂层面料可制作防水服、雨伞雨披、遮阳棚等。

3. 消光春亚纺

消光春亚纺属全弹春亚纺系列一族，该面料经纬线都采用涤纶消光DTY75D/72F或50D/72F（网络丝），色泽柔和，有咖啡、藏青、土黄等。

二、塔丝隆

塔丝隆是采用锦纶长丝和锦纶空气变形丝织成的织物，也有采用涤纶原料的，如图10-66所示。

图10-66　塔丝隆

1. 规格

塔丝隆经线用70D锦纶长丝，纬线有160D、250D、320D等锦纶空气变形丝，也有单纬、双纬（250D×2）、三纬

（160D×3）。组织有平纹、2/2斜和小提花。

2. 原料

塔丝隆用锦纶和涤纶作原料，一般纬向使用空气变形丝，形成纬粗经细的风格。

3. 品种与加工

（1）子母条消光塔丝隆　该织物经线采用70锦纶全消光丝，纬线采用160D锦纶空变丝；经纬密度为430×200 根/10cm。提条纹组织，布面有提条状，坯布先经松弛精练、碱减量、染色，后经柔软、定型。风格粗犷、手感滑爽、透气性好，坯布幅宽为165 cm，每米重约158 g。

（2）320D半光塔丝隆　该织物规格为70D×320D，在喷水织机上平纹织造，绒感好、厚实。

（3）228T消光塔丝隆　该产品原料规格为70D×160D（空变丝），在喷水织机上平纹织造，经染色、定型、涂层等处理，常用作夹克衫、女装等休闲服面料。

三、麂皮绒

1. 风格特征

麂皮绒织物毛感柔软，有糯性，悬垂性好，质地轻薄。由海岛型超细纤维制得的麂皮绒，借助海岛丝开纤后的超细原纤起绒，绒毛手感细腻、柔软，具有极好的蓬松性、覆盖性、保暖性、防水透气透湿性和极强的去污能力，仿真皮效应好，用于服装、装饰产业和领域，主要用于擦拭布等吸湿日用品及夹克衫等休闲服及时装，如图10-67所示。

图10-67　麂皮绒

2. 麂皮绒纤维成分

麂皮绒采用海岛丝加工，海岛型复合超细涤纶纤维是由一种聚合物以极细的形式（原纤）包埋在另一种聚合物（基质）之中形成的，又因分散相原纤在纤维截面中呈岛屿状态，而连续相基质呈现出海的状态，因此形象地称之为海岛纤维。海岛型复合超细涤纶纤维中海成分是碱溶性的，在染整开纤过程中海成分被溶掉后就可以得到超细纤维（岛成分）。海岛型超细复合涤纶丝是复丝，常规单纤维数一般为48F或96F，这些单纤维并非都是海岛型复合涤纶纤维，也含有高收缩丝（为了使织物收缩，有利于绒面效果）。

3. 麂皮绒织物的分类

按照织物成形技术的不同，麂皮绒分为机织麂皮绒、针织麂皮绒和非织造麂皮绒 3 大类。非织造麂皮绒因采用海岛型复合超细涤纶短纤维，经非织造和聚氨酯涂层加工，内部结构和外观风格更像皮革，故又称为人造麂皮或仿麂皮；针织麂皮绒是以海岛型涤纶丝为原料，经过经编机织造成针织物后，再开纤磨绒和染整加工而成。机织麂皮绒按照海岛丝做经纱还是做纬纱不同，分以下几类。

（1）经向麂皮绒　这种织物采用海岛丝做经丝，其他原料做纬纱，充分体现经面浮长，给以后的磨毛创造条件。经丝用 105 D，纬丝 75～600 D之间。纬纱采用单纬或双纬。

白坯100～300 g/m^2，织物组织有五枚缎纹和变化缎纹。生产中分条整经流程短、成本低，适应多品种小批量的生产模式。

（2）纬向麂皮绒　该织物经纱以DTY 75D或100D做骨架，纬纱采用105～225D海岛丝，单纬和多纬。织物组织有五枚缎纹、变化斜纹以及方格小提花等。

（3）全海岛麂皮绒　该织物经纬丝均采用海岛丝，布面绒感强烈、细密。

四、PU合成革

PU是英文Poly Urethane的缩写，化学中文名称“聚氨酯”。PU皮革就是聚氨酯成分的表皮，广泛适用于做箱包、服装、车辆和家具装饰。其加工步骤如下：

（1）在弹性海岛麂皮绒基布上涂覆聚氨酯；

（2）用烘干定型机烘干定型；

（3）磨毛，制成麂皮绒面革。

超细纤维PU合成革的三维结构网络无纺布，为合成革在基材方面创造了赶超天然皮革的条件。该产品结合新研制的具有开孔结构的PU浆料浸渍和复合面层的加工技术，充分发挥超细纤维巨大表面积和强烈的吸水性，使得超细级PU合成革具有与天然皮革所一样的吸湿特性，因而不论从内部微观结构，还是外观质感及物理特性，或是人们穿着舒适性等方面，都能与天然皮革相媲美。此外，超细纤维合成革在耐化学性、质量均一性、生产加工适应性以及防水、防霉变性等方面都超过了天然皮革，如图10-68所示。

图10-68　PU人造革

五、尼丝纺

尼丝纺采用锦纶长丝制织，经纬线原料采用70D。平纹组织、变化组织（菱形格、锦纶六边格、尼龙牛津格）。分为中厚型（80 g/m^2）及薄型（40 g/m^2）两种。坯绸的后加工有多种方式，有的可经精练、染色或印花；有的可轧光或轧纹；有的可涂层。经增白、染色、印花、轧光、轧纹的尼龙纺，织物平整细密，绸面光滑，手感柔软，轻薄而坚牢耐磨，色泽鲜艳，可用作男女服装面料。涂层尼丝纺不透风、不透水，且具有防羽绒性，可用作滑雪衫、雨衣、睡袋、登山服的面料，如图10-69所示。

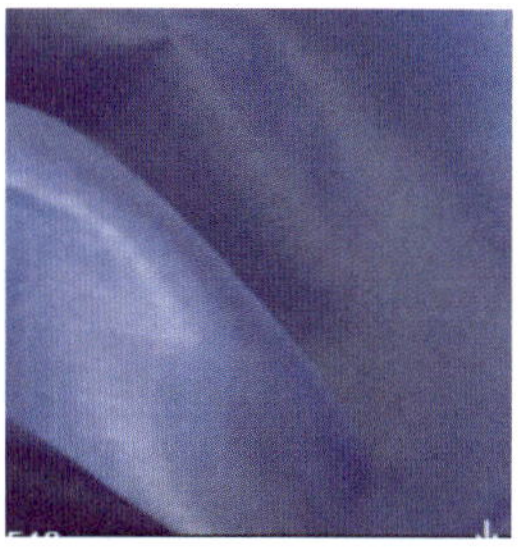

图10-69　尼丝纺

六、涤塔夫

涤塔夫也称塔夫绸（Poly Taffeta），涤纶丝平纹绸仿真丝，外观光亮，手感光滑，可用作面料和里料，如图10-70所示。

七、桃皮绒

桃皮绒是由超细纤维组成的一种薄型织物。经染整加工中精细的磨绒整理，表面产生紧密覆盖的约0.2 mm长的短绒，犹如水蜜桃表面，如图10-71所示。

八、雪纺

“雪纺”的学名叫“乔其纱”，是以强捻绉经、绉纬制织的一种涤纶长丝织物，经丝与纬丝采用 S 捻和 Z 捻两种不同捻向强捻纱，按2S、2Z相间排列，平纹组织，经纬密度很小，如图10-72所示。坯绸经精练后，由于丝线的退捻作用而收缩起绉，形成绸面布满均匀的绉纹、结构疏松的乔其纱。

图10-70　涂层涤塔夫

图10-71　桃皮绒

图10-72　雪纺

九、顺纡皱

顺纡绉的纬丝只采用一种捻向，经向呈凹凸褶裥状不规则绉纹。其质地轻薄透明，手感柔爽，富有弹性，外观清淡雅洁，具有良好的透气性和悬垂性，穿着飘逸、舒适。其轻重、厚薄、透明度以及绸面绉缩效应等，取决于丝线的粗细、并合数、捻度以及经纬密度。顺纡绉适于制作连衣裙等，如图10-73所示。

十、双绉

双绉为平纹组织。经丝用无拈单丝或弱拈丝；纬丝用强拈，织造时二左二右拈向，依次交替织入，精炼后织物表面起隐约的细致绉纹。双绉织物质地轻柔、坚韧、透气、富有弹性。宜做夏季面料，绸身比乔其纱重，如图10-74所示。

十一、色丁

色丁为化纤长丝缎纹面料，纬面缎纹称sateen，经面缎纹称satin，如图10-75所示。

图10-73 顺纡皱

图10-74 双皱

图10-75 色丁

1. 无捻色丁

无捻色丁经线采用涤纶FDY大有光50D/24F为原料，纬线采用涤纶DTY75D无网络丝（加捻）为原料。采用缎纹组织在喷水织机交织而成，由于经丝采用大有光丝，所以布面轻薄、柔顺、舒适、有光泽，布料既可染色又可印花，可做睡衣等。

2. 弹力色丁

弹力色丁以涤纶FDY大有光50D或DTY 75D+氨纶40D为原料，采用缎纹组织交织而成，经纬丝采用大有光丝，幅宽144 cm。面料轻薄、柔顺、弹性、舒适、光泽，可做休闲的裤装、运动装、套装等。

3. 竹节色丁

竹节色丁经线采用涤纶FDY大有光三角异形丝75D；纬丝以150D竹节丝为原料，面料系缎纹变化组织结构，经喷水织机织造，成品门幅为150 cm，每平方米重约180 g。竹节色丁应用单次减量处理和环保型染色，采用"大有光丝"和"竹节丝"的巧妙组合搭配，因而布面呈缎面光亮和竹节状风格效应，面料具有手感柔软、穿着舒适、耐穿免烫、光泽亮丽等优点，适宜制作秋装、女士休闲套装等。

色丁织物还有无捻色丁、加捻色丁、仿真丝弹力色丁、消光弹力色丁、进口透气色丁、高斯宝色丁、婚纱缎、富贵绸等，以及色丁印花、轧花、烫金、压折等各种深加工产品。产品适用于服装、鞋材、箱包、家纺等。

十二、阳离子面料

阳离子面料是全涤面料，一般是在经向使用阳离子丝，纬向使用普通涤纶丝，有时为了达到更好的仿麻效果，会使用涤纶和阳离子两组成分纤维混纺而成。染色的时候也分别用染料，涤纶丝用普通染料，阳离子丝用阳离子染料，布面效果会有双色效应，如图10-76所示。

图10-76 阳离子面料

阳离子面料经丝采用涤纶DTY 100D+阳离子DTY 100D，纬丝采用涤纶DTY 100D交织而成，经向由该二丝分组排列（因原料成分不同染色时着色深浅各异，染色后易成直条），经纬采用提条组织结构，在喷水织机上交织。坯布经松弛—精练—碱减量—染色（分散染料、阳离子染料）—柔软定型。织物具有手感柔软、不易褪色、抗皱耐磨、吸水性好、染色缸差小等特点。

十三、摇粒绒

摇粒绒是涤纶针织面料，小元宝结构，在大圆机上编织而成；织成后坯布先经染色，再经拉毛、梳毛、剪毛、摇粒等加工处理。面料正面拉毛，摇粒蓬松、密集而又不易掉毛、起球；反面拉毛疏稀匀称，绒毛短少，组织纹理清晰、蓬松、弹性特好。摇粒绒成分是全涤，手感柔软。所谓摇粒，就是面料放在高温的滚筒内摇滚（摇粒）使得涤纶纤维弯曲，面料表面形成小球形粒子效果，如图10-77所示。

图10-77 摇粒绒

摇粒绒有长纤、短纤、超细纤维。短纤摇粒绒采用32S涤纶纱，长纤摇粒绒由涤纶长丝织成，有全涤150D/96F、150D/48F、150D/144F、150D/288F、75D/72F、75D/144F、100D/144F、100D/288F等，复丝根数F值越高，面料手感越柔软，价格越高。长纤摇粒绒可以分为低弹丝摇粒绒（DTY）、有光丝（FDY）。摇粒绒毯以长纤DTY居多。

十四、珊瑚绒

珊瑚绒采用涤纶DTY超细纤维，在经编机上织制而成，质地细腻、手感柔软，对皮肤无刺激，如图10-78所示。珊瑚绒以DTY 150D/288F、DTY 150D/144F为原料，丝纤度细，弯曲模量小，柔软性好。双面珊瑚绒比单面珊瑚绒多了拉毛工序。双面珊瑚绒需拉毛才能使反面也有绒毛的效果，成本比单面珊瑚绒增加7%左右。单面珊瑚绒不需要拉毛。

图10-78 珊瑚绒

珊瑚绒的一般生产流程：白坯布→退卷→缝头→预定型→包边→染色→上柔软剂→脱水→拉边→烘干→拉毛→梳毛→剪毛→摇粒→定型→成品打卷。

珊瑚绒有软底板和硬底板之分。软底板一般采用100D/48F半消光涤纶丝作底丝；硬底板采用100D/96F低弹丝作底丝。两种底丝生产的坯布弹力不同。摇粒珊瑚绒呈双层组织结构，经剖幅成为单面珊瑚绒毛坯。

十五、羊羔绒

羊羔绒实际是成分为70%涤纶、30%腈纶的仿羊绒，使用经编机织造，经滚球工序使得面料中涤纶和腈纶纤维在滚筒中形成球状纠结，如图10-79所示。滚球工序的作用是利用纤维湿热收缩的性能，循环进行给湿、烘干，使卷曲纤维和收缩纤维能够相互包

图10-79 羊羔绒

容，形成稳定的球状或束状形态。

三维卷曲中空涤纶纤维是决定成品绒面起球的关键，三维卷曲纤维含量越多，绒面起球越大；三维卷曲纤维含量越少，绒面起球越小，直至不成球而成束。另外，剪毛的长短也影响起球的大小，同样的原料配比，毛高越长，成球越大，毛高越短，成球越小，直至不成球而成束。

十六、欧根纱

欧根纱是用母丝经过一系列假捻、分纤工序织造出来的织物，其透明度、光泽度均比一般材质的纱要好，触摸起来柔软、有轻盈感。欧根纱通常是由涤纶与锦纶、涤纶与人造丝或者锦纶与人造丝交织而成。欧根纱较硬，染色后颜色比较鲜艳，比较挺括，质地轻盈，可以制作成透明和半透明的轻纱。欧根纱常被用来制作婚纱、窗帘、演出服、连衣裙、丝带、装饰品等，如图10-80所示。

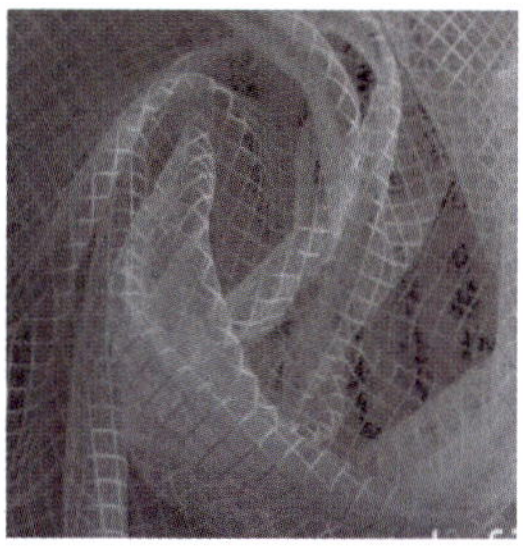

图10-80　欧根纱

十七、SPH四面弹力面料

SPH纤维是一种新型弹性纤维，是将PTT、PET两种不同热力学性能的聚酯化合物经并列复合纺丝制成的，然后经过松弛热处理，加工形成类似羊毛的细而密的三维立体结构的卷曲纤维，其拉伸回弹性能接近于氨纶，而弹性持久性优于氨纶，并具有易染色、色牢度好等优点。SPH织物柔软蓬松弹性好，拉伸易变形，拉伸回复性能好，如图10-81所示。

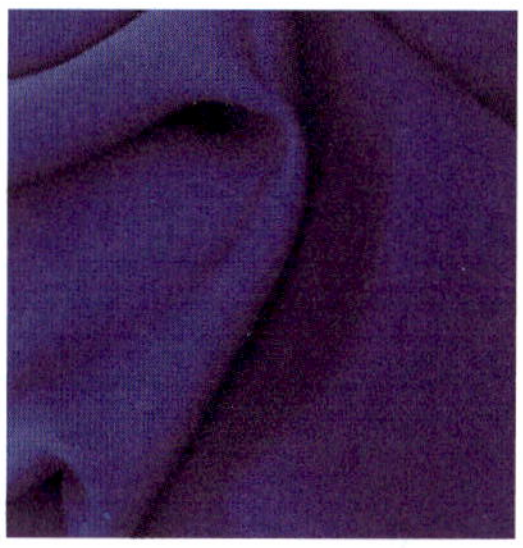

图10-81　SPH面料

十八、CEY四面弹力面料

CEY又叫弹力复合纤维，用其织造的面料有优良的永久回弹性和独特柔和的干燥手感。它是由SSY和全消光POY经过独特的复合工艺复合而成的新型双组份弹力纤维。SSY和全消光POY是两种截然不同的涤纶纤维，SSY是全牵伸的双组份FDY永久弹性纤维，全消光POY是预牵伸单组份涤纶纤维。如图10-82所示。

十九、双层泡皱布

双层泡皱布采用聚酯DTY丝和弹力纱，局部双层组织，在喷水织机上织造而成，利用其双层部分和平纹部分弹力浮长线收缩程度不同，形成泡绉，如图10-83所示。

二十、压泡布

压泡布采用经编针织面料为底布，经高温带有凹凸花纹的滚筒压制出起伏不同的花纹，如图10-84所示。

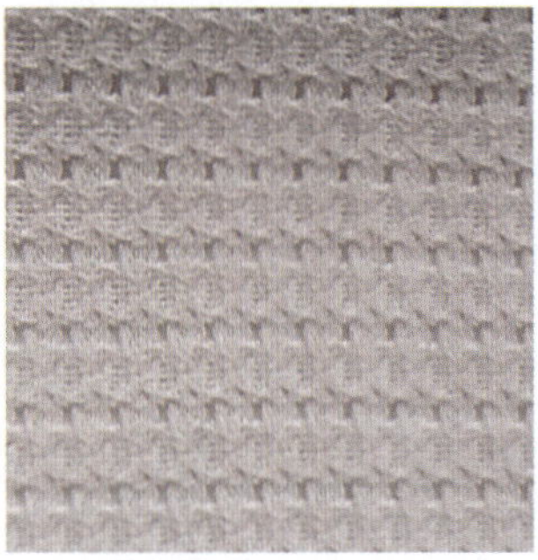
图10-82 CEY面料

图10-83 双层泡皱布

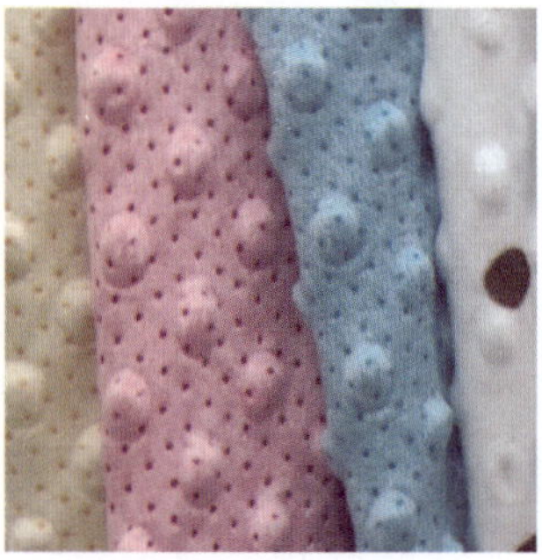
图10-84 压泡布

第四节 毛织面料

毛织面料

毛织物分为纯纺、混纺和化纤纺三类。纯纺毛织物利用绵羊毛织成，可混入一定成分兔毛、山羊绒、马海毛、驼毛、牦牛毛等动物毛，为便于纺织或改进织物性能，也可混入少量棉花或合成纤维。混纺毛织物可利用绵羊毛和一种或几种化学纤维按不同比例进行混纺后织成。按生产工艺流程不同，可以分为精纺毛织物和粗纺毛织物。精纺毛织物是用精梳毛纱织制，纤维长而细，梳理平直，纱线结构紧密。精纺毛织物表面光洁，织纹清晰，多数品种需经过烧毛、电压等处理以改进织物的外观质量。粗纺毛织物是粗梳毛纱织制，因纤维粗梳毛后直接纺纱，纱线中纤维排列不整齐，结构膨松，外观多绒毛。粗梳毛纱纤维长度短，毛纱较粗，一般在50tex以下，多采用单纱织造。粗纺毛织物较厚重，大多数品种需经缩绒、起毛处理，使织物表面被一层绒毛覆盖。化纤仿毛织物是指利用一种或几种毛型化学纤维在毛染整设备上制成的仿毛织风格织物。

一、精纺毛织物

精纺毛织物的品种有哔叽、啥味呢、华达呢、花呢、凡立丁、派力司、女衣呢、贡呢、马裤呢、巧克丁、克罗丁。

1. 哔叽

哔叽为2/2的右斜纹组织，纹路倾角为45°～50°，正反面纹路相同，方向相反。纯毛哔叽选用（34～12.5）tex×2（30/2～80/2公支）细羊毛，混纺哔叽采用粘胶或涤纶与羊毛混纺，化纤以涤/粘较多。按呢面分为光面与毛面哔叽。光面哔叽表面光洁平整，纹路清晰；毛面哔叽经轻缩绒工艺，毛绒浮掩呢面，由于毛绒短小，底纹斜条仍明显可见。按纱粗细和织物重量不同，哔叽可分为厚、中、薄三种。按原料分有毛涤、毛粘、毛粘锦哔叽和涤粘哔叽，如图10-85所示。

2. 啥味呢（法兰绒）

法兰绒有轻微绒面，外观与哔叽相似，由染色毛条与原色毛条按一定比例成分混条梳理后，纺成混色毛纱织制。2/2或2/1右斜纹组织，纹路倾角为45°～50°。线密度常用（17～28）tex×2（36/2～60/2公支），以细羊毛为主，也有粘胶、涤纶或蚕丝与羊毛混纺。织物质量为220～320 g/m^2。织物经轻微缩绒整理，呢面有短绒，毛面平整，手感软糯，有身骨，有弹性，光泽自然，斜纹隐约，色泽素雅，以灰、米、咖啡色为主，宜做春秋衫和西裤等，如图10-86所示。

3. 华达呢

华达呢为2/2斜纹组织，经密大（约为纬密的两倍），质地紧密，织纹倾角53°，比哔叽大。除纯毛外，可使用羊毛与涤纶、腈纶、粘胶混纺，还可用纯化纤仿制。按织品上的纹路可分为双面斜纹、单面斜纹和缎背华达呢。双面斜纹华达呢正、反两面外观相似；单面华达呢正面有明显的斜纹线，反面则无；缎背华达呢采用缎背组织织造，表组织2/2斜纹，里经浮于织物反面，反面光滑如缎。华达呢既有匹染又有条染，缎背华达呢通常只采用条染。色泽以藏青为主，另有米、灰、咖啡和原色等。适宜做套装、西装和大衣，如图10-87所示。

图10-85　哔叽

图10-86　啥味呢

图10-87　华达呢

4. 花呢

花呢是采用有色毛纱或混色毛纱织成的各种不同花型、质地、质量的织品。

按质量分为中厚花呢（质量为195～315 g/m^2）和薄花呢（质量在195 g/m^{2}以下）；按原料分为纯毛、混纺和纯化纤花呢；按花色可分为素花呢、条花呢、格子花呢、海力蒙、隐条花呢等。常见花呢介绍如下。

（1）素花呢　外观无明显条格的中厚花呢。素花呢采用条染复精梳工艺，先将毛条染成各种深浅不同的颜色，经拼色混条纺成各单色毛纱，再并成花色线作为经纬织造而成。素花呢呢面上有非常细小的不同色泽花点，均匀地散布于全匹上，远看像素色，近看有微小的色点，显得素雅大方别致。

（2）条花呢　外观有明显条子的中厚花呢，是在素花呢的基础上，再用单色纱作嵌条线或用组织变化构成不同的条纹而成。条花呢分为阔条、狭条、明条、隐条等数种。凡条型宽度在10 mm以上的称为阔条花呢，条型宽度在5 mm以下的称为狭条花呢。用色纱或组织变化构成的条型与地色有明显区别的称为明条花呢；反之，或用正反捻向纱分别排列的称为隐条花呢。

（3）格子花呢　在条子花呢基础上，运用构成条子花型的方法，在纬向作同样的安排，使之条型垂直相交，成为大小不同的格型，如图10-88所示。

（4）海力蒙　山形斜纹组织，呢面纬向呈水浪形，经向呈人字形，人字条的宽度为5～20mm，经纱用浅色，纬纱用深色，花纹清晰，正反面纹路相同，如图10-89所示。

（5）单面花呢　利用双层平纹组织构成的中厚花呢，织物正反面不一定相同，正面凸凹条纹清晰，反面则模糊不清。单面花呢手感丰富，表面细洁、弹性优良、光泽自然。其中，高级牙签花呢是西服的高级衣料。

（6）凉爽呢　具有轻薄透凉、滑爽、挺括、弹性良好、易洗快干、穿着适宜等特色，又名毛的确良，适于制作春夏季男女套装、衫裙等。

5. 凡立丁

凡立丁为薄型织物，纱支较细、捻度较大，为精纺呢绒中经纬密度最小。有全毛、混纺及纯化纤、混纺多用粘纤、锦纶或涤纶或三者并用。如图10-90所示。

图10-88　苏格兰花呢

图10-89　海力蒙

图10-90　凡立丁

6. 派力司

派力司属轻薄品种，先把部分毛条染色后，再与原色毛条混条纺纱，形成混色纱平纹织物。呢面散布有均匀的白点，并有纵横交错隐约的雨丝条纹。在精纺呢绒中单位质量最轻，它与凡立丁区别在于：凡立丁是匹染的单色，而派力司是混色，以中灰、浅灰色为多。派力司质地细洁轻薄，适合用作夏令面料，如图10-91所示。

7. 女衣呢

女衣呢花色变化较多，经纬纱都用高纱支的双股线，也有纬纱用单纱的。女衣呢组织采用平纹或斜纹、绉地、提花，也有经轻微缩绒工艺加工成短细毛绒呢面，以及嵌夹金银丝等。其品质特点是纱支细、结构松、身骨薄、质地细洁、花纹清晰、色彩艳丽，以匹染素色为主，色泽艳丽，适合用作春秋两季女装面料，如图10-92所示。

8. 贡呢

贡呢又称礼服呢，是精纺呢绒中经纬密度最大而又较厚重的中厚型品种，采用各种缎纹组织。由于织纹浮点长，呢面光亮。表面呈现细斜纹，右斜纹倾角为75° 以上的称为直贡呢，倾角为50° 左右的称为斜贡呢，倾角为15° 左右的称为横贡呢，通常所说的贡呢以直贡呢为主。除纯毛品种外，另有毛涤、毛粘等。贡呢大多为匹染素色，且以深色为主，如藏青、灰色、黑色，其中乌黑色的贡呢称为礼服呢，其织纹清晰、质地厚实，常用作西服面料，如图10-93所示。

图10-91　派力司

图10-92　女衣呢

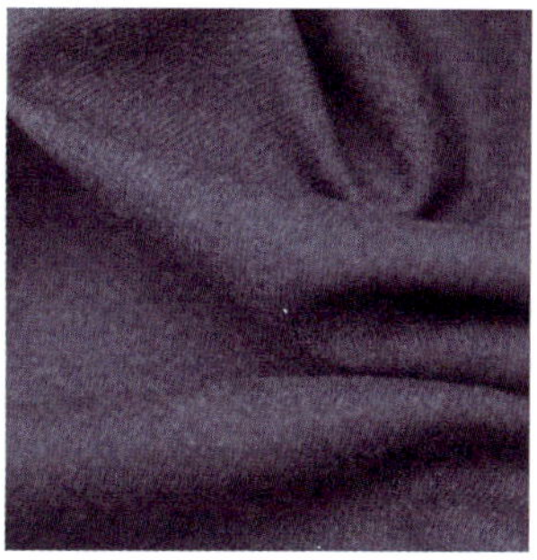
图10-93　贡呢

9. 马裤呢

马裤呢较厚重，耐用，多是用双股毛线织成的厚型斜纹织物，因最早用作马裤料，故名。马裤呢织物结构紧密、厚重、耐磨，常染为深色，用作外套、大衣的面料等。采用线密度为 22.2 tex×2～27.7 tex×2（60/2～110/2公支），单位面积质量为400～420 g/m^2，采用变化急斜纹组织构成，纱线粗，捻度大，呢面有粗壮的斜纹线。右斜纹，倾角为 63° ～76° ，其经密大于纬密近 1 倍，因此，织物结构紧密，手感厚实而有弹性，保暖性好。马裤呢有匹染素色和条染混色两种，适宜做军大衣、西裤等，如图10-94所示。

10. 巧克丁

巧克丁为斜纹变化组织。纹道比华达呢粗但比马裤呢细，斜纹间的距离和凹进的深度不相同，第一根浅而窄，第二根深而宽，如此循环而形成特殊的纹形，其反面较平坦无纹。巧克丁使用细羊毛为原纱。除纯毛织品外，也有涤毛混纺巧克丁。织品条形清晰，质地厚重丰满，富有弹性。有匹染和条染两种，色泽以原色、灰色、蓝色为主，宜做春秋大衣、便装等，如图10-95。

11. 驼丝绵

驼丝绵又称克罗丁，以高级细羊毛为原料，经纱为股线，纬纱多用单纱，经纬密度为12.5 tex×2～20 tex×2（50/2～80/2公支），纬经比为 0.6 左右，单位面积质量为280～370 g/m^2。组织采用纬面加强缎纹，呢面有阔而扁平的条和狭而细斜的凹条间隔排列，正面带有轻微的毛绒，反面较光洁。采用匹染，以原色、灰色为主，也有条染混色的。主要用作大衣、上衣和礼服等的面料，如图10-96所示。

图10-94 马裤呢

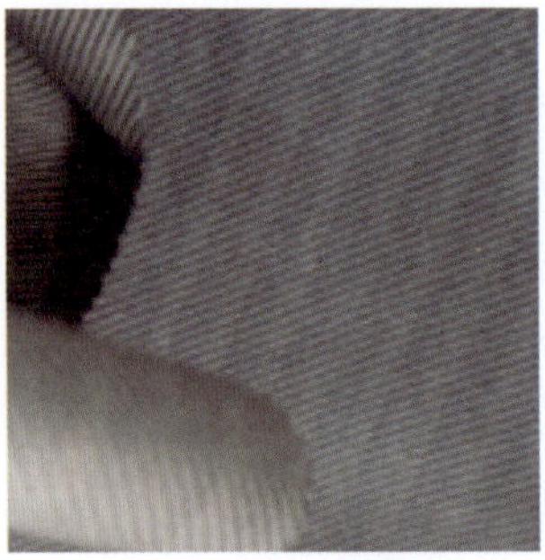
图10-95 巧克丁

图10-96 驼丝锦

二、粗纺毛织物

粗纺毛织物是以粗梳毛纱织制而成的织物。粗梳毛纱多为单纱，纱比较粗，为62.5～400 tex（2.5～16公支），强力低，绒毛多。故粗纺毛织物手感柔软、蓬松丰厚。粗纺毛织物的依照产品风格和染整工艺特点划分，可分为呢面、绒面和纹面等三大类。其中以呢面织物为主。

1. 麦尔登

麦尔登是一种品质较高的粗纺毛织物，表面细洁平整、身骨挺实、富有弹性，有细密的绒毛覆盖织物底纹，耐磨性好，不起球，保暖性、防风性好。

麦尔登采用细支散毛混入部分短毛为原料纺成62.5～83.3 tex毛纱，采用2/2或2/1斜纹组织，呢坯经过重缩绒整理或两次缩绒而成。原料有全毛、毛粘或毛锦粘混纺。以匹染素色为主，宜作为冬令大衣面料，如图10-97所示。

图10-97 麦尔登

2. 大衣呢

大衣呢为厚型织品，采用斜纹或缎纹组织，也有单层、纬二重、经二重及经纬双层组织。原料以分级毛为主，少数高档品也选用支数毛，根据大衣呢的不同风格还可配用一部分其他动物毛，如兔毛、驼毛、马海毛等。大衣呢由于使用原料不同，组织规格与染整工艺不同，其手感、外观、服用性能差异较大，有平厚、立绒、顺毛、拷花、花式等五种主要品种。

（1）平厚大衣呢采用2/2斜纹或纬二重组织，经缩绒或缩绒起毛而得。呢面平整、匀净、不露底、手感丰厚、不板不硬。以匹染为主，如黑、藏青、咖啡色等，混色品种以黑灰为多。如市场上销售的雪花呢，就是以大量染黑的羊毛与少量本白羊毛混纺而成。

（2）顺毛大衣呢采用斜纹或者缎纹组织，利用缩绒或者起毛整理，绒毛倒伏、紧贴呢面，呢面毛绒平顺整齐，手感顺滑。原料除羊毛外，常混用羊绒、兔毛、驼毛、马海毛等，如染成黑色的羊毛中混入10%的本白粗号马海毛，则为银抢大衣呢，如图10-98所示。

（3）立绒大衣呢采用破斜纹或纬面缎纹，呢坯经洗呢、缩绒整理、重起毛、剪毛等工艺，使得呢面上有耸立的绒毛，富有弹性，光泽柔和，匹染素色为主，如图10-99所示。

（4）拷花大衣呢采用纬二重组织织造的双层效果的人字或水浪形凹凸花纹，采用质量较好的羊毛混山羊绒，属高档大衣呢。有立绒和顺毛两种，立绒纹路清晰，立体感强，手感丰厚有弹性；顺毛绒毛长。如图10-100所示。

图10-98　顺毛大衣呢

图10-99　立绒大衣呢

图10-100　拷花大衣呢

（5）花式大衣呢采用平纹、斜纹、纬二重、小提花组织织造，质地较轻，纹面有人字、圈、点、格等配色花纹组织，织纹清晰、手感有弹性，不板硬，如图10-101所示。

3. 海军呢

海军呢外观接近麦尔登，织纹被绒毛覆盖，不露底、质地紧密，但手感和身骨比麦尔登差。采用2/2斜纹组织，原料采用细支毛混入部分短毛，如图10-102所示。

4. 制服呢

制服呢组织、规格与风格与海军呢相仿，原料采用三、四级改良毛，故品质略逊于海军呢，绒毛不丰满，隐约可见底纹，手感粗糙。制服呢除纯毛外，也有毛、黏、腈、锦纶混纺产品，如图10-103所示。

图10-101　花式大衣呢

图10-102　海军呢

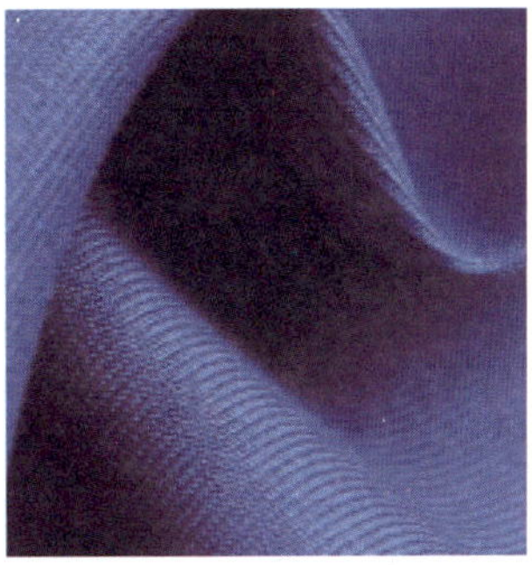
图10-103　制服呢

5. 女士呢

女士呢呢面密度比较疏松，正反均有毛绒覆盖，但不浓密，手感柔软，悬垂性好。采用2/2斜纹，有纯毛，也有毛粘、毛腈、毛涤粘等混纺织物，如图10-104所示。

6. 法兰绒

法兰绒是采用混色粗疏毛纱制织的带有夹花风格的粗纺毛织物，呢面有一层丰满细洁的绒毛，不露织纹，手感柔软平整，比麦尔登稍薄。

法兰绒的生产工艺：先将部分羊毛染色，后掺入一部分原色羊毛，均匀混纺成混色毛纱，织品经缩绒、拉毛整理。多采用斜纹组织，也有平纹；原料除纯毛外，还有毛粘混纺，有时为提高耐磨性，加入少量锦纶；色泽素净大方，以灰色系为主，适宜做男女春秋上装，如图10-105所示。

7. 粗花呢

粗花呢的外观特点就是“花”，与精纺呢绒的薄花呢相仿，是利用两种以上的单色纱、混色纱、合股色线、花式线与各种花纹组织配合，织成人字、条、格、星点、提花、夹金银丝的织物。组织有平纹、斜纹和变化组织。有全毛、毛粘、毛涤粘、毛粘腈混纺织物。外观风格有呢面、绒面和纹面三种。呢面有短绒，微露织纹，质地紧密、厚实，手感稍硬；后整理采用缩绒或者轻缩绒，不拉毛或者轻拉毛。纹面花纹清晰，光泽鲜艳，身骨挺而有弹性；后整理不缩绒或者轻缩绒。绒面有绒毛覆盖，手感较柔软；后整理采用轻缩绒，拉毛工艺。主要用作春秋女装面料，如图10-106所示。

图10-104　女士呢

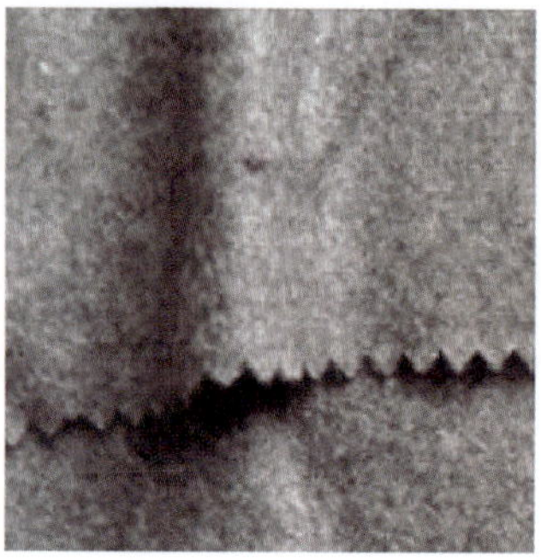
图10-105　法兰绒

图10-106　粗花呢

8. 钢花呢

钢花呢为彩点纱织造，彩点粒子均匀散布呢面，如炼钢钢花，为毛粘混纺织物，如图10-107所示。

9. 海利斯

海利斯采用斜纹组织，原料比粗花呢差，多为三、四级毛，呢面上有不上色的腔毛，形成独特的粗旷风格。混纺海利斯加入粘纤，呢面经缩绒后双面均有绒毛，呢面粗糙，织纹清晰，是大众化服装面料，如图10-108所示。

图10-107　钢花呢

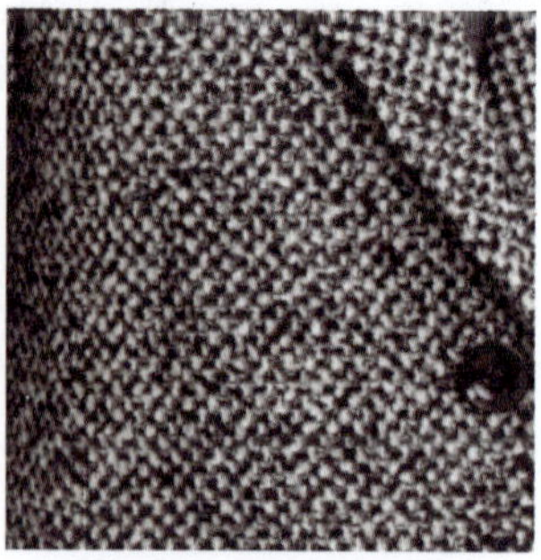
图10-108　海力斯

其他针织新颖服饰面料图示如图10-109～图10-116所示。

图10-109　经编提花面料

图10-110　经编蕾丝面料

图10-111　经编镂空面料

图10-112　经编抓花金丝绒

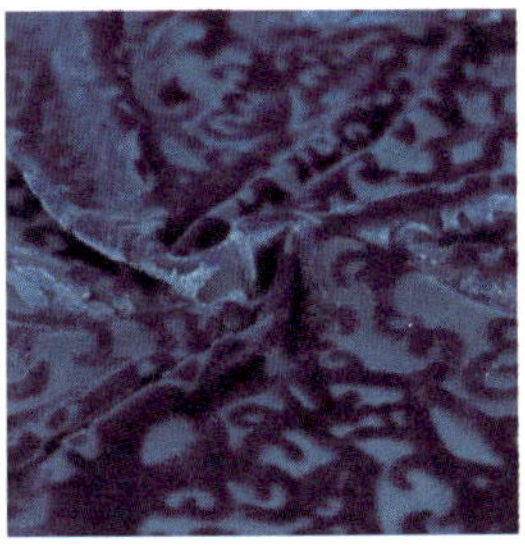
图10-113　经编烂花天鹅绒

图10-114　双面压花法兰绒

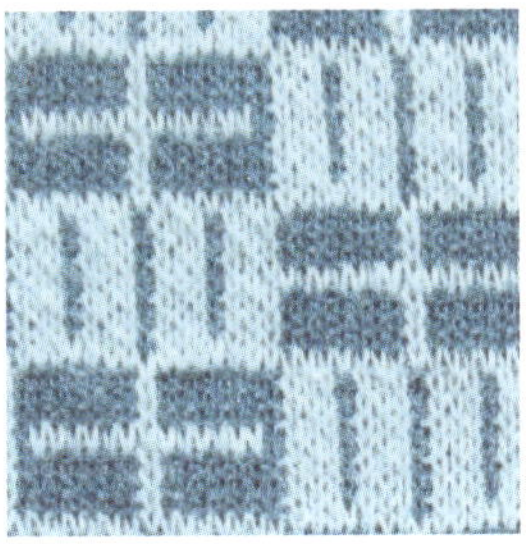
图10-115　纬编提花布

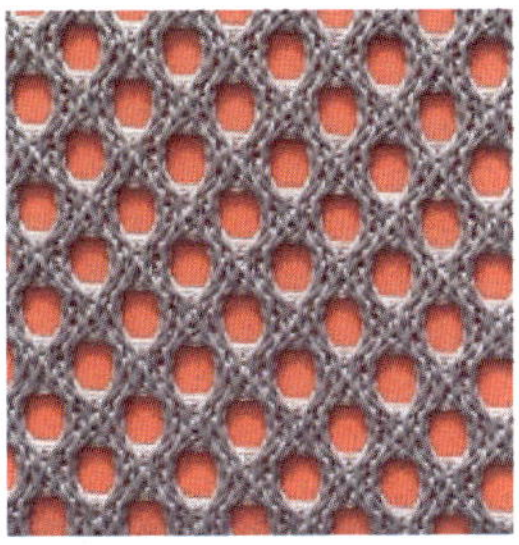
图10-116　针织鞋面布

附：

其他针织新颖面料

意大利世上丝绸面料

第十一章　东南亚国家纺织非遗技艺

本章内容：

（1）柬埔寨织锦；

（2）泰国织锦；

（3）印度尼西亚传统纺织技艺；

（4）缅甸织锦；

（5）老挝织锦；

（6）越南织锦；

（7）马来西亚金绸缎与蜡染技艺。

第一节
柬埔寨织锦

柬埔寨织锦

柬埔寨悠久的纺织传统可以追溯到公元7世纪，古代高棉（暹粒）在家庭和村庄上的织布机都是大型木质织布机，如图11-1（a）所示，这些织布机通常建在高高的房子下面；古代高棉木织机图和复原的卧式织机如图11-1（b）所示。柬埔寨错综复杂的“絣”织物（见图11-2），是世界闻名的（图11-2），当地人称为“Hol”。

柬埔寨提花织锦“尚红色”，采用经纱一色红，纬线挑花技艺，如图11-3所示。

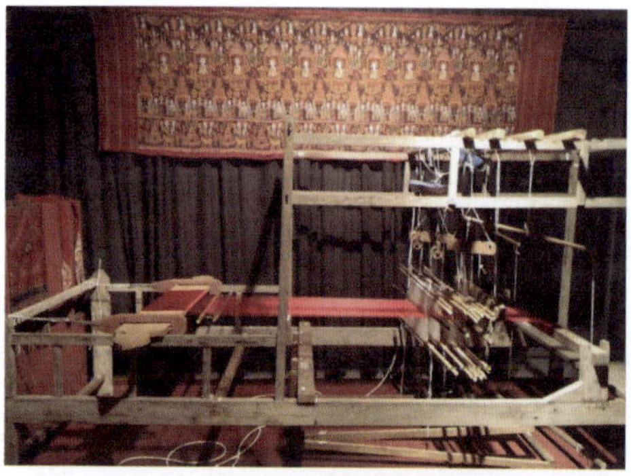

图11-1（a）　柬埔寨木织机

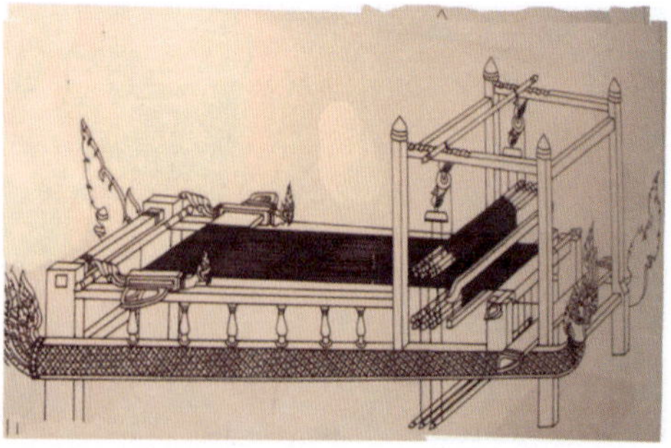

图11-1（b）　古代高棉卧式织机

图11-2　柬埔寨“絣”织锦

图11-3　“庙宇”纹样纬线挑花技艺

柬埔寨织锦画廊

第二节
泰国织锦

泰国织锦

泰丝绸是古暹罗时代流传至今的传统手工艺品，源自泰国的东北部。那里环境非常适宜桑树生长，桑树无休眠期、终年不落叶，为蚕的养殖和泰丝绸的生产制作提供了便利条件。泰丝绸是以黄蚕茧为原料，经由缫丝、织造、印染等工艺织造而成的质地坚挺、色泽亮丽、花色丰富、极具民族特色的丝绸制品。

泰国织锦画廊

一、泰国织锦的挑花技艺

泰国织锦是在织机（见图11-4）上用妆花在平纹地上织入纬线，织工通常用手工挑出图案，偶尔也会用翘刀挑花。在织造过程中，纬线只是局部妆花，正面朝上，这是其织锦的独到之处，如图11-5所示。

图11-4　泰国织锦机（泰国素可太省）

图11-5　泰国织锦局部妆花技艺

二、绞缬、夹结的“絣纬”织锦——纬纱扎染后织造技艺

绞缬、夹结是一种古老的防染工艺，是一种根据花型设计和织物宽度进行纬纱局部防染，再与经纱交织的工艺，与我国海南省美孚方言区“黎花缬布”制作工艺相似。缬染的

“絣纬”织物制作工艺如下：

首先，织工把纬纱绕在一个与织物宽度相等的名叫“拉克米”的木绷架上。然后，将塑料带或香蕉叶按所需的图案，打结在每根纬线对应的位置（见图11-6）。打结完成后将纬纱浸在染料中，在打结处，染料会被塑料或香蕉叶所排斥而不能上染到纬纱上；在不打结处，染料则可以上染到纬纱上。这个过程可以重复几次，在打结和染色完成后，用纬纱对花后与织机上的经纱交织出成品丝绸，如图11-7所示。

三、泰锦织机

泰锦的织造工具为木制立式手织机。机具结构简单，采用物理上的杠杆原理，用脚踏板控制综片的升降，使经纱分为上下两层，形成一个三角开口，以织造织物。织机由单人操控，操作方便，但产量较低。织造时织工坐在机板上，通过手拉引纬、脚踏开口等完成开口、投梭、打纬、送经和卷取等一系列织造过程。如图11-8所示为泰国“Ikad”絣纬织机（来自沙功那空省的攀蒲地区）。

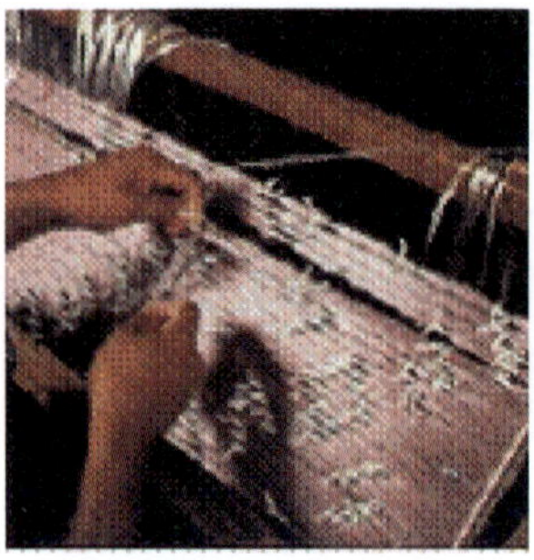

图11-6 纬纱绞缬

图11-7 “絣纬”织造

图11-8 泰国伊卡特絣纬织机

四、泰锦的主要种类

1. Mat Mee织锦

Mat Mee织锦是最常见于泰国东北部Isaan的织锦，其传统丝绸上的图案灵感来自织工周围自然界的事物，如稻穗、蛇、花、鸟和树叶等，如图11-9所示。

2. Yok Dork织锦

Yok Dork织锦通常为有花的图案的织锦。这种风格在拉玛六世国王（朱拉隆功国王之后的国王）统治时期很流行。

用来制造Yok Dork织锦的织机使用的踏板高达1.37 m（见图11-4），完成一件织锦可能需要几个月的时间。

3. Kidt织锦

Kidt织锦一般为钻石图案织锦，通常只使用两种颜色，如用白色和黑色或深蓝色，如图11-10所示。

图11-9 泰国MatMee织锦

图11-10 泰国Kite织锦

五、泰丝的染色

传统泰丝的染色原料为天然染料，一般从当地的植物、花草、水果、树皮中提取。如红色染料取材于紫胶，紫胶是紫胶虫吸食树木汁液分泌出的天然树脂。将紫胶放入用酸性的罗望子果实和红蚁巢穴制得的酸性溶液中煮沸、分离、沉淀即可制得红色染料。黄色染料取材广泛，多取材于菠萝蜜树木、孜然根及当地特有的一种丛林藤蔓。蓝色染料取材于蓝属植物、槐蓝属植物，制取靛蓝染料的过程复杂，需要熟练的技巧。因为靛蓝染料呈碱性，会破坏丝绸织物的纤维，因此靛蓝很少直接用于丝绸上，而是用于红色和黄色染料的固色。

六、泰锦的纹样

泰锦纹样以二方连续和四方连续的形式出现，繁简并存、疏密有致、变化统一。纹样有象纹、几何象形纹、莲纹和蟒纹等，如图11-11～图11-13所示。莲纹是泰丝绸纹样的主体，也是佛教和婆罗门教的标志，莲花在泰国有纯洁、崇高、不灭的象征意义。图11-13所示图案以莲心纹为主纹样，采用四方连续的构图方式，莲心纹以相同的序列重复交替排列，图案中各空间要素具有单纯、明确、秩序井然的关系。

此外，还有在薄棉纱上印花的工艺，图案有花卉、动物或钻石图案（见图11-14），成本相对较低。

图11-11 象纹

图11-12 几何象形纹样

图11-13 莲心纹样

七、泰锦的应用

泰锦根据使用场合可分为日常用泰锦（见图11-15）和庆典场合用泰锦（见图11-16）；根据制作工艺的复杂和精良程度，以孔雀为象征，设立了“御赐孔雀”认证标识，将泰丝绸分为“金、银、蓝、绿”等级别。

图11-14　棉薄纱印花布

图11-15　日常用泰锦

图11-16　庆典用泰锦

第三节
印度尼西亚传统纺织技艺

印尼织锦和
巴迪克蜡染画廊

一、宋吉锦——腰机妆花织锦

宋吉锦

印尼苏门答腊岛的巨港宋吉锦（Songket）闻名于世，是东南亚马来民族最名贵的一种布匹，它使用一种叫Cuban的金银丝线（见图11-17），编织成美丽的图案（见图11-18）。

图11-17　织金

图11-18　印尼宋吉锦

宋吉锦是一种妆花织金锦，在腰机上织造（与海南黎锦腰机类似），以两页地综织平纹地，其余的综杆用来织造起花纹样，精致的纹样可能需要一百多页线综，是印尼上层社会的专属服饰用品，如图11-19所示。

图11-19　印尼宋吉锦织造

二、经纬絣——经纬纱扎染后对花织造技艺

Tenganan Pogringsingan是印度尼西亚唯一生产经纬絣织物的地方，这种织物用作仪式服装。经纬絣质地稀疏，用三种颜色染色：石栗的黄色、橄树根部的棕红色以及靛蓝植物的靛蓝色。深蓝黑色是由红色和蓝色合染而成的。

经纬絣技术要求经纱和纬纱在织造前都要经过扎染。为了达到图案清晰的效果，织工必须在织造过程中仔细地对这两组线程上的扎染图案进行对花调整。经纱在织机交织后拼接、对花成复杂的经纬絣纹样（见图11-20）。

图11-20　经纬絣织造过程与成品

三、布朗（Bulang）织物——白经彩纬、手工多臂纬起花技艺

布朗织物源自印度尼西亚北苏门答腊岛巴塔克西马隆贡（Simalungun）的传统纺织品，主要用于妇女头巾，目前仅在少数主要仪式场合佩戴。

布朗织物中间的红色部分是经线显花，两端白色部分为纬线显花，经线从红到白的转变使用的是一种称作“换经线”的罕见技术。当红色经线织到一半时，织造者将新的白色经线接入，剪掉没有织的红色经线，连接处的红色毛边和白色毛圈就是传说中的替换技术。两端纬显花的图案，采取先织一边再参照镜子里的图案织另一边，所以图案不会完全相同，如图11-21（a）所示。

图11-21（a） 布朗织物

四、布朗腰机织物

布朗腰机织物是一种白经彩纬、纬线显花的织物。织造时，开口规律由织机中间穿入经纱片的若干根竹签控制经纱提升或下降，每根竹签控制一次引纬时的经纱开口规律。竹签相当于多臂织机的综页，竹签的根数就是纬向循环的根数，与现代多臂织机开口原理类似。这种布朗腰机可以两个人配合在织机的两端同时织造，以提高效率，很具智慧性，如图11-21（b）所示。

图11-21（b） 手工“多臂”开口、纬起花的布朗织物织造

五、手绘蜡染（巴迪克）技艺

印度尼西亚蜡染

印尼生产的所有纺织品中，蜡染技艺，当地称巴迪克，最为普遍。到处都有蜡染的身影，如航空乘务员穿的制服、城市居民穿的衬衫、稻田里农民的纱头巾。

几个世纪以来，爪哇两座皇城日惹和素拉卡塔（Solo）的作坊一直在制作最精美的蜡染作品。

位于Yogya或Solo后街的古老的家庭蜡染工厂，工匠们使用一种被称为djanting的笔尖来涂抹由蜂蜡制成的防染剂（见图11-22）。布料可以反复染色几十次，以达到绚丽的多色分层效果。

印尼手绘蜡染作品的图案中还有波斯孔雀、中国凤凰、欧洲花束和日本樱花，这是海上贸易对该地区的影响的见证。

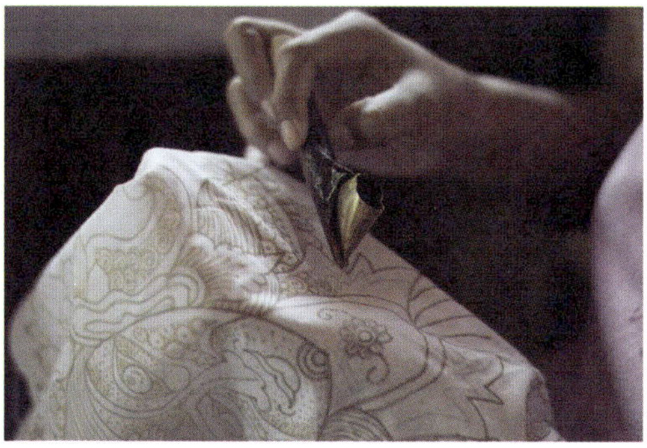

图11-22　蜡染工艺的涂蜡环节

图11-23　Ikat纬纱段染织物

六、爪哇的伊卡特（Ikat）织物——段染纬纱的朦胧效果织物

一般认为伊卡特（Ikat）织物是在6或7世纪从印度引进的。

伊卡特Ikat织物生产需要对纬线进行染色以形成成品图案，Ikat的特点是其几何模糊的边缘设计（见图11-23）。织物一般用棉花和人造纤维织成，以蚕丝为最上乘。“Endek”或“weft ikat”是巴厘岛最常见的形式，这种精致、奢华的布料往往需要数月的时间才能完成。

七、印尼纺织品的纹样特色

印度尼西亚纺织品纹样特征是花纹繁复、疏密相间、主题突出、夸张神秘，内容主要有人物、鸟兽、植物等，风格为写实象形，衬托以几何纹样为主，体现以人为中心的人与自然和谐相处的主题。

如图11-24所示为印尼松巴岛（Sumba）的象形纹样纺织品，一位贵妇骑在大象身上，用阳伞遮风。大象和雨伞被视为至高无上权力的象征。图11-25为印度尼西亚托拿加（Toraja）岛的牧牛纹样织物。

图11-24　印尼松巴岛织物纹样

图11-25　印尼托拿加岛织物纹样

第四节
缅甸织锦

缅甸织锦

缅甸服饰面料画廊

在缅甸，人们在婚礼、各种仪式和全国性聚会等活动中穿着传统服装，其中最突出的是阿切克（Acheik）龙衣（裙子）。缅甸人民视阿切克纺织品为缅甸服饰文化的象征，代表着服饰文化的繁荣和对传统的传承。

Acheik的意思是连接，也是挂毯编织方法的术语。luntaya achiek是一种用多把梭子变换引纬编织的布。在古代，阿切克被用于皇家服装，普通人是不允许穿阿奇克的。最高级别的官员、皇室服务人员和商人，只有在国王奖励他们的情况下才能穿戴阿切克织锦服装。

一、缅甸织锦生产

缅甸织锦的生产过程如下：先在机器的帮助下，将三根生丝紧紧地捻在一起，以达到绷紧和平滑的效果。然后，在煮沸的肥皂液中清洗丝，以使将来的织物比普通丝线织物更柔软。煮蚕丝的同时可以染色。然后将染色后的丝线用水冲洗后放在阳光下晾干。

织造时，织工将丝线绕在筒子上，经穿经后根据所需的图案织造。缅甸织锦多采用纬起花方式织造，采用提综木杆方式实现经纱开口，每根木杆相当于一页综，木杆数量越多，则花纹越复杂。引纬操作如图11-26所示。

阿切克纺织品为当地妇女用传统的泰国-缅甸织机，用1500多根经线，费力地用100～200个小梭子来回编织而成。阿切克纺织品具有独特的波浪图案——伦塔亚阿切克（Lun Taya Acheik）及水平波浪线图案（Achiek），具有自身优雅、华丽的魅力和艺术价值。

传统阿切克（Acheik）有很多种类和名称，这取决于颜色的使用和纬线轴的数量。据说古代设计师的灵感来自伊洛瓦底江的波浪和涟漪，如图11-27所示。

图11-26　缅甸织锦的引纬

图11-27　缅甸阿切克织锦

二、缅甸藕丝织锦

缅甸藕丝织锦

1. 藕丝织锦的特色

藕丝织锦也称荷花丝织锦或织品，是缅甸特有的莲梗丝织品。当地藕丝织品编织者认为，穿上荷花织品制成的服饰，有助于吸收身体中的有害元素，获得好运。莲梗丝面料是世界上最昂贵的织物之一，这是因为莲梗数量有限，而且莲花纤维的纤维直径仅有3～5 μm，是世界上最细的纺织纤维之一，比其他棉质纤维（如棉或亚麻）都要纤细，故制作难度大，制作过程耗费大量时间和人力。

藕丝织品具有天然的防污、防臭、抗霉功能，且防水、透气、排汗性佳，能保持织物的干爽。织物手感柔软、防皱。

缅甸掸邦茵莱湖是世界上出产莲藕丝的地区之一。织工们从莲梗中提取精巧的纤维，并用它制成线。这是一项令人难以置信的劳动密集型工作。自古以来，藕丝编织就世代相传。女孩坐在织布机前，用大约100梭不同颜色的丝绸穿过一色经线。织一件2 m长的丝绸大约需要3个月的时间。

缅甸的茵莱湖上，有一座以生产莲梗丝织物闻名的村庄In Paw Khone，每年的6～11月份，当地人会采摘茵莱湖畔的莲花，从莲花梗中抽丝纺纱、织成布匹，裁制成珍贵的莲梗丝衣。莲花是佛教的象征，莲梗丝布匹被认为是最尊贵、神圣的材质，过去仅用于制作供奉佛像和高僧的僧袍，这种僧袍的制作在缅甸已有数百年历史，织成一件需要超过22万根莲梗，并需要10名女工连续工作 1 个月才能完成。目前这种藕丝织成的袈裟市场价在 100万～150万缅甸元之间（折合人民币为5000～7500元）。

藕丝织锦由于其天然、质感细腻和舒适的特质，成功吸引了众多意大利设计师的目光，部分高级服饰品牌更打造出一系列以莲梗丝织物制作的轻盈夏季服饰，这让具有佛禅意味的纺织品从此登上国际时尚舞台。

2. 藕丝织锦生产

藕丝织布是巴东族的秘传技艺之一，过程极为烦琐。手艺人用刀绕着莲梗轻割一周拉开，捋出数条藕丝搓成细绳，然后再用这些细绳纺成线用以织布。当地人表示，通常织造一小块方巾需消耗4000根荷花茎。

（1）抽丝：工人用削刀将新鲜的莲梗轻割一周，折断茎秆拉出长长的丝，如图11-28所示，随后双手按相反的方向旋转，迅速将这个丝束旋拧起来，放置在桌面上。左手按住拧起的地方，右手将右边折断茎里的丝抽完后拉开扔到一旁放置，继而用湿的右手轻搓，使其慢慢拧成一股；然后右手轻按，左手再拉出左边折断茎里的丝，在湿的桌上慢搓成线。一段抽完后，再按相同步骤抽出下一段的纤维，放置在上一段的末端，再用湿的手轻搓。慢慢地，丝线越来越长。将已经搓好的丝线顺着小桌滑入右边桌旁盛有清水的大盘子中，保持湿润。待到一定长度后，再用轮轴将其有规律地卷好，避免杂乱缠绕，以备纺纱使用。一人一天的采丝量不足 5 g。

（2）制线：提取好的纤维线略细，不适合直接编织，需要再纺成更坚韧的线才能使用。制线以手摇纺车为主，抽丝后用手搓成短线，再连接成长线，如图11-29所示。纺织过程中会加入米胶，增加其黏合性，使其更强韧。藕丝经过冲洗、晾晒、纺锤等工序，就可以做成能织布的线。

（3）摇纱：摇纱是将纺在线锭子上的线用摇车摇成一种松散的、半径约为30 cm的线圈。然后将缠好的线圈取出捆扎、漂洗、晾晒。茵莱湖气候炎热，成捆线圈用竹竿穿起，晾晒在通风日照好的屋檐下，自然干燥。如图11-30所示，摇纱制绞为染纱、整经做准备。

（4）植物染色：纱线本身的色彩是类似剑麻般的浅黄褐色。当地人用菠萝蜜树皮、白莲花荷叶等热带植物为染色剂，进行植物染色。反复烧开煎煮得到染色剂，放入织物，小火煮20 ～60 min，再用水多次冲洗，可将纱线染成用来制作僧袍的红褐色，染色后的藕丝织物色彩古朴、厚重。

（5）整经：即将经纱从线轴上拉出，整成经纱片，为织造做准备，如图11-31所示。

（6）织造：织造藕丝织锦时，织布女工手脚并用，手拉使得梭子来回穿梭，脚踏一下形成梭口，如图11-32所示。如此循环往复，即可将藕丝织成锦布，如图11-33。定幅筘的打纬力度则决定着织物的平整度、均匀度。织物宽度不超过100 cm。一款过膝长袍，至少需要7～8 m锦布。一件献给高僧的袈裟则需要10码（约9 m）锦布，要消耗约22万根荷花茎，从采丝到织成莲袍大概需要两个月。

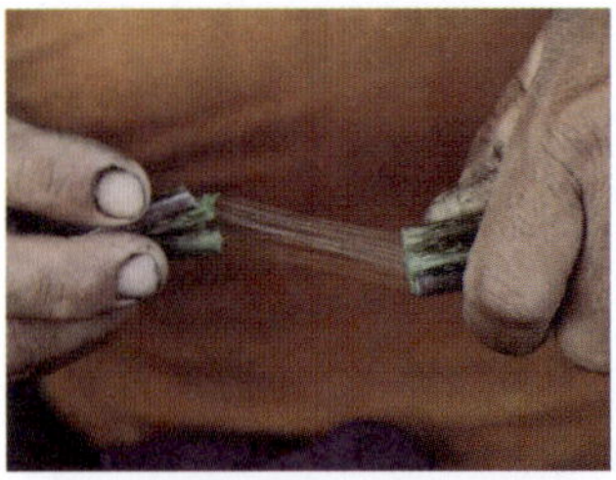
图11-28　抽丝

图11-29　制线

图11-30　摇纱制绞

图11-31　整经

图11-32　织造

图11-33　藕丝织锦

第五节
老挝织锦

老挝织锦

一、老挝织锦的历史

老挝、泰国等地区的族群使用多种带框架的织机来生产复杂的织锦、斜纹和平纹织物。他们的面料采用了经重、纬重和妆花的技术。他们这种织造技术和中国西南地区的壮锦、傣锦等织造技术一脉相承，都是将花纹信息储存在一个花本之中。花本是当地女孩的重要财产，无论是出嫁还是旅行都会带在身边。

老挝织锦画廊

老挝织布业的发展，源于不同民族之间的文化接触，创造了一些最复杂、最迷人的纺织品。老挝织机有两种：第一种是简单的落地立式织机，如图11-34所示，这是老挝泰人常用的织机。因为经纱上下垂直排列，织到高处，织工则站在高跷上织造。一个纬向循环的纹样经纬上下的编织信息储存在木框内，如图11-35所示。第二种是孟高棉和澳亚细亚织工使用的卧式织机，如图11-36所示。织布技术传统上是由母亲传给女儿，只有富裕家庭才能负担得起为这项耗时的手艺，“腾出”一个女儿，让她退出稻田劳作而来织布。

二、Chok织锦—— 老挝版“盘梭妆花”织锦

老挝纺织品，特别是老挝泰人利用花纬（辅助纬）方式织造的老挝织锦，曾处于濒临灭绝的边缘，现在已被收藏家和鉴赏家认为是世界上最好的纺织品之一。

不连续的辅助纬编，在老挝语中称为Chok，它是由泰族人发明的，被认为是老挝的一种典型纺织技术。

Chok编织本质上是“通经断纬、白经彩纬、盘梭妆彩、反面向上”的一种重纬组织的织造技艺，通过不断局部变换不同色泽的纬纱与不同位置的经纱，交织出绚丽的纹样。具体操作为：手工将平纹纬纱和起花纬纱交替织入，平纹纬纱与经纱织造时一贯到底，起到底布固结作用；起花纬纱则并非一贯到底，而是根据纹样进行局部盘织，如图11-36所示，所以它类似于中国妆花云锦或地毯编织技艺。这些起花纬线在不同位置的经线上下移动，形成纹样，织工的手指从布的背面开始在线上舞动，移动梭子，绕线，提起经纱，如图11-37所示。

图11-34　立式织机

图11-35　储存编织信息的花本框

图11-36　卧式织机

图11-37　Chok织锦

作为地组织的平纹采用两页综织造而成，由固定综上的一组细绳呈辘轳式吊综，综下部与脚踏板相连，交替一上一下，实现平纹开口（见图11-36）。

三、老挝织锦的艺术特色

老挝织锦每一件纺织品的设计都包含复杂绚丽的菱形纹样和传统的象征性图案（称为Ikat设计），其中大部分都隐藏在复杂的几何结构中，如图11-38（a）所示。主题可能包括神话传说中的河蛇、象狮、soho（半狮半象）、飞鸟、彩虹腹鸟、彩虹等。其他的灵感来自自然环境，如树、花、云、水、闪电、动物等。宗教信仰也在老挝纺织品中得到展现，通常描绘的是祖先的精神、来世、寺庙和佛塔。老挝艺术中经常使用动物和神话生物图案,ru图11-38（b）所示，一个原因是动物被认为有特殊的能力；另一个原因是，在伴随佛教传入老挝的史诗中动物扮演了重要角色。

（a）老挝织锦和Ikat纹样　　（b）传统纹样

图11-38　老挝织锦和纹样

第六节
越南织锦

越南莲花丝织绸

一、越南妇女的披巾织锦

越南织锦画廊

越南丝绸传统生产工艺与中国的相同。越南丝织的狭长披肩织锦，织造方式独特，如图11-39所示，机后若干线综绕过上方机架，经纱穿在线综中综眼内，线综下方挂重物张紧线综。织工坐在织机侧面，脚踩实现地综的升降，织造平纹地组织；若干线综在地综之后，由织工手拉，负责起花纹。

图11-39　狭长织锦织造

二、越南莲花丝织物

越南当地居民从废弃的莲花茎中提取纤维，制成一种特殊的“莲花丝”，成为时尚设计师们目前极力追求的独特面料。

莲花丝比蚕丝更加柔韧，用莲花丝纺织成的布料弹性更好。每次取4～5支莲花梗，并排用小刀在正反面分别轻轻割一下，再手工折断成3～4 cm的长度，双手拉出纤弱的丝线群黏在工作案板上，再揉搓成线，为了防止腐败，24 h内需要抽丝捻线，整个制作过程需要保持湿润，取丝过程如图11-40所示。

莲花丝织物呈天然淡赭色，看似麻，如图11-41所示，纤维有韧性，其纤维结构多孔而透气性强。莲花丝织物加工与缅甸藕丝织锦异曲同工，可以参照其加工工艺流程。

图11-40 取丝和制丝

图11-41 莲花丝绸示意图

制作“莲花丝”的过程很辛苦。用这种方法制作一条大围巾需要用大约9200根莲茎，一个工人大约需要两个月的时间才能完成。制作一件夹克的面料需要26 000支莲花梗中提取超过13 000 m的纤维。意大利奢侈品牌Loro Piana包了一片湖，用以制作成衣的莲花丝面料。

如今，越南丝绸生产工艺，正与人造丝和棉混纺，以创造出一种独特的悬垂性和耐洗性。越南也已成为世界第六大丝绸生产国。

第七节 马来西亚金绸缎与蜡染技艺

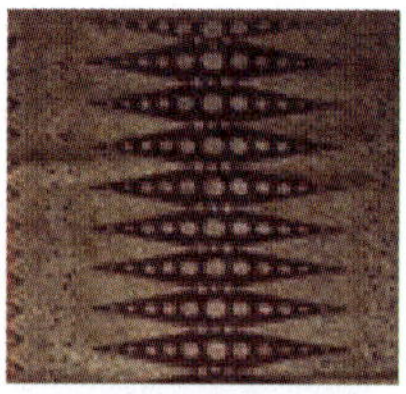

马来西亚蜡染

一、马来西亚金绸缎（Songket）

1. 金绸缎在马来西亚的地位

马来西亚金绸缎是由真丝、棉、金线、银线编织成的锦缎，金绸缎的图纹设计错综复杂，远看就像中国的刺绣一样，如图11-42所示。金绸缎是由技艺精湛的匠人手工编织而成。过去，金绸缎只有马来王族和贵族才有资格穿戴。现在，马来皇族和政府官员、家境优渥的马来人会在正式和重要的场合，如就职典礼、宗教仪式和婚礼上穿戴用Songket布制作而成的服饰。马来西亚登嘉楼州（Terengganu）的金绸缎公认是马来西亚做工最精致和最优秀的。

马来西亚金绸缎和峇迪蜡染画廊

2. 金绸缎的织造

金绸缎采用“一色经、多色纬、盘梭妆彩、通经断纬”的妆花织造工艺，与中国云锦技艺如出一辙，如图11-43所示。

金绸缎采用多综多蹑木织机织造，该机有脚踏式辘轳联动开口装置，采用手工“过管挖花”工艺盘织花纹，并采用织金工艺，如图11-44所示。

“Songket weavers（金绸缎织工）”指的是生活在登嘉楼州农村的女性编织工匠，她们一般生活在海边或热带森林周边，她们在织物上编织的传统图案都反映了她们生活和工作的环境，最常见的有植物类和动物的主题，如柿子的花冠、竹笋、海马等。就连飘浮的云和海浪，以及她们制作的马来美食，也激发了她们的热情，如图11-45所示。

图11-42　金绸缎

图11-43　金绸缎的妆花工艺

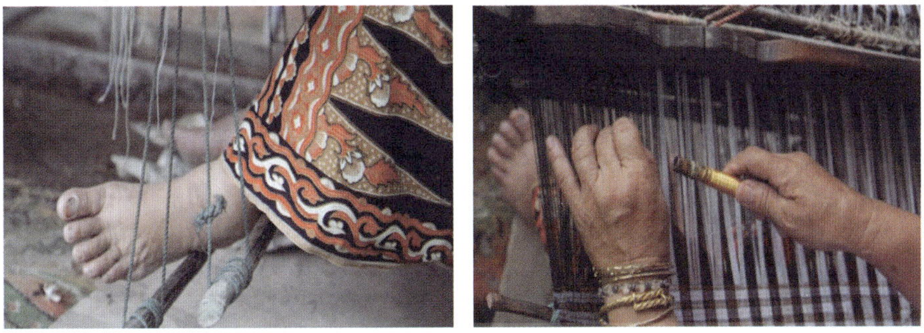

图11-44　脚踏开口装置与过管挖花盘织工艺

图11-45　金绸缎的纹样

二、马来西亚蜡染布—峇迪（Batik）

峇迪是马来西亚的传统蜡染纺织品工艺，传统的峇迪是纯手工制作，其花样设计繁复，色彩鲜艳，制作巧夺天工。

1. 峇迪蜡染工艺

峇迪蜡染工艺已有2000年的历史，是一种利用防染技术对织物染色的过程：在织物上局部覆盖一种防染蜡，以防止吸收颜色。

马来西亚的蜡染工艺主要分为两种：手绘（hand-drawn batik）和木版印刷（block-printed batik）。这些类型在生产技术、主题和审美表现上各不相同，通常根据所使用的工具进行分类。

蜡染用的蜡通常由蜂蜡、石蜡，树脂，脂肪和合成蜡按不同比例混合而成。每种成分都有其特殊的品质，蜂蜡在低温下融化，具有柔韧性，很容易附着在纺织品表面上，也很容易除去。石蜡，黄色和白色，既脆又容易开裂，所以染料渗透到纺织品上，能染出大理石般的外观。树脂将各种成分结合在一起，使蜡能更好地附着在纺织品上。而动物或植物脂肪则增加了蜡混合物的灵活性。一般用不完的蜡都可以再次使用。

（1）手绘防染蜡　蜡染艺术家使用一个带有斜面的小蜡壶，即一个具有不同大小孔径的小铜容器。这个容器附在一个木制或竹制的把手上，小壶内填充了熔化的蜡，用来描摹织物上图案的轮廓，如图11-46所示。

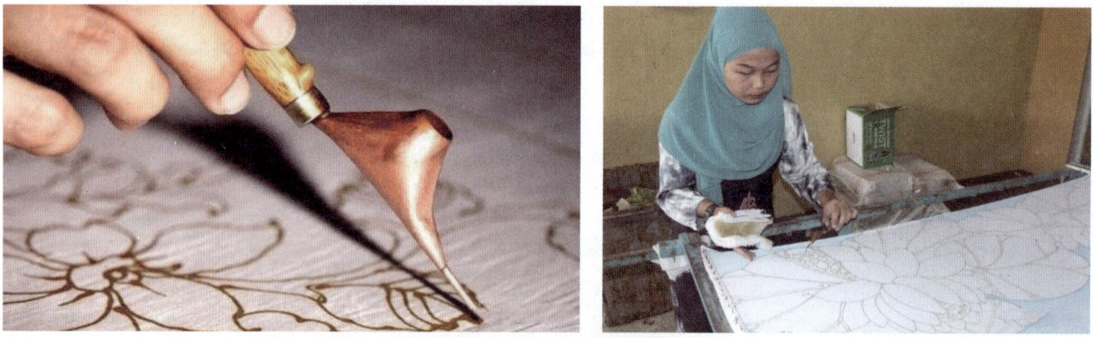

图11-46　手绘防染蜡

（2）木版印刷防染蜡　木版印刷防染蜡技术一般用于规模化高效率生产的蜡染布，其艺术的个性化和精细程度受到限制，一般用于四方连续或二方连续等蜡染纹样，如图11-47所示。

（3）手绘与木版印刷防染蜡相结合的方式　对于四方连续或二方连续的蜡染纹样，采用木版印刷防染蜡以提高效率；对于织物中局部需要艺术再创造、或更为精细的纹样，采用手绘防染蜡的形式，如图11-48所示。

2. 峇迪的艺术特色

峇迪被形容为艺术和文化的结晶，在布匹上设计有精细又漂亮的纹样。峇迪布料一般以民族花纹为设计，特别适合用于制作休闲便装，高品质的峇迪一般是用丝绸并以手绘纹样制成。

峇迪的图案纹样包括树叶、花朵和抽象图案，如图11-49所示。在马来西亚，峇迪里描绘人物类或动物的设计非常罕见，这是因为伊斯兰教禁止使用动物图片或其他违反伊斯兰教法的图片作为装饰，如图11-49。

马来西亚蜡染以其几何设计而闻名，与印尼爪哇蜡染不同的是，它的图案更大、更简单，主要依靠画笔绘画的方法，而不是涂在织物上着色。与深色的爪哇蜡染相比，马来西亚蜡染显得更年轻、更有活力。

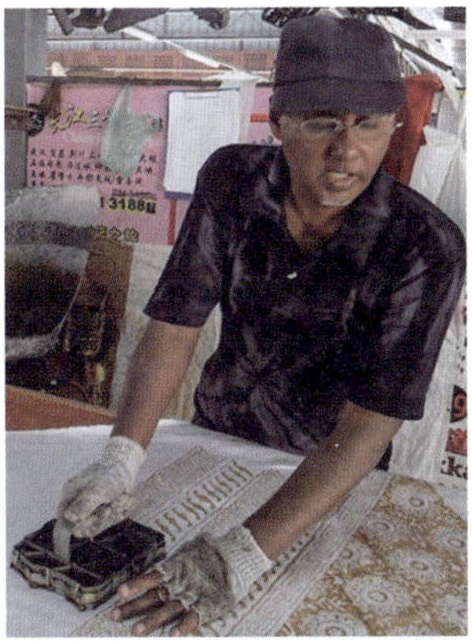

图11-47　木版印刷防染蜡

图11-48　手绘与木版印刷防染蜡相结合

图11-49　峇迪蜡染布的纹样和应用

第十二章　南亚国家纺织非遗技艺

本章内容：

（1）印度传统纺织品与技艺；

（2）巴基斯坦纺织非遗技艺；

（3）尼泊尔纺织非遗技艺。

第一节
印度传统纺织品与技艺

印度传统纺织技术

一、卡迪（Khadi）纺织品——舒适性麻棉面料

印度卡迪是一种手工编织的天然麻、棉布，如图12-1所示。它是一种多功能面料，夏季凉爽，冬季温暖。用于织造卡迪的纤维在一个称为charkha的纺车上纺成纱。

图12-1　卡迪织机及面料

二、卡拉姆卡里（Kalamkari ）织物 ——手绘或木版印刷棉织物

卡拉姆卡里是一种手绘或木版印刷的棉织物。印度卡拉姆卡里艺术有两种独特的风格——斯里卡拉黑斯特风格和马基里帕特南风格，前者用钢笔写意画图案和填充颜色，完全是手工制作，后者涉及织物的植物染色，如图12-2所示。

图12-2　卡拉姆卡里棉织物

三、巴那尔西（Banarasi）丝绸——织金织锦

巴那尔西丝绸以金银丝织锦绚丽、精美的丝绸和华丽的刺绣而闻名。巴那尔西丝绸装饰复杂，纹样图案灵感来自莫卧儿王朝以及大自然中花卉和树叶，如图12-3所示。

图12-3　巴那尔西丝绸

四、桑巴普里（Sambalpuri）织物——段染纱面料

桑巴普里是一种传统的手工织造段染纱面料，经纱和纬纱在织造前先进行扎染，然后织成织物，这种织物融合了传统的图案，如贝壳、轮子、花等，如图12-4所示。织造一匹桑巴普里面料整个过程需要数周。

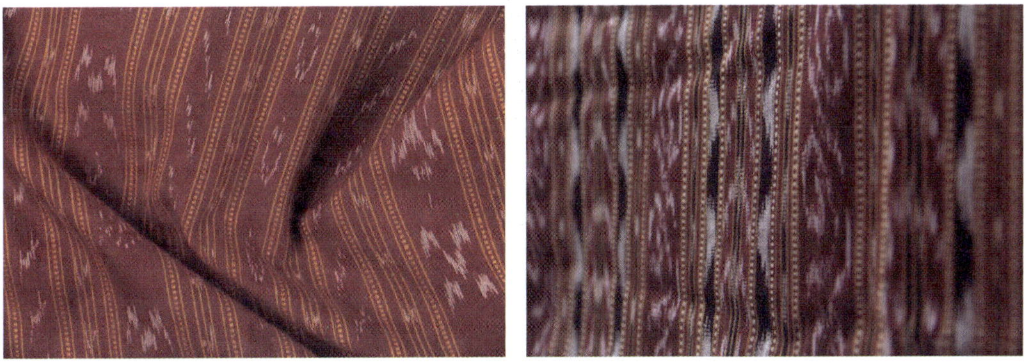

图12-4　桑巴普里段染纱面料

五、伊卡特（Ikat）织物——局部防染印花面料

这种纺织品以其几何图案和有意做出的染料渗出效应而闻名。这个过程被称为防染印花，也被称为Ikat，采用一系列的方法来防止染料扩散到整个织物。一部分产品被联合国教科文组织列入世界遗产，如图12-5所示。

图12-5　伊卡特织物

六、钱德里（Chanderi）织物——丝/棉混纺面料

钱德里织物是一种美丽的丝/棉混纺纱面料，采用传统多臂和提花织机织造。不少织物有金格子或小图案（被称为butis）。织物所用的纱线质量高、纱线细，由于原纱不脱胶，所以生产的成品织物具有透明感，如图12-6所示。

七、派他尼（Paithani）织锦——“过管挖花”织锦

派他尼织锦工艺已有2000多年的历史，采用蚕丝织造，面料两面纹样一致。织物有装饰的镶边，传统的纹样有藤蔓、花朵和水果的形状，鸟特别是孔雀常用作设计的主题风格。派他尼采用“通经断纬、白经彩纬、盘梭妆彩、过管挖花”的技艺，传统提花织机织造，与我国云锦妆花技艺相似，织物色彩以彩虹色最受欢迎，如图12-7和图12-8所示。

图12-6　钱德里织物

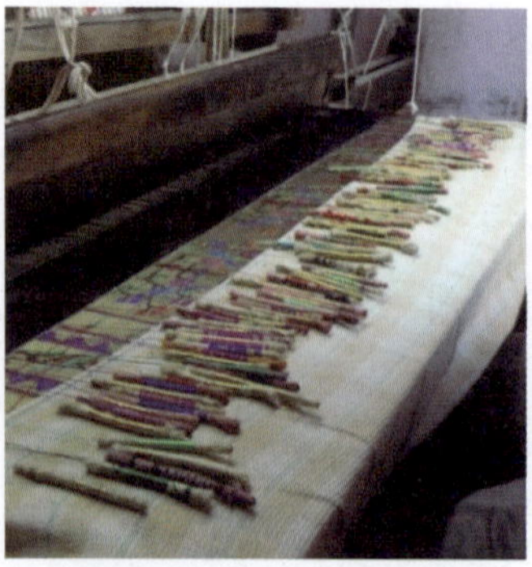

图12-7　手工过管挖花

图12-8　派他尼织锦

八、帕托拉（Patola）织物——防染织物

帕托拉是一种双伊卡特机织物（防染印花），通常由丝绸制成。帕托拉的意思是“丝绸皇后”，纹样要求非常清晰和精确，如图12-9所示。由于劳动强度大，制作每件帕托拉纱丽可能需要6个月到1年的时间。

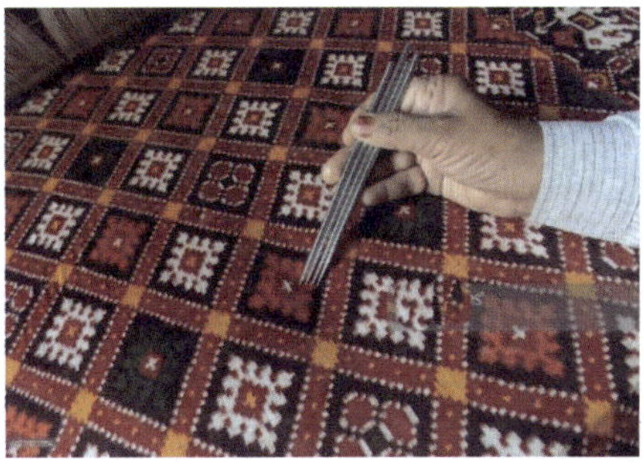

图12-9　帕托拉织物

九、帕什米纳（Pashmina）织物——克什米尔印花羊毛面料

帕什米纳是由精细的奶油色山羊毛制成的，上面有复杂的刺绣，如图12-10所示。帕什米纳在克什米尔的意思是软金，有些设计是手工雕版印刷的，这些雕版有时可以追溯到100多年前。制作一条帕什米纳披肩需要一个星期，然后还需要耗费很多时间在披肩上手工刺绣，非常烦琐。帕什米纳是最昂贵的织物之一。

图12-10　帕什米纳毛织物

图12-11　班德尼扎染织物

十、班德尼（Bandhni）织物——扎染织物

班德尼是扎染风格的织物，织物用线扎成小点，染色时，打结部分保持不着色，如图12-11所示。不同类型的捆扎方法有leheriya，mothda，ekdali，trikundi，chaubandi等。面料采用超细棉织物、mulmul、muslin等。

十一、坎吉瓦拉姆（Kanjivaram）锦——厚实华丽的丝绸

坎吉瓦拉姆是由三层纯桑蚕丝编织而成厚实的丝织物，名为“纱丽”。织工们使用科尔瓦伊的编织方法，将不同颜色的纱线织在一起，在纱丽上形成独特而复杂的图案，如图12-12所示。

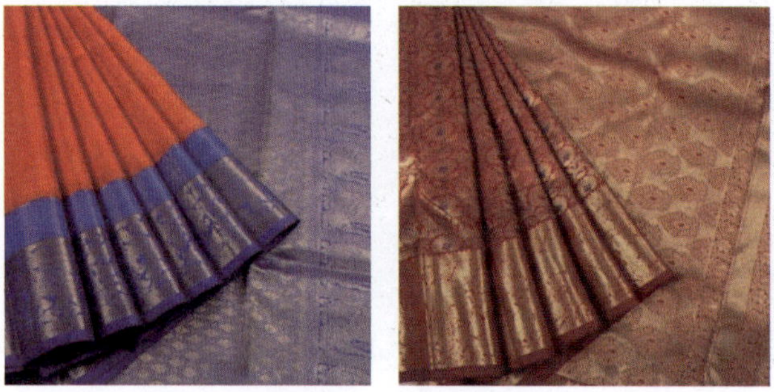

图12-12　坎吉瓦拉姆

图12-13　迈索尔绸

十二、迈索尔（Mysore）丝绸——镶金边的绸

迈索尔丝绸由桑蚕丝制成，具有悠久的历史，作为印度特色的“纱丽”面料，绸面华丽、简约、优雅。纱丽面料为纯色，100%真丝底布，两端有一条狭长的金色镶边，如图12-13所示。可采用多臂织机或提花织机织造。

十三、科塔多利亚（Kota Doria）织物——丝棉交织的方格织物

科塔多利亚织物具有方形组织的图案，使其成为最好的开放式组织织物之一。科塔多利亚采用棉、丝和zari（细金属线）纱线，基于方格图案在织机上进行编织。棉纱提供刚度，丝绸为织物提供光泽，如图12-14所示。

图12-14　科塔多利亚织物

图12-15　金诺里披肩方格织物

十四、金诺里（Kinnauri）披肩织物——对比色方格织物

金诺里披肩织物的几何图案具有宗教意义，采用白经彩纬。纬起花组织手工盘梭织造，用于纹样的纬线的颜色代表自然元素——水（白色）、空气（绿色）、土（黄色）、苍天（蓝色）和火（红色）。金诺里虽然色彩对比强烈，但是采用渐变色方格梯级过渡，给人以艳而不俗的感觉，如图12-15所示。金诺里与中国的云锦的晕色渐变有异曲同工之处，原料是美利奴羊毛、本地绵羊毛和帕什米纳羊毛等。

十五、贾姆达尼（Jamdani）—— 一种印经后整经对花织物

贾姆达尼意思是“一瓶花”，这种织物是采用先将经纱段染（局部染色）成不同色泽，或者局部染色与局部不染色交替，然后再整经对花后织造，形成自然的不规则晕色花纹效应，给人以返璞归真之感。如图12-16所示。

图12-16　贾姆达尼段染织物

图12-17　穆加织锦

十六、穆加（Muga）丝绸—— 金彩绚丽的织锦

穆加织锦的蚕丝主要由印度阿萨姆邦加罗地区生产，是从半驯化的蚕的丝中提取的。“穆加织锦”最显著的特点是它的金色明亮色调和大提花花纹，具有富贵气息，与中国云锦的“金宝地”的风格有几分相似，如图12-17所示。

十七、巴格鲁（Bagru print）织物——印度的蓝印花

巴格鲁是一种传统的印花工艺，采用天然染料和色彩，突出特点是采用靛蓝染料。图案采用刻有花纹的木块转印，分为直接印花和拔染转印两种风格。一般认为这种方式印花的传统技艺是环保的，如图12-18所示。

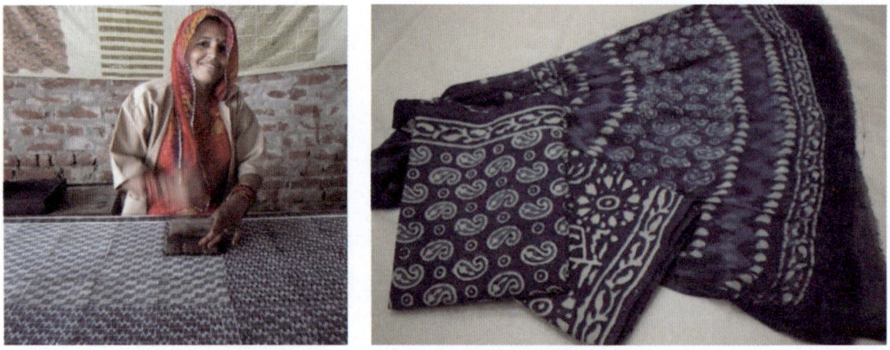

图12-18　巴格鲁传统印花技艺和产品

十八、印度的传统织机

1. 互动多综多蹑织机——多臂织机

这种多综多蹑织机在印度称为Ghoda Shal或者Border织机，来自印度是古吉拉特邦，主要作用是织造织物上的小花纹，或者织造一块织物两侧的花边，后来被现在的多臂装置取代。多综多蹑织机一共21个综片11个踏板，通过经线和综线以及综片和踏板的排列组合进行小提花织造，如图12-19所示。

2. 贾卡提花织机——印度的小花楼织机

贾卡（Jacquard）提花织机，来自印度瓦拉纳西，是一种线制花本的提花织机，曾经在印度的瓦拉纳西和古吉拉特广泛使用，用于织造纱丽等大提花织锦。织造幅宽很大的纱丽时，需要三名织工同时操作。两织手在下负责投梭织造， 拽花工在上提起经纱，升降依据是花本，花本是根据纹样穿入经纱片的一组线绳，控制每引一纬时经纱的提升状态，与我国三大名锦技艺相同，如图12-20所示。

印度贾拉织机花本挑织

图12-19　互动多综多蹑织机

图12-20　贾卡提花织机与花本

3. 地坑织机

地坑织机是一种织工坐于地坑之中的织机，它省去了部分机架，而且经线离地面很近，可吸收地面的潮气。印度的地坑织机主要是两综两蹑和四综四蹑的简单织机，如图12-21所示。可用于织造一种平纹地组织手工挑花的织物，也可以做手工挑花的宽幅厚重的地毯织物。

图12-21　地坑织机

印度经典
纺织品画廊

第二节
巴基斯坦纺织非遗技艺

巴基斯坦织锦与织毯

一、巴基斯坦地毯织造技艺

1. 织造技艺

巴基斯坦生产的花纹独特的羊毛地毯非常有名，其代表性的地毯是拉合尔手织地毯。如今地毯出口在巴基斯坦外贸中占有很重要的位置。巴基斯坦的地毯产地主要集中在西北部地区至喀什米尔高原一带，拉合尔是巴基斯坦的古都，一直以来都是手织地毯交易的集散地。此地的地毯采用是波斯结（单结，如图12-22）与土耳其结（双结，图12-23）编织，其中又以波斯结的编织方法最具特色。巴基斯坦地毯绝大部分都是仿制布哈拉、波斯和高加索的图案。

巴基斯坦地毯与
服饰面料画廊

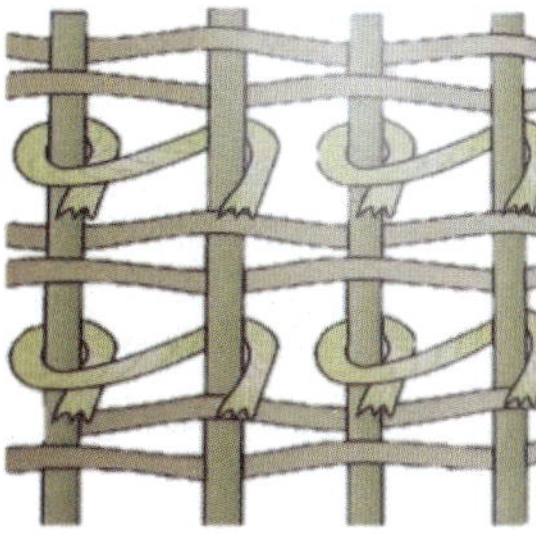

图12-22　波斯结

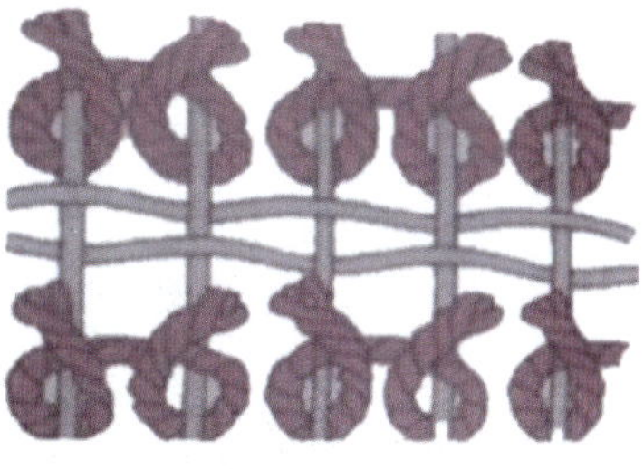

图12-23　土耳其结

织毯操作和地毯实物如图12-24和图12-25所示。

图12-24 织毯打结操作和成品

图12-25 巴基斯坦地毯

2. 后整理工艺流程

巴基斯坦地毯的后整理工艺流程有：基层处理→弹线、套方、分格、定位→地毯剪裁→钉倒刺板挂毯条→铺设衬垫→铺设地毯→细部处理及清理。

二、巴基斯坦传统织机

巴基斯坦传统织机为多综多蹑织机，通过脚踏式开口机构实现综页升降，通过手拉实现往复投梭引纬，如图12-26～图12-29所示。

图12-26 巴基斯坦传统织机织造

图12-27 多综多蹑开口装置

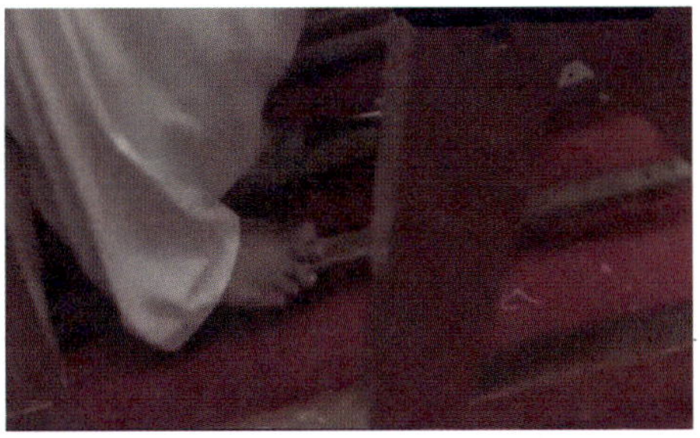

图12-28　脚踏开口

图12-29　手拉投梭

第三节
尼泊尔纺织非遗技艺

尼泊尔手工地毯编织

一、尼泊尔地毯加工技艺

尼泊尔地毯全为纯手工制作，是世界上著名的地毯之一。尼泊尔地毯采用西藏或者新西兰的优质羊毛，再加上棉花、大麻、丝、黄麻、荨麻等经手工纺纱织成，地毯的表面富有弹性和光泽，立体感强。

尼泊尔地毯的加工流程如下：

（1）分拣和清洗　挑出羊毛原料中的杂质并清洗尘土，经2～3天晒干后涂脂。藏羊毛纤维长度、光泽和弹性都很好；新西兰羊毛的直径约 36 μm，长达 100 mm，也能满足市场标准。

（2）梳理　传统的梳理流程为手工梳理羊毛，以保证纺纱时顺滑，这也是确定不同来源羊毛混合比例的阶段。在地毯业发展时期，引进了需要手工配合的梳理机器，但有些客户还是喜欢手工梳理制作的产品。

（3）纺纱　根据地毯质量要求，将梳理的羊毛用手纺车纺成细纱，如图12-30所示。

图12-30　纺纱

（4）染色　传统染色采用罐染和植物染的方式，这种传统染色方式虽然还有使用，但已很大程度被封闭车间的机染取代，含有有害物质的染料已不再使用，染出的纱要经1～3天晒干。罐染和植物染方式还有使用。

（5）编织打结　根据打结密度，目前 60 结（每平方厘米）地毯每平方米有56 000个结，重量为4.5～5.0 kg；80结地毯每平方米有80 000个结，重量为 3.5～4.25 kg；100 结地毯每平方米有125 000个结，重量为2.5～3.5 kg，如图12-31所示。

（6）修整　地毯编好以后，按设计和图案用剪子修整，如图12-32所示。

（7）清洗晒干　用清水和化学剂清洗地毯，然后晒 4～5天，直至晒干。

（8）平整和拉展　生产最后一道工序是平整和拉展地毯，制好的地毯成品如图12-33所示。

（9）地毯结边　地毯结边也是一门艺术，工具是剪刀、铁尺、操纵杆和梳打器。

图12-31　编织打结

图12-32　修整

图12-33　成品

二、尼泊尔披巾的家庭加工技艺

尼泊尔北部高山地区家庭采用简易腰机加工羊毛披巾，主要工序包括羊毛纺纱、地面立柱整经、上机、分经、腰机织造、缝边等。

（1）羊毛纺纱　在手摇纺车上将羊毛纺织成纱线，如图12-34所示。

（2）整经　在地面插一列木棍，以平纹交织规律为例，奇偶数排列的经纱分别绕在户外地面上所插同一木棍的内外两侧，例如奇数经纱在第一根木棍的内侧，则偶数经纱在外侧；下一根木棍时，则奇数经纱在第一根木棍的外侧，偶数经纱在内侧，以此类推。上机后用分经杆和铲纬刀替换，如图12-35所示。

（3）上机　将整好的经纱呈环状套在房梁下挂的横杆上引出，另一端套过织工腰后，调整张力至经纱绷紧，如图12-36所示。

（4）穿分经杆　将原来的木棍替换成较长的分经杆、铲纬刀。分经杆上通过线环依次绕过相邻的经纱，通过分经杆上的线环提升经纱，起到类似综页作用，平纹至少两根分经杆，三枚斜纹则至少需要三根分经杆，如图12-37所示。

（5）织造：

①开口　先提起分经杆，将需要上升的经纱拉起，形成梭口，如图12-38所示。

②插铲纬刀　将铲纬刀深入梭口，前后反复移动，进一步扩大梭口后，撑在相应分经杆前方，保持静止，形成引纬通道。

③打纬　将长纬纱轴（纡子）穿过梭口，再用铲纬刀反复打紧。铲纬刀有扩大梭口和

打纬的双重作用。

（6）缝边　用粗彩色线在织物两侧缝边，起美化和保护织物的作用，如图12-39所示。

图12-34　纺纱

图12-35　整经

图12-36　上机

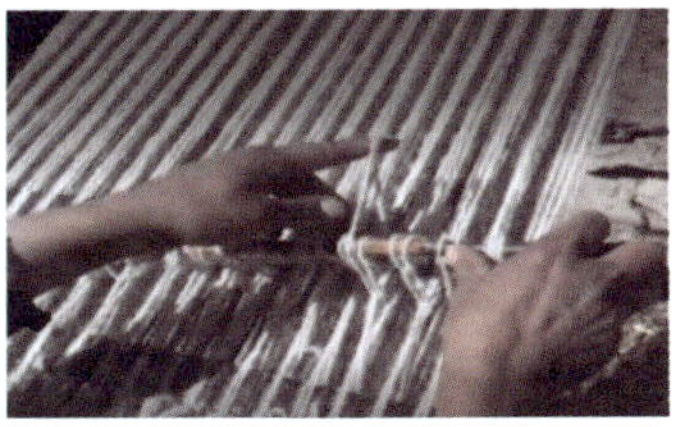

图12-37　穿分经杆

图12-38　织造

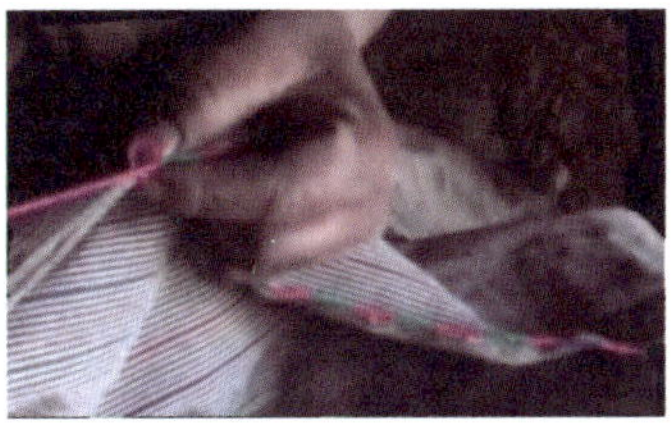

图12-39　缝边

尼泊尔羊毛
披巾制作

尼泊尔羊毛
披巾和服饰画廊

第十三章　中亚、西亚国家纺织非遗技艺

本章内容：

（1）中亚国家乌兹别克斯坦传统纺织技艺；

（2）西亚土耳其地毯技艺；

（3）西亚伊朗地毯技艺。

第一节
乌兹别克斯坦传统纺织技艺

乌兹别克斯坦
艾德莱丝绸生产

一、乌兹别克斯坦的艾德莱丝绸——扎染Ikat经絣织物

1. 乌兹别克斯坦艾德莱丝绸特色

乌兹别克斯坦的艾德莱丝绸，是一种扎染后经纱对花织物，与我国新疆维吾尔族艾德莱丝绸有异曲同工之处，如图13-1所示。

图13-1　乌兹别克斯坦Ikat丝绸和织机

制作乌兹别克斯坦艾德莱丝绸时，要先把二三十个蚕茧的丝（一个茧丝的长度约1200 m）合并在一起，形成柔软、有弹性的生丝，再进行扎染。乌兹别克斯坦艾德莱丝绸纹样粗犷奔放、每个产品纹样都不同，色彩绚丽鲜艳、采用植物染色，红色是用石榴皮染制而成，黄色来源于洋葱，棕色出自坚果。

主要用桑蚕丝织造，按图案的要求，在经纱上扎结，进行分层染色，整经、织绸。染色过程中图案因受染液的渗润，有自然形成的色晕，参差错落，疏散而不杂乱，既增加了

图案的层次感和色彩的过渡面，又形成了丝绸纹样富有变化的特点。乌兹别克斯坦的艾德莱丝绸质地柔软，轻盈飘逸，尤其适于制作夏装。

2. 乌兹别克斯坦艾德莱丝绸的生产

生产过程包括：煮茧、抽丝、并丝、摇纱、扎经、染色、整经拼花、穿经插筘、织造，如图13-2～图13-7所示。乌兹别克斯坦艾德莱丝绸采用多综多蹑织机织造，脚踏开口控制不同组织的开口规律，手拉投梭。每个织工每天可以织 4～5 m。

图13-2　煮茧、抽丝、并丝

图13-3　摇纱

图13-4　绕经

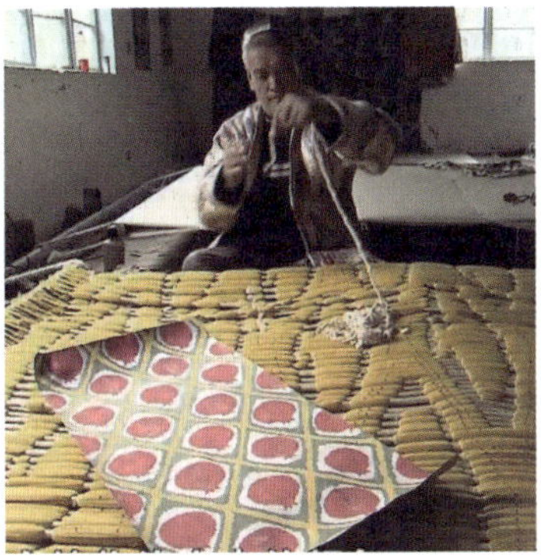

图13-5　染色前扎经

图13-6　染色后对花

图13-7　织造

二、乌兹别克斯坦地毯

一张乌兹别克斯坦丝质地毯通常需要600万个蚕茧，而这600万个蚕茧的染料需要一次性制作完成，以保证颜色均匀一致。染料是用天然的植物果实制作而成的。地毯的织造如图13-8所示：将前后经线分开，将纬线勾入、打结、下压、剪断，就算完成了地毯上的一结。千千万万个结按照设计图纸（见图13-9）上的排列组合在一起，就构成了完整的图案。一张中等大小的地毯通常需要花费一个工人7个月的工时，售价在3500～7000美元不等。200余工人的工厂，每年能够完成地毯约700 m^2。

乌兹别克斯坦手工编织地毯

乌兹别克斯坦艾德莱丝绸和手工织毯画廊

图13-8　编织打结

图13-9　地毯编织纹样

乌兹别克斯坦地毯纹样繁复，色彩丰富，主题多样，如图13-10所示。

图13-10　乌兹别克斯坦地毯

第二节
土耳其地毯的传统编织技艺

土耳其手工编织地毯

土耳其地毯是土耳其民间代表性的艺术品之一，在国际地毯中占有重要地位。土耳其地毯的编织工艺始于其祖先塞尔柱人，是11世纪从中亚传入安纳托利亚高原的，至今已有千年历史。奥斯曼帝国繁荣时期，土耳其地毯就远销欧洲和远东。土耳其作为古代丝绸之路的重要组成部分，交汇了亚欧两大文明的特征。文艺复兴时期，土耳其地毯和欧洲绘画相互影响，那时的欧洲人不把地毯用来铺地面，更多是用来装饰桌子或悬挂在墙上，是社会地位和财富的象征。

土耳其地毯画廊

地毯是土耳其人的日常生活用品，土耳其农村妇女通常在冬季编织地毯。

一、土耳其地毯的纤维原料

土耳其地毯主要原料为羊毛、丝、棉。最昂贵的是真丝地毯，通常面积较小，精致大方，比较适合亚洲气候，经久耐用。有些地毯之所以特别便宜是因为只有结上的部分是羊毛，底则是棉质的。地毯的材质按经纬编织分为四种：羊毛＋羊毛、棉＋棉、棉＋丝、丝＋丝，其中“丝＋丝”的编织难度最高。另外，地毯质量取决于地毯编织结数，即编织密度。

二、土耳其地毯的种类

土耳其地毯种类繁多，以原产地、生产工艺、装饰图案、特征版式设计或色彩设计命名，如：以粉红色为基调的米拉斯地毯；拥有线条分明的几何形图案的卡帕多西亚地毯；以鲜花为基调的阿拉伯风格的奥斯曼宫殿地毯；程序化的人物画像的土库曼地毯；主题图案都有草本植物的贝尔加玛地毯；具有高加索风格，原料采用天然染色的羊毛，主要用色是海军蓝、大红和奶油色，图案为大型几何形的卡尔斯城地毯；具有不完整的环形线迹、深暗色调、多种多样的图形、单一装饰花边、程式化的植物和动物图案，还有几何形和对称式图案的范·基里姆花毯；紧密编织和厚重外观的西瓦斯地毯；具有独特几何图形的锡马夫地毯。

三、土耳其地毯的色彩和纹样

1. 色彩

土耳其地毯色彩和纹样深受伊斯兰艺术文化影响，用野生植物的根榨出汁液染色。主要颜色有三种：波斯蓝（像宝石一样湛蓝）、波斯红（像玛瑙一样深沉的玫瑰红）、葡萄紫（红蓝混合色），色调柔和悦目，历经百年而不褪色。染色材料决定了地毯寿命，土耳其地毯所用的染料是用本地各种植物如石榴、草根等浸泡后提炼出来的，对羊毛侵蚀较轻，使地毯精美雅致、持久耐用、永不褪色。

2. 纹样特征

土耳其地毯花纹繁复、图案华丽、充满了异域风情，古朴中流露出典雅、高贵气息，还与伊斯兰文化紧密相关，双手叉腰的人代表好运，树象征生命和精神，飞鸟表示乡愁和对幸福追求。纹样典雅、夸张、浪漫、立体感强。土耳其地毯的图案也受到商旅文化的影响。土耳其作为古代丝绸之路的重要节点，交汇了亚欧两大文明特征，华丽的几何对称组合图案具有欧洲宫廷的韵味，配上极具东方色彩细致的花鸟、植物形象，美轮美奂，如图13-11所示。

图13-11　土耳其地毯实物纹样

3. 纹样的象征意义

图13-12（a）中上面的两个符号表示女性、母亲和生育的意义；下面的两个符号表示男性、力量和权力的意义；图13-12（b）代表自然，如流水；图13-12（c）飞鸟纹象征旅人的乡愁和对未来生活的憧憬；图13-12（d）中箱子纹样反映女性对未来富足生活的期盼；图13-12（e）发饰纹样反映妇女对自身魅力的追求。

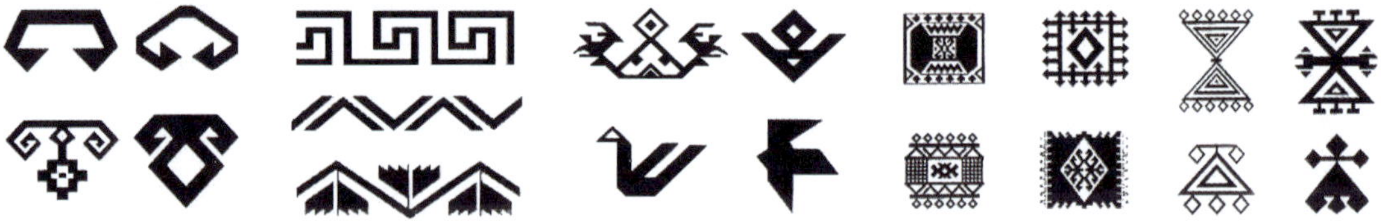

（a）性别　（b）流水　（c）飞鸟　（d）　（e）发饰

图13-12

4. 纹样的布局

纹样布局有满地花式、中心葵式和直挂式，如图13-13～图13-15所示。

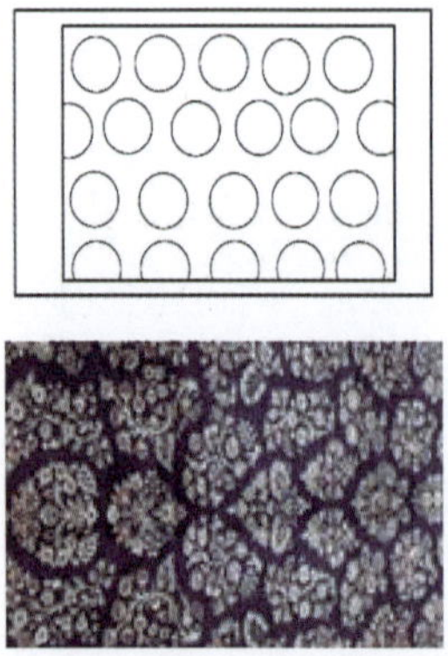

图13-13　满地花式

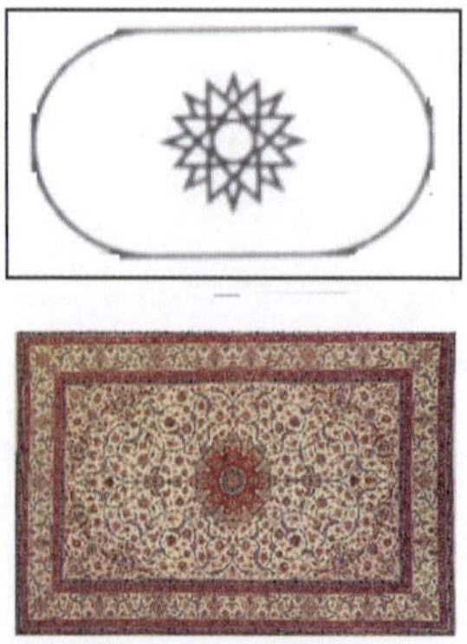

图13-14　中心葵式

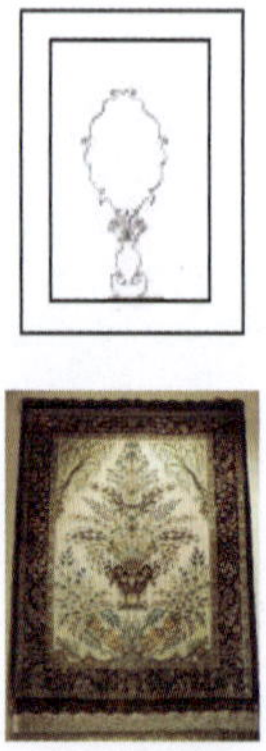

图13-15　直挂式

四、土耳其地毯的织造

1. 土耳其结

土耳其地毯采用“土耳其结”编织，是双结编织。编织时，将绒线置于两根相邻的经线之上，两端环绕这两根经线向内绕上一个圈，然后竖立形成地毯绒面，组成漂亮图案。土耳其结法是对称的，如图13-16所示。编织现场如图13-17所示。结织法织出的地毯花色复杂，外形美观。

土耳其地毯的质量通常是由其编织密度决定的，结打得越细地毯也就越结实。购买地毯得翻看毯底，毯底图案一样要清晰如毯面。在土耳其的农村，很多人自己织地毯，可能要耗费几年时间才能织出一张地毯。

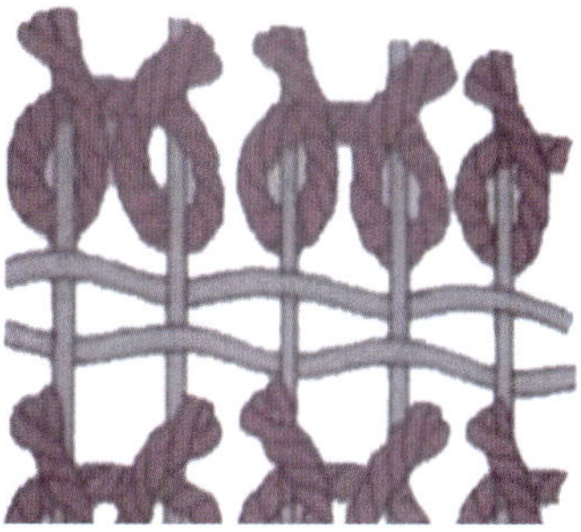

图13-16　土耳其结

图13-17　地毯编织打结

2. 具体织造过程

（1）穿经线：将经线分奇偶数呈环状纵向分别绕过两列框杆，经线长度就是地毯的长度，也要预留流苏的长度。

（2）打底纬（下端流苏）：在底端将纬线横向与经线交织形成一两英寸的带子，作为纬向编织的基础依托，待织毯完成后，将底纬拆掉，留下的经纱就是流苏。

（3）编织花纬打结：按照纹样图选择不同色纬绕过经纱打成土耳其结，这本质上是“通经断纬”形式，即纬纱不是一贯到底。编织结数即编织密度越大，则地毯越结实耐用，纹样越复杂。一般高档地毯的编织密度超过 50 结/ cm^2。

（4）织地纬：每一行花纬打结结束后，引入一两根纬线作为地纬，作为地毯的“底布”，所以地毯是重纬织物。引纬线时要靠这两根杆子的升降运动，轮流地将每隔经线抬起或下落，以便纬线一沉一浮地沿地毯宽度穿过经线所形成的梭口。

（5）打纬：用一把梳子将每一排结子与接下来的纬线往下面均匀地打紧。

（6）织上端流苏：在地毯上端织入纬线的带子，形成上端流苏，延伸地毯下端的机织带子的经线被解开，拆掉纬纱，形成地毯的流苏。地毯的布边采用纬纱与经纱织造时不打结的形式。

波斯地毯

第三节
伊朗波斯地毯传统编织技艺

波斯地毯是伊朗著名的手工业之一，自古在国际上享有盛誉，以其优良的质地、古朴雅致的图案和精美的工艺受到世人的喜爱。据考证，其编织和生产的历史至少已经有 2500 年。17世纪，在萨法维宫廷的扶持下，地毯从分散从事的手工业，一跃成为城市中心作坊的职业。

波斯地毯的一大特色是其染料从天然植物和矿石中提取，染色经久不褪不变，以抽象的植物、伊斯兰文字和几何图案进行构图。

目前，伊朗有超过500万人从事地毯相关行业，地毯是伊朗第二大出口产品，出口额仅次于石油。

一、纤维原料

波斯地毯通常融合了羊毛、棉、真丝等多种材料，有时为了增加光泽，还会加入金丝和银丝。羊毛是编结波斯地毯的主要原料。放牧山区的阴冷气候使得羊毛纤维柔软细长，质地优于其他温暖地区所产的羊毛。8～14 个月的羔羊身上的羊毛是最优质的，这样的羊毛叫考克。高质量、多结的波斯地毯通常采用考克作为原料，这样的地毯手感细腻、平滑而且柔软。棉通常作为地毯背面的经线原料。真丝是用在波斯地毯中最光滑的原料，它可以使地毯非常柔软而且反光效果极佳，通常用真丝作原料是为了强调地毯中图案的设计和主题。伊朗人把棉毛质地的厚地毯放在客厅，真丝地毯放在床边。

二、纹样设计

地毯图案主要取材于中东地区人民的生活环境、风俗习惯。不同的地区设计的地毯图案风格各异，但使用类似的题材。波斯人信仰伊斯兰教，地毯图案多取材于美丽的清真寺的瓷砖、宫殿的石雕、自然景色、鸟兽、花草树木等。伊朗地毯图案可分为两大类，一类是直线条几何图案，另一类是风景、花卉、动物图案。

1. 直线条几何图案

这类地毯的所有装饰纹样是由垂直线、水平线和对角斜线组成，重复形成中心花纹，如图13-18所示。该类地毯大部分是在游牧部落和远离城镇的村庄编织的，纹样比较原始。

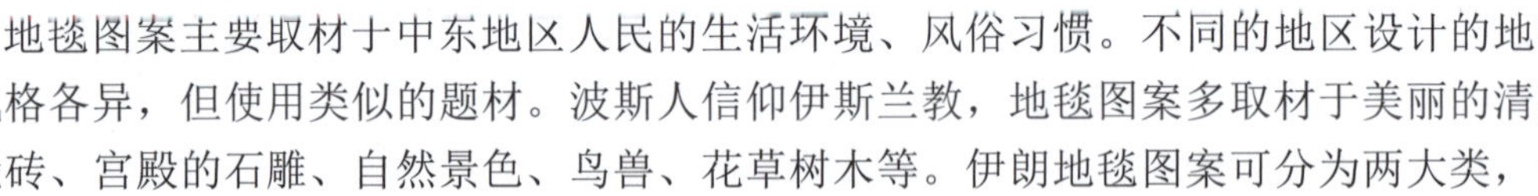

图13-18　游牧民族和农村的直线条几何图案

2. 圆弧曲线和写实图案

库姆、伊斯法罕等地的城市地毯，采用圆弧曲线和写实图案，地毯的纹样一般由自然风景、花卉、动物图案组成，如图13-19所示。曲线图案通常要求更高的打结密度，以形成更精细的花纹，所以，图案是按照画在纸上的图样进行编织的。

图13-19　城市的圆弧曲线和写实图案

总之，无论是波斯地毯的直线条几何图案或者是曲线写实图案，最常见的元素有：宗教人物纹、花瓶花草纹、文字纹、树木动物纹、狩猎纹、庭园建筑纹。若按纹样在地毯中的位置，可分三种类型，即中心主花纹、边角花纹和填充装饰纹。但是，即使同一纹样，在波斯的不同地区，因打结方法和织物结构方面的差异，所表现出的纹样外形也各不相同，如图13-20所示。

图13-20　伊朗波斯地毯

伊朗各地的地毯密度是不同的，伊斯法罕地毯的打结密度一般是60～100 结/10cm，高密度的地毯打结数可以超过140 结/10cm。伊朗地毯的最低密度一般在30 结/10cm左右，约90 000 结/㎡。

三、染色技艺

波斯地毯都是使用当地农田或山区生长的农作物来染色的，颜色运用越多，地毯的价值越高。

伊朗的羊毛颜色本身多种多样，有黑色、米色、棕色、黄色，尤其是羊颈部和腹部剪下来的毛，更是鲜亮。染色时，使用植物的根、茎、皮提取染料，如从石榴皮提取淡黄色，从核桃皮提取赭色，而红色则往往用一种黑色的小昆虫染成。

在染色之前，要把羊毛漂净和晒干，然后将干净的羊毛用手卷成纺线状。漂染时将稀松的毛线放在染桶里保持一段时间，经过这道工序以后，直接挂起毛线而不能挤压或揉搓，毛线颜色会变得不均匀。最后，染好的毛线放在阳光下晒干。

四、地毯的织造步骤

伊朗波斯地毯织造步骤和装置与土耳其地毯基本相同，但是打结方式不同，如图13-21所示。

1. 波斯结（Persian or Sinneh）织法

绒线在一根经线上绕一圈，然后穿过相邻的另一根经线下面，两端绒头竖立形成地毯绒面，组成漂亮的图案，如图13-22所示。波斯结法是不对称的。这种打结方法主要分布在伊斯法罕（Isfahan）、卡山（Kashan）地区。

2. 无绒头地毯——基里姆地毯（Kilim）结织法

无绒头地毯或平织地毯所需要的劳动和材料比绒头地毯少，因此它们通常更便宜。由于平织地毯的技术比绒头打结更简单，因此被认为早于绒头地毯。毫无疑问，多个世纪来一直使用各种各样的平织地毯技术，如图13-23所示。

图13-21 波斯地毯编织打结

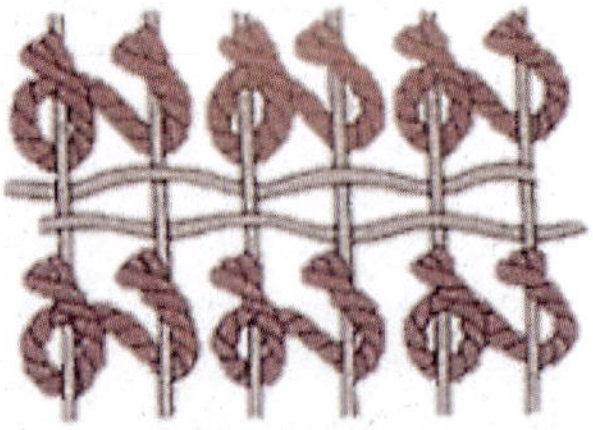
图13-22 波斯结

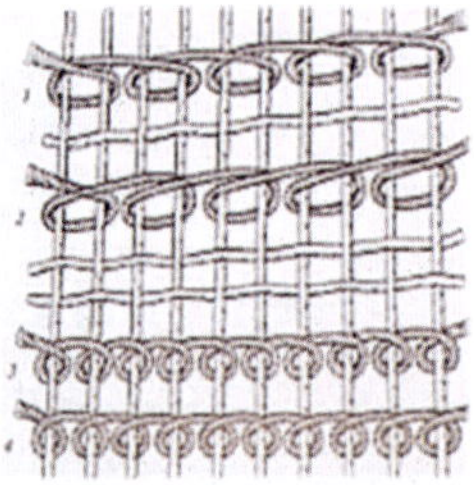
图13-23 无绒头结

3. 打结密度

伊朗各地的地毯打结密度各不相同，伊斯法罕地毯的打结密度一般是60～100 结/cm，如图13-24所示。高密度地毯的打结数可以超过130结/10cm。

一个织毯工一天可以打3500～5000个结，即80 cm宽的地毯，每人每天只能织造 1 cm长，一块80 cm×120 cm的地毯，一个织工要织13个月。2 m×3 m的大块丝织地毯，需要两三个人织造三年半到四年，打400万个结以上，售价约1.8万美元，使用寿命可达一百年。图13-25所示为17世纪萨法维王朝时期的作品，是世界上最贵的地毯，拍卖价3380万美元。

图13-24 打结密度

图13-25 萨法维时期地毯

五、伊朗的兹鲁织机

兹鲁织机机身类似双轴竖机而稍有倾斜，如图13-26所示，机前有综线，机侧亦有花本与之相连，但其花本是一边挑一边织，挑完之后又放弃，不再贮存。

图13-26　兹鲁织机

伊朗兹鲁织机

附：叙利亚传统丝绸织造

伊朗波斯地毯画廊

叙利亚传统丝绸织造

第十四章　东亚之日本和韩国纺织非遗技艺

本章内容：

（1）日本纺织非遗技艺；

（2）韩国纺织非遗技艺。

第一节 日本纺织非遗技艺

西阵织

非遗在日本称为“无形文化财富”，根据日本法律规定，是指在特定地域、采用本地原料生产日用品，部分采用手工制作，有百年以上历史的传统技艺。

一、西阵织——日本国宝织锦

1. 西阵织的历史和应用

西阵织源起于1200年前的日本京都，是日本国宝级的传统工艺品，有日式蜀锦之称，西阵织与我国云锦、蜀锦、宋锦、壮锦齐名，同为“东方五大名锦”。

西阵是日本京都上京区的一个地区，那里生产的一种传统纺织品，更狭义地称为西津织（Nishijinori），它的历史可追溯到5世纪～6世纪，自中国引进养蚕、纺织丝绸技术为起源。西阵织工艺水准高，早期专供皇室贵族制作衣服之用，后来演变为地方传统产业。

2. 西阵织品种和特色

西阵织有12个种类，包括缀、经锦、纬锦、缎子、珠珍、绍巴、风通、綟织、本皱织、天鹅绒、絣织、紬。

西阵织做工精致，制作流程繁复、织匠技术娴熟、生产要求高、耗时费力。西阵织采用“先染后织”方式，将丝线先染过色后才按照图样织成纹织品。西阵生产的名为欧比（Obi）的纬锦是日本最精致、最奢华的西阵织品种，其技艺是公元五至六世纪（中国南北朝至隋代）从中国传入的，其局部盘梭妆彩、过管挖花、反面朝上的妆花织法与蜀锦、云锦等一致，如图14-1所示。西阵织的欧比如图14-2。

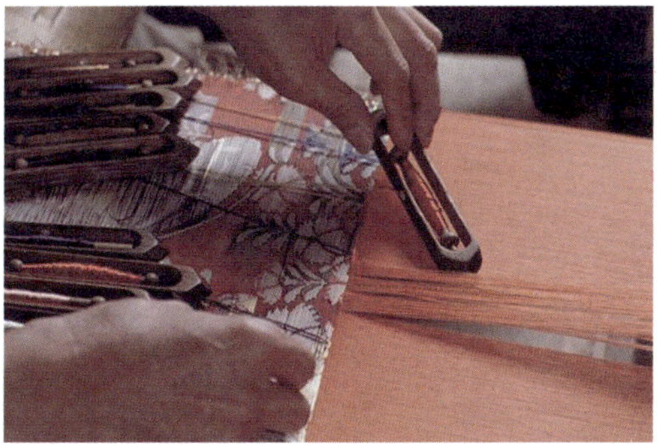

图14-1　欧比织法

图14-2　西阵织的欧比

3. 生产流程

（1）企划和图案绘制　根据企划目标绘制纹样，如图14-3所示。

（2）染丝　一般采用矿物质染料，将丝束环套在杆上，在染缸染色，不断变换丝束位置，保证上染颜色均匀，如图14-4所示。染色过程中要不断根据目标丝样的颜色进行对色，不断调整染料的颜色种类和用量，保证色泽准确，如图14-5所示。染色后要拧干染液，如图14-6所示。拧干后再进行对色，如图14-7所示，如颜色有差异，则再进行回染或拔色。染后丝绞如图14-8所示。

（3）摇丝　将染后晾干的丝绞绕在大纱框上，倒卷在小型框架上，如图14-9所示，整后形态如图14-10所示。根据需要放到整经机后部，为整经做准备。

（4）整经　根据织物总经根数，将全幅经纱所需根数分成若干条带（绞），根据每绞根数，在整经机后放置若干经丝卷装筒子。经丝向上垂直退绕，经过导纱钩、分纱板孔、穿过定幅筘，绕到大滚筒上，如图14-11所示；最后所有条带的经丝再共同倒卷到织轴上。整经现场如图14-12所示。

（5）织造　日本织锦类织机与中国蜀锦织造所用的小花楼织机相同，如图14-13所示，操作时需要双人配合，上边的人根据花本，提起部分经纱负责开口，下面的织手负责引纬、打纬织造。对于西阵织的纬锦类中的欧比织锦，需要采用过管挖花的局部盘梭妆彩技艺，如图14-14所示，投梭采用的手拉投梭方式（图14-15），速度高。

图14-3　纹样绘制

图14-4　染丝

图14-5　染缸对纱色样

图14-6　拧干染液

图14-7　染后对色

图14-8　染后丝绞

图14-9　摇纱

图14-10　摇纱后卷装

图14-11　整经操作

图14-12　整经现场

图14-13　日本古代西织阵小花楼织机

图14-14　盘梭妆彩

图14-15手拉投梭

4. 西阵织欣赏与应用

西阵织的织物及其应用如图14-16所示。

西阵织画廊

西阵织缂丝

图14-16　西阵织欣赏与应用

二、日本经典织物和传统技艺

1. 芭蕉布

早在14世纪，古琉球已经开始制作芭蕉布，日本的冲绳、奄美大岛、屋久岛等地已经能从芭蕉中提取纤维。芭蕉布清爽，纹理清晰自然，朴素而珍贵，很适合湿热的冲绳。但芭蕉布制作复杂，在古琉球是王族用品，作为贡品而存在。

芭蕉分实芭蕉、花芭蕉和丝芭蕉，制作芭蕉布的是丝芭蕉。丝芭蕉的培育、抽丝都不简单。先把丝芭蕉根部朝上，用刀子划开，分四层剥开。越往里面的芯部，纤维越细越有光泽，颜色会越漂亮。最外一层做坐垫，第二层做腰带，第三层做和服，最里层做染色用的丝线。一颗芭蕉木能取出的纤维不过 20 g。然后才是纺纱、染色、手织。还要对纤维进行分类，质地柔软的作纬线，质地较硬的作经线。芭蕉纤维不似蚕丝般太过于华丽光亮，它呈现出自然莹润光泽，打湿过后有淡嫩粉色，可采用提花和扎染后织造工艺。当地手艺人采用传统技法织出轻巧透气、触感柔软的织物，如图14-17所示。

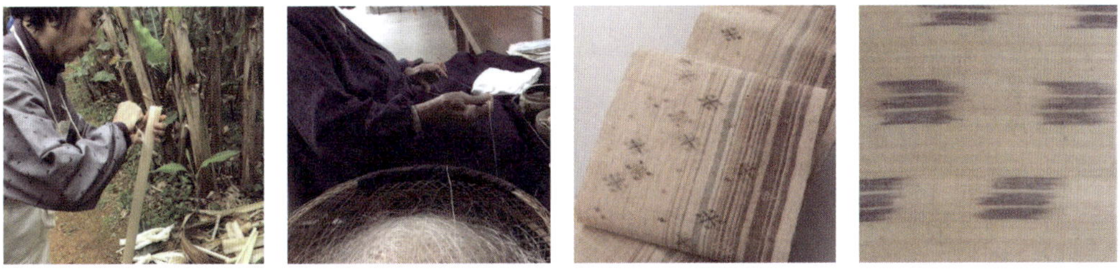

图14-17　芭蕉布取丝和织物

2. 博多织——纵条纹小提花面料

博多（Hakata）是福冈市的一个区，公元13世纪，博多织造技术从中国传入日本，融入当地匠人技艺。公元17世纪，博多织物坊黑田家向江户幕府进贡此制品，使得博多织在日本家喻户晓。博多织的花纹的竖线使用细经丝体现，横线使用粗经丝显现，细经丝在织布机的运作下用力织进粗经丝中，使竖线浮现出来形成图案。材料多为绢、丝。博多织主要分为平纹和提花纹两种。平纹织物优雅而亮丽，提花纹织物柔软而细密。如图14-18所示。

3. 阿波正蓝染织物——靛蓝纵条面料

阿波正蓝染织物越洗色调越深，染料基本上都出自德岛。阿波正蓝的主要特征是素朴、洁净以及柔软，如图14-19所示。

图14-18　博多织

图14-19　阿波正蓝染织物

4. 唐山织（Touzan-Ori）——府绸类面料

在江户时代，这种布料被称为“Tou San Tome”（唐山），其特点是具有丝绸般的手感和柔软的质地。独特的品质使其成为日本最受欢迎的面料，如图4-20所示。

5. 本塩沢——凹凸质感面料

本塩沢织物的经线采用生丝，纬线则用强韧的双股线，经纬交织表面呈现凹凸不平的肌理效果，如图14-21所示。

图14-20　唐山织

图14-21　本塩沢

6. 裂织（Sakiori）——废旧面料撕条为纬纱的再生面料

裂织是一种机织物，由破旧的布料和撕成细条的衣服制成，然后紧密编织成衣服和其他日常用品。面料及其织造如图14-22所示。

这些面料经久耐用，保暖，使用后质地更加柔软。在江户时代之前，棉花稀缺，因此青森东部、南部由于气候寒冷而无法种植棉花的某些地区，裂织面料很普及。

图14-22　裂织面料及织造

7. 弓滨絣——绞缬（扎染）织物

弓滨絣是日本鸟取县弓滨地区独有的织物，江户时代前期，农妇们一边织着棉布，一边织出了这独特的弓浜絣。这种布料质地柔软，上至华服盛装、中至床单被褥、下至田间劳动，均能“大显身手”。

弓滨絣使用的染料为天然的靛蓝为主，布料以棉布为主，采用经纱一色，纬纱扎染后与经纱交织，各根相邻的纬纱经对花，絣成花纹。其生产过程如下：

（1）雕刻纹样：在纸板上镂刻设计纹样，再将花版放在已经绕好的棉纱片之上，漏过花版的色浆在纱片上印出花纹，作为绑扎标记，如图14-23所示。

（2）绑扎防染带：根据已经做好的标记，用绑扎带扎紧以防止染液浸透此处，如图14-24所示。

图14-23　刻版印绑扎标志

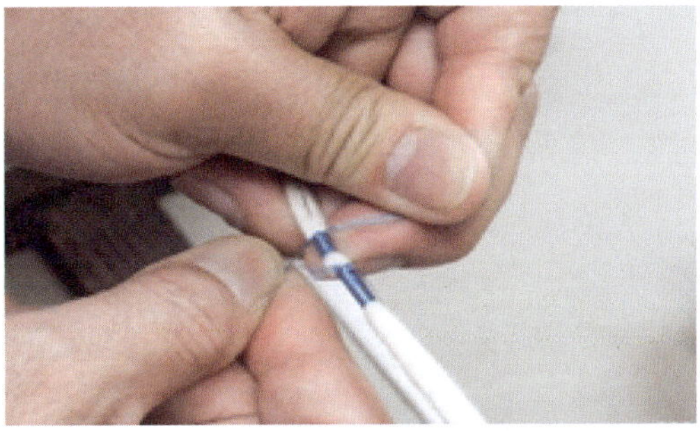

图14-24　扎防染带

（3）扎染纱线：将绑扎后的纬纱束，呈束状浸入靛蓝染液中反复染色（见图14-25），直至匀透，再晾干。扎染后纬纱如图14-26所示。

图14-25　扎染纱线

图14-26　纬纱染后示例

（4）絣纬织造：将纬纱绕在纡管上，在织机上与经纱交织，相邻的纬纱经扎染后“花纹”并不相同，在此相遇后对花絣成花纹，如图14-27所示。

此外，也可经纱扎染对花后絣经织造，原理相同，絣经如图14-28所示。

图14-27　絣纬织造

图14-28　絣经技艺

8. 首里织（Shuri-Ori）——色织平纹地小提花纵条织物

首里织是冲绳最重要的织物之一，有各种风格，也包括来自中国的花纹织物织造技术。贵族和武士阶级的妇女穿着它以显示身份。

首里织基本花纹是纱线经纬交织成方格或菱形，然后有序地间隔着用花织和絽织变成不同纹路，有花朵、星星、萤火虫、燕子等，可以经线浮花，可以纬线浮花，也可以经线纬线都有花。

织物采用先染纱、再织布方式，传统上用植物染料染色。它使用琉球靛蓝、巴豆和藤黄，采用优雅精致的颜色和图案，如图14-29所示。首里织采用的织机为多综多蹑（多臂）木织机，脚踏开口，一般为六页综，如图14-30所示。

图14-29　首里织织物

图14-30　首里织多综多蹑织机

9. 大岛紬——泥浆段染+絣织的日本特色“缬花香云纱”

泥染大岛紬

（1）大岛紬特色

大岛紬是鹿儿岛、奄美大岛特产，是“日本三大紬”之一（另两种是结城紬、盐泽紬），具有1300年历史。织物最大特色是质地朴实，风格独特，经洗耐穿。传统紬织物质地较厚耐穿。厚重质感和悬垂性，泥浆染色方式和质地、风格都与我国广东顺德的香云纱有类似之处，是和服的上佳布料，如图14-31。

大岛紬采用压缬方式制作，分为织造压缬和压板压缬方式。

目前的紬织物需求朝向轻薄柔细的质感，因此在经线方面，部分改为一般绢练丝、同宫茧丝等。一件紬织物的和服布料重量平均约600 g。另外亦有采用生紬丝织成的“生紬”，或是采用捻度较高的绢练丝织成，产生细皱纹的变化，称为“细皱织物”。

大岛紬画廊

图14-31　大岛紬

（2）泥染织缬大岛紬制作

大岛紬的原材料为白色绢丝。这种白色丝线原为岛上自产，但现在多数从巴西进口，经典大岛紬制作流程如下：

第一步，染铁锈色。将白色丝线在丹宁和车轮梅（因质地坚硬，这种树在日本也被叫作铁树）根茎混合的铁锈色染液中浸泡 20 min，进行第一次上色，如图14-32所示。

第二步，泥染。对于素色织物，要先进行丝线染色：操作熟练的匠人们无论春夏秋冬，徒手不断地将丝线在泥水中浸泡揉搓。含铁量丰富的奄美岛泥土会与丝线上的植物染料发生化学反应，将丝线的颜色变为深栗棕，如图14-33所示。经过五次泥染后，丝线就会变成纯粹且温暖、柔软有光泽的黑色。但时至今日，化学染料都无法呈现这种由天然成分形成的特殊黑色。工匠约有4 h弯腰在泥地里为丝线染色，在这段时间中，他能为200 km长的丝线染色，织成一卷布需要2000英里以上的丝线。每两周，就更换一次洗水的地方，因为一段时间后，土地中的铁元素会被消耗殆尽。

图14-32　车轮梅染色

图14-33　泥浆染色

第三步，压缬织造。对于花纹类织物，采用独特的压缬、絣织技法。为了制作典型的大岛绀几何图案和花纹，部分绀丝线在染色之前就会与棉线编织在一起。棉线局部将绀丝束缚，被棉纱包住的绀丝将不能上染，起到防染作用。运用缔织机先将织线一束一束织成紧密的厚席状，如图14-34所示。其经纬未交织的间距决定染色后栗色和白色条纹的间隔的长短，从而影响絣织对花的纹样。

图14-34　缔织机编织

图14-35　编织物植物染色

第四步，编织物染色。将棉纱和绀丝的编织物放在丹宁和车轮梅根茎混合的铁锈色染液进行植物染色（参见第一步内容介绍），染后晾干，如图14-35所示。

第五步，编织物泥浆矿物染色。将晾干的棉和绀丝编织物，放入含铁量丰富的奄美岛泥浆中染色，方法参见第二步，如图14-36所示。

第六步，拆解编织物。将染色后的编织物中起防染作用的棉线去除，绀丝便呈现长短不等的条纹缬染效果，如图14-37所示。

图14-36　泥染

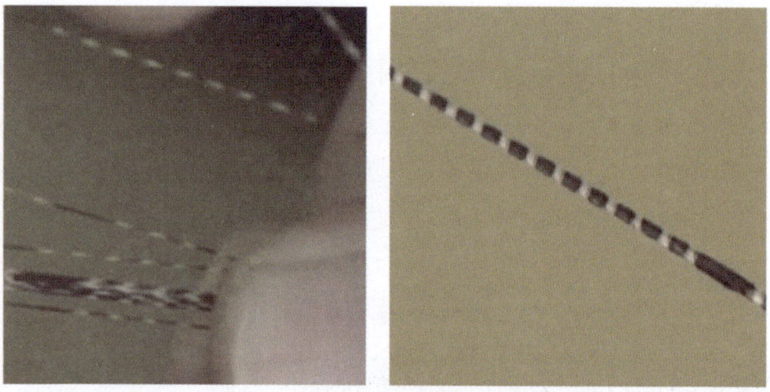

图14-37　拆解后的条纹䌷丝

第七步，絣织。利用不同长短的缬染的䌷丝上条纹，在织机上对花，称为絣，如图14-38所示。条纹相当于纹样意匠网格上的色点，某一段栗色条纹长，意味着连续的色点多，因此可以利用缬（扎）染后不同长度的条纹组合成不同色点，如同马赛克瓷片般，以绘画的形式出现在大岛䌷之上。这些丝线会铺展在有不同颜色点的网格上形成图像，称为一絣，絣越多，图案就越鲜明，做工越精细。织工一天可织成 12 英寸的布料，织完一匹长 40 英尺的布卷需要两个月。

絣织一般分为纬絣与经纬絣，纬絣就是仅靠纬纱的条纹与相邻近纬纱对花拼和成花纹。经纬絣就是利用经纬纱节状条纹长短配合组成花纹。既有提花效果，又有晕染效果，有一种朦胧美，如图14-39所示。

图14-38　絣织

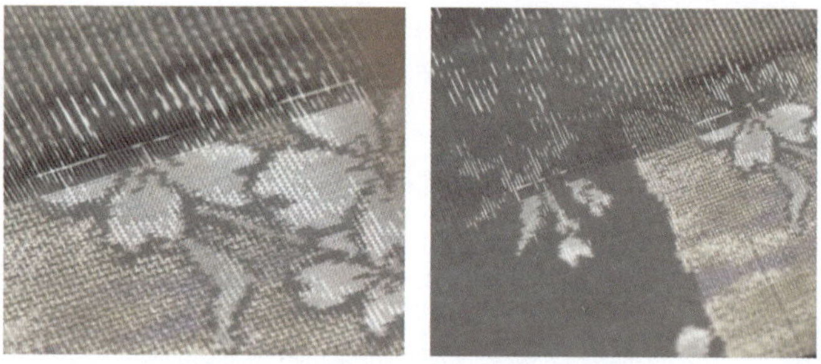

图14-39　经纬絣（对花）织物

（3）压缬染织的大岛䌷

压缬染织的大岛䌷利用带有沟槽的金属压板压紧䌷丝束，再进行染色，染色后那些在沟槽中的纱被染上色，而在平板区被压紧的纱则没有上色，呈白色，如此形成断续染色的条纹状缬染纱效果。

压缬大岛䌷

通过变换压板，改变金属压板沟槽的宽度、间距、不同宽度沟槽的排列方式，从而产生不同长短、间距、不同排列组合的条纹。缬染出来的纱也有丰富的变化。

缬染后的纱再在织机上进行絣织，可以形成条纹、方格等各种几何纹样。具体流程如下。

第一步，叠纱。将用筘梳理至平行的纱叠放夹在不同层级的带有沟槽的铁板之间压实，如图14-40所示。

第二步，压缬染色。将压板压紧的纱推进染槽，进行喷淋染色，染后呈现断续的条纹状，有沟槽处被染上色，平板处未染上色，呈白色，如图14-41所示。

第三步，摇纱、整经、卷纬。将大卷装的纱框上的缬染纱摇成绞纱[见图14-42（a）、图14-42（b）]，并复摇成可以轴向退绕的小型卷装，便于整经，并进行卷纬[见图14-42（c）]。

第四步，絣织。将两种不同色泽排列压缬染经纱与纬纱在织机上进行对花絣织，如图14-43所示。平纹组织即可创造出复杂的花纹，如图14-44所示。这一步至关重要，非常考验匠人的艺术设计天赋，只有确定好入纬起始点，才能与经纱共同构成完整的花纹。

图14-40　叠纱

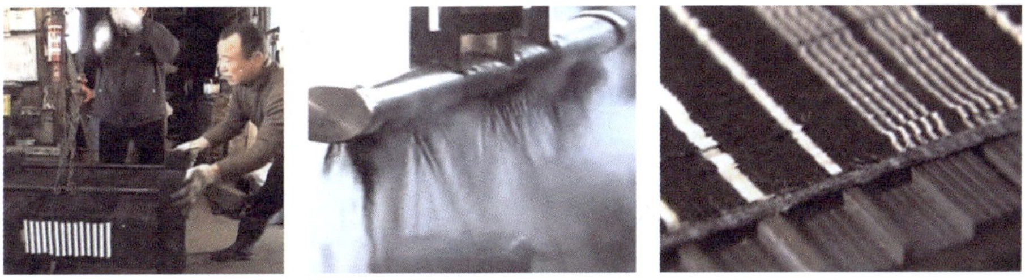

图14-41　压缬染色

图14-42（a）　摇纱

图14-42（b）　绞纱

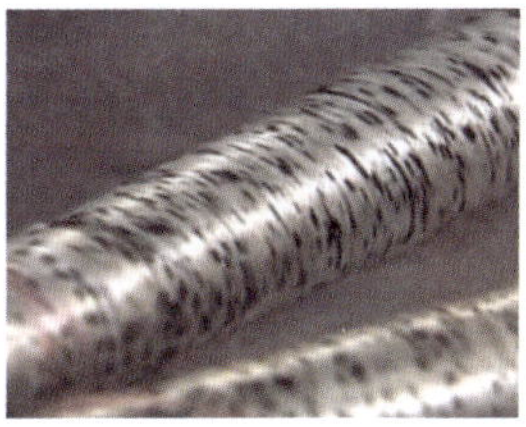

图14-42（c）　卷纬

图14-43　平纹织机

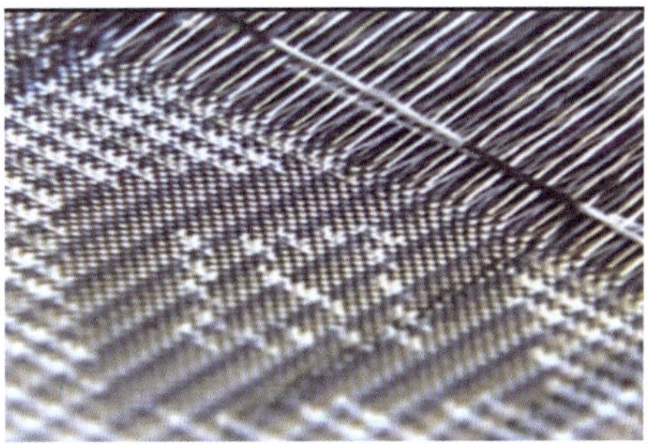

图14-44　絣织

10. 红型——冲绳版的“彩色蜡染”

“红型”指的是一种染的手法。与日本和服常用低调雅致、奢华不动声色的布料相比，冲绳红型织物用色大胆艳丽，风格奔放自在，少了拘谨，多了轻松。在日照强烈的冲绳，普通染布如果长时间暴露在紫外线下容易褪色，唯有红型，有特殊工艺和颜料来保持颜色。红型以黄、朱、紫、蓝、绿5种基本色调来调配，以鲜艳的色调和大胆的纹路为特征。整个过程包括图案设计、雕刻型版、调制防染糊、染布定位、刮印防染剂、染色、除糊料等工序。红型具体操作流程如下：

（1）雕刻花纹　使用“型纸”镂刻花纹图案，如图14-45所示。雕刻红型时，冲绳的手艺人会用到一种由本地的豆腐晾干（图14-46）制成的特殊工具，用来垫在待雕刻的型纸下面。这样的干豆腐块坚韧且柔软，既可以保证小刀穿透纸背，又可以吸收小刀多余力量，保证花纹线条流畅。无论扶桑花、牵牛花，还是各种鸟兽，甚至房屋和船只，都可以活灵活现地呈现在染布上。

冲绳红型

（2）刮防染糊　将刻制完成的型版覆于染布上，并于其上刮印防染糊，如图14-47所示；揭去型纸，如图14-48所示；待所刮印的糊料干固后即成为防染层，无须染色的部分涂上蓝色防晕染胶。

冲绳红型画廊

图14-45　型纸雕刻

图14-46　豆腐

图14-47　刮防染糊

图14-48　揭去型纸

（3）涂花色　红型工坊手艺人的设计通过“型纸”表达，他们将颜料通过“型纸”镂空的部分，反复地拓印在布上。用作涂花色的颜料由矿物质制成，颗粒大，上色难，就算加大力量，颜料也不会像水性染料一样轻易而迅速地晕染到背面，因此染红型的手艺人干活时总是同时用两支毛笔操作。先用蘸有染料的“涂笔”上色，这时颜色只停留于布的表面。趁着颜料没干，立刻再用干燥的第二支毛笔——“擦笔”在刚刚上色的部分来回刷，使颜色均匀地晕染开并浸透背面。这就是日本各种染布手法中的“二刀流”，如图14-49所示，花纹部分则多次上色。同样的花纹不断地重复，很快染成一大片。完成后，再用型纸对比检查花纹的流畅性和完整度。

（4）高温蒸汽固色　对于不需要上染底色的织物，将已经涂上花色的织物，去掉防染糊，挂在架子上，推入高温烘箱进行高温蒸汽固色，以提高水洗、日晒等色牢度，如图14-50所示。

（5）染色　对于需要上染底色的织物，先将花型周围的防染糊去掉，接着用豆类的糊状防染浆涂覆在已经上色的花纹之上，如图14-51所示。再将染布浸染染料，染后除去糊料，现出图底明显的图案。做完这一步，还有好几次染色过程。显然，每个花纹都有不同型纸。布匹的纹路越复杂、颜色越多，所花费的时间也越长。冲绳的红型技艺与我国南通蓝印花和苗族的蜡染技艺有共通之处。

（6）水洗、晾晒　染色后的布用40℃的温水清洗，去除残留的防染糊和浮色，之后自然晾干，如图14-52所示。

图14-49　涂花色

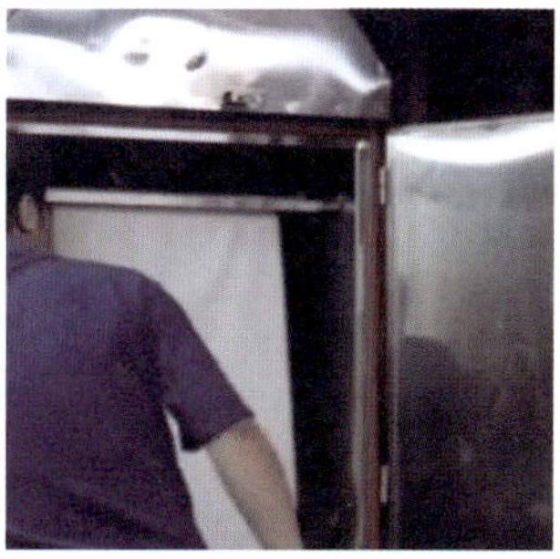

图14-50　高温蒸汽固色

图14-51　涂覆花纹

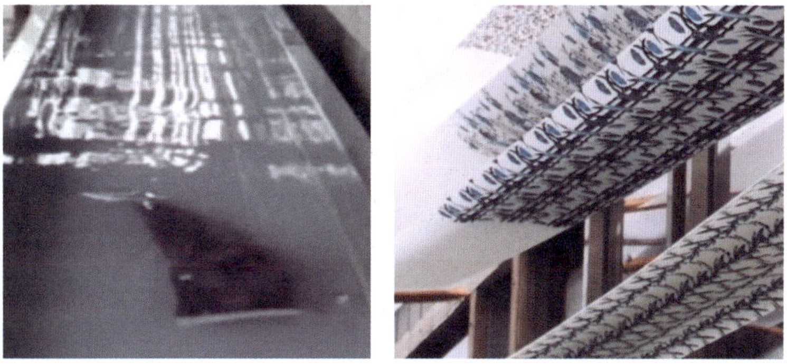

图14-52　水洗与自然晾晒

附：日本古代和近代双综双蹑脚踏平纹织机如图14-53所示。

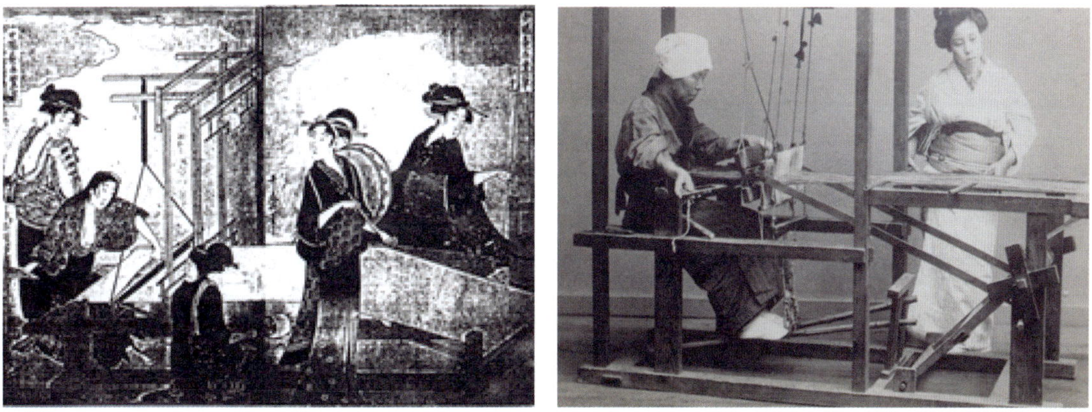

图14-53　日本脚踏织机

第二节
韩国纺织非遗技艺

韩国卧式织机

一、韩国卧式织机

韩国织机为卧式脚拉绳开口腰机，织造平纹织物，织机的开口机构是采用两页线综，织机后上部位有弓形竹片控制提综杆，在竹片向上的弹力作用下，通过联动装置，拉起一页综框；织工右脚穿着草鞋，脚腕处挂一绳索，拉动弓形竹片时，弓形竹片被压缩，使综框下降的同时弓形竹片储存了弹性势能，此时另一页综由于联动作用上升；当织工反方向移动右脚时，在弓形竹片的弹性回复力作用下，该页综框上升，联动另一页综框下降，起织机和操作如图14-54和图14-55所示。韩国很早就开始使用这种类型的腰机，当地称为“布机”。迄今为止，仍用这种织机织造平纹的丝、棉、麻布，偶尔也用来织造绞经织物，这时，织机就会用到两个综杆。

图14-54　韩国卧式织机

图14-55　卧机操作

二、韩国经典织物

1. 苎麻织物

韩国传统织物以苎麻为代表，并被列入联合国人类非物质文化遗产名录。韩国传统文化大学纤维专业师生根据苎麻传统生产技艺织制白纻布、生纻布、丝纻交织布、麻布、安东布等传统苎麻布，并在此基础上织制运用多种色彩先染线呈现条纹的春布、采用经线印花织造的絣锦春布、通过纬密度变化带来透明和不透明对比效果的线罗、用苎麻表现纹样的花纹苎布等，图14-56、图14-57所示为手织段染絣织的丝/苎麻交织布，图14-58所示为手织生苎麻布。

韩国传统
服饰面料画廊

图14-56　絣锦春布

图14-57　云纹春布

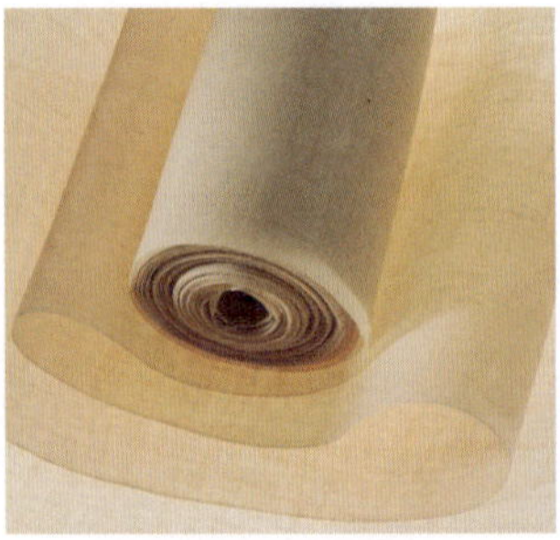
图14-58　生苎布

2. 大麻织物

大麻织物是在韩国使用广泛且很受欢迎的织物品种，从古至今被用于服装与工艺材料。近代以来，韩国各地区的大麻织物形成了不同特色品种，如咸镜道六镇地区的“北布”“钵内布”，庆尚道地区的“岭布”，安东地区的“安东布”，江原道地区的“江布”等，尤其安东地区是至今仍在活态传承纺织大麻技艺的代表性地点。目前，韩国大麻纺织技艺的国家非物质文化遗产有1项、地方非物质文化遗产有3项。大麻织物按织造技术分为生麻、条纹生麻、熟麻（见图14-59）、棉麻交织。熟麻工艺只在韩国安东地区应用，棉麻交织织物是以棉经麻纬的方式轮序织造，别具风格，如图14-60所示。

图14-59 熟麻布

图14-60 棉麻交织布

3. 缎类

缎组织为常用冬季服衣料的品种，包括丝线织的缎和丝纻交织缎。

蓝玫瑰纹丝/苎麻缎（见图14-61）是参考17世纪遗物复原而成的，使用白丝经线、蓝色丝/苎麻纬线表现双色缎。红宝纹缎使用红经线和绿纬线织造5枚缎纹组织。采用传统贾卡织机（大提花Jacquard织机）手工织造。

红蔓草莲花纹（见图14-62）使用红丝经线、白色苎麻纬线，采用缎纹组织，由手工贾卡织机织造。苎麻材料的应用令纹样呈现出典雅的光泽。

条纹五方色缎是19世纪所用的装饰织物，手工贾卡织机织造，白、蓝、红、绿、黑色丝线织出五方色条纹，表现出浓郁的韩国特色，如图14-63所示。

4. 织锦

朝鲜王朝（1392年—1910年）后期，金线织造技艺渐渐失传，生产断代。

韩国传统文化大学复原织物共有3件：莲花蔓草童子织金缎，如图14-64所示；蓝鸳鸯纹织金绫如图14-65所示；绿宝相花纹织金缎，如图14-66所示。整个织造用手工贾卡织机完成。

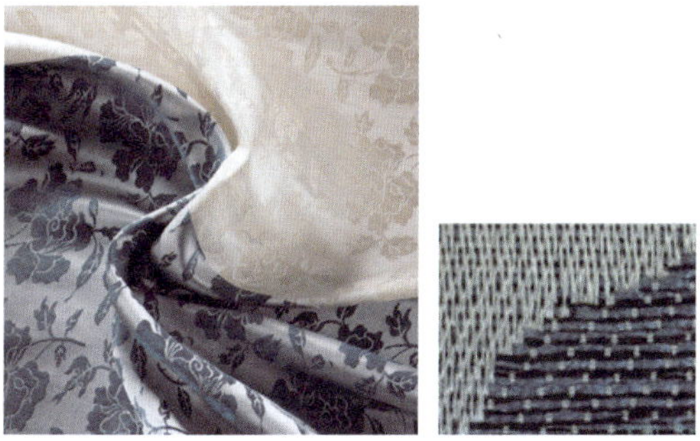

图14-61 玫瑰纹丝/苎交织缎

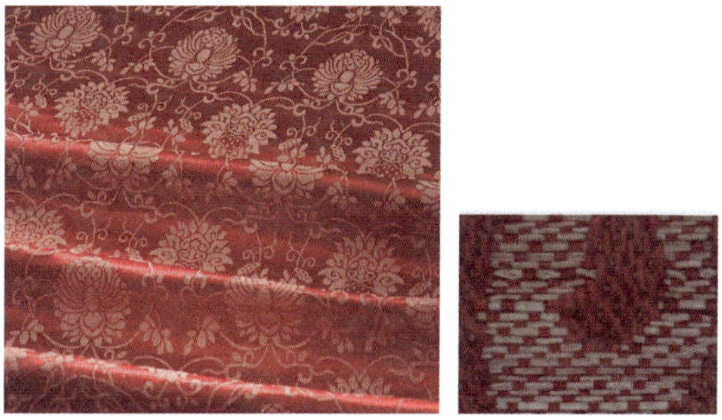

图14-62 红莲花蔓草纹丝/苎交织缎

图14-63　条纹五方色缎

图14-64　莲花蔓草童子织金缎

图14-65　蓝鸳鸯纹织金绫

图14-66　绿宝相花纹织金缎

5. 纱罗

纱罗是韩国代表织物品种，种类多样，多作为韩服春秋衣料，由贾卡织机（jacquard loom）织造的传统纱罗衣料至今还在生产销售。其中，韩国维鸠地区大信织物生产的素纱、纹纱、熟库纱、生库纱、纯仁、甲纱、珍珠纱、紫微纱、无纹亢罗、纹亢罗较为出名。

纹纱根据朝鲜王朝纱织物纹样和纺织方法仿制生产，其纹样有云纹、莲花纹、牡丹纹、葡萄松鼠纹等。生库纱组织为纱地平纹表现纹样，纱组织比例比较高，呈透明样。熟库纱组织为平纹地纱纹，常用作晚秋韩服衣料。纯仁也被中国称为“紫微纱”。

龙文甲纱组织为纯仁地显示团龙文，是根据朝鲜王朝的九章服衣料复原的。珍珠纱组织为平纹地纱组织表现出连续六角形。亢罗按平纹和纱组织的比例分为5足、7足、9足亢罗。纹亢罗组织为亢罗地表现纹样的品种，多用于制作女袍，代表性纱罗如图14-67～图14-71所示。

6. 漆罗、螺钿和马尾织物

（1）漆罗织物：罗织物由四根经线相互绞织，具有和纱一样透明的特点。漆罗是将稀疏的罗织物涂以天然漆，使材料变得更有弹性，如图14-72所示。

（2）螺钿织物：螺钿纺织品是运用织金技艺，并以螺钿为线的独特织物。17世纪织金缎常用的莲花杂宝纹的螺钿织九甲纹的复原产品（局部）如图14-73所示。它是应用织金工艺的组织结构原理，以丝线为地，附加纬线以“螺钿线”替代“片金线”手工织造而成的。

（3）马尾织物：马尾是马的鬃或尾毛，马尾织物以棉作为经线，以黑、白色马尾作为纬线，轮序织造条纹，如图14-74所示。采用将多根马尾并为一束作为一组纬线的方式，使织物更具弹性和更结实耐用。马尾织物在韩国主要用作网巾、宕巾、四方冠等帽子类的素材。

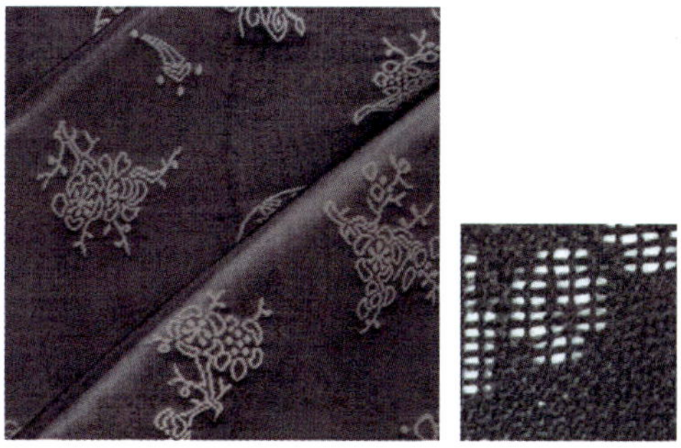
图14-67　绿紫薇纱

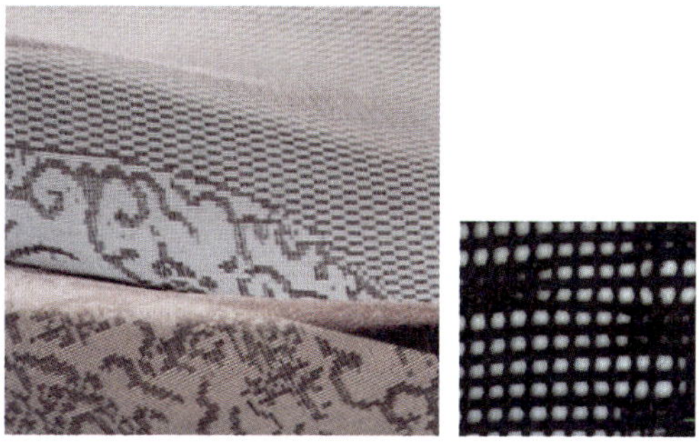
图14-68　龙纹甲纱

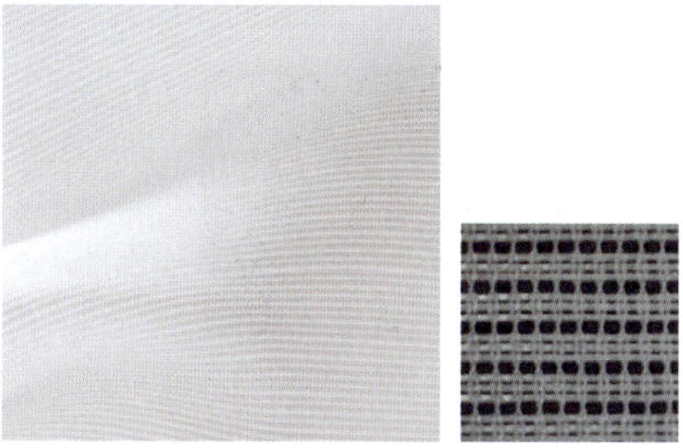
图14-69　三足亢罗

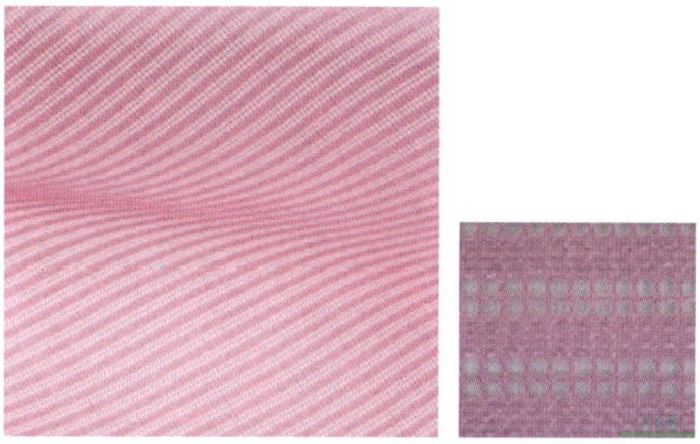
图14-70　五足亢罗

图14-71　白罗

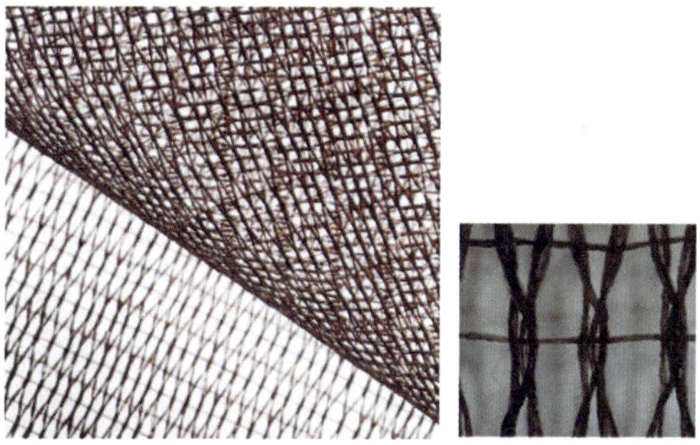
图14-72　漆罗

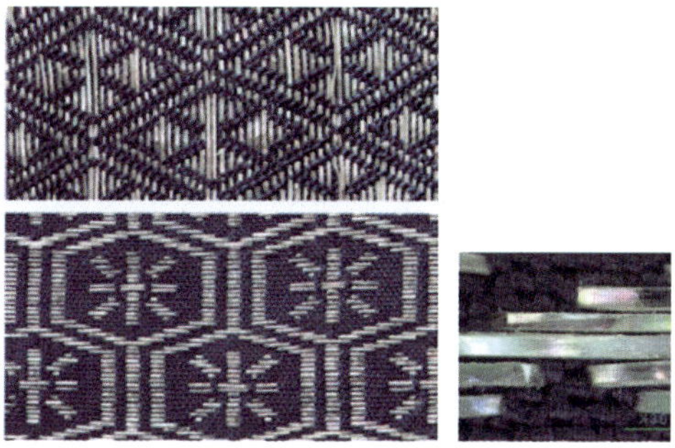
图14-73　螺钿织物

图14-74　马尾织物

第十五章　欧洲纺织非遗技艺

本章内容：
（1）法国奥布松挂毯技艺；
（2）英国马毛纺织技艺；
（3）意大利海丝绸纺织技艺；
（4）欧洲传统织机与织造方式。

第一节
法国奥布松挂毯纺织技艺

法国奥布松挂毯

一、奥布松挂毯特色——欧洲墙壁上的另类“缂丝”

1. 奥布松挂毯历史传承

奥布松挂毯（Aubusson Tapestry），源于法国南部的奥布松镇，在14、15世纪时，这个小镇成为法国乃至欧洲的挂毯生产中心，专门织做法国宫廷专用挂毯，具有漫长的历史，许多著名藏品至今仍悬挂于法国的卢浮宫、凡尔赛宫和一些著名庄园里。

法国奥布松挂毯画廊

奥布松挂毯工艺拥有数百年的历史，奥布松皇宫挂毯制作工艺复杂，生产时间长，一幅3米名画奥布松皇宫挂毯生产周期大概需要三年；奥布松挂毯选用纯新西兰进口羊毛纯手工织就，采用绿色健康的植物染色，无任何化学成分。

奥布松挂毯之所以受到青睐，就是因为它集实用性和装饰性于一体：挂在墙上可以防潮、防寒，铺在地上能够静音；既有油画般的画面效果，又具备油画所无法企及的肌理特质。在教堂，悬挂挂毯还被作为弥撒开始和结束的标志。

2. 艺术和工艺特色

奥布松挂毯艺术题材丰富，有宗教、神话传说、历史事件、田园风光、花草植物、爱情、勋章荣誉等题材。

传统工艺由奥布松的图像编织方法和法国克勒兹地区的其他地方工艺组成。织毯的工艺特色是采用“白经彩纬、通经断纬”的技艺，色彩丰富、纹样精细、立体感强，如同织出来的画，如图15-1～图15-4所示。这种工艺主要应用于生产制作大型墙壁装饰挂毯。奥布松挂毯可以以任何艺术风格的形象为基础，基础图像由一名纸质模板设计者提供准备。编织由一名织工手工完成，织机水平放置，织工在挂毯的背面工作，使用的纱线经过了家庭的手工染色。整个工序既耗时又昂贵。奥布松挂毯质量标准成为是世界各地的通行标准。

图15-1　中国风挂毯

图15-2　爱情题材挂毯

图15-3　勋章挂毯

图15-4　卢浮宫馆藏“拿破仑一世加冕典礼”挂毯

二、奥布松挂毯加工

1. 画底图

首先，要请专门的设计师绘制挂毯的样稿，也就是底图。最开始，他们绘制的底图是和最终的挂毯成品等大的，绘制好后可以直接将它放在经线下面，根据图样配色并织造。因为有些挂毯尺寸较大，需要分成几块织造，所以为了方便使用，底图常会被裁成小块，这也是它们无法被保存下来的原因。直到18世纪中期以后，雅克·尼尔森发明了描摹技巧，才让底图得以保存。

2. 染毛线

根据底图纹样，进行毛线染色。毛线的染色效果依赖织工的色彩鉴赏力以及出色的染色技术。中世纪时染色用的染料都取自天然植物、动物或海洋贝类。比如茜草可以用来染制橘色或淡红色，木犀草则能将羊毛染成黄色，提取蓝色要用靛蓝或菘蓝，黑色来源于青核桃，而从墨西哥引进的胭脂虫、球蚜则能提取出鲜红色。此外，洋葱皮、柠檬皮、藏红花等也都能提取出多种牢固

图15-5　毛线染色

性较强的颜色。毛线染色以后如图15-5所示。如果一幅中世纪的挂毯中运用到了紫色，那肯定是为皇室贵族编织的，因为当时 1 g紫色染料需要大约2000个特定的海贝作原料，颜色难得，自然就成了高贵身份的象征。

3. 纬向编织

奥布松挂毯是在专门的织机（见图15-6）上，将羊毛、蚕丝、金银线、棉线等原料利用通经断纬、白经彩纬、反面向上的技法和平纹织法织造而成的，经线不需要染色，只有纬线需要染色，而且纬纱颜色不受限制，这与我国缂丝的技法有着惊人的相似；直经曲纬，以纬线缂经线，如图15-7和图15-8所示。与缂丝不同之处：经线要细，纬线要粗，织好后，彩色的纬线会将白色的经线全部覆盖，而且挂毯不会因为纬线的收缩而影响花纹的效果。

图15-6　奥布松织机

图15-7　纬向编织

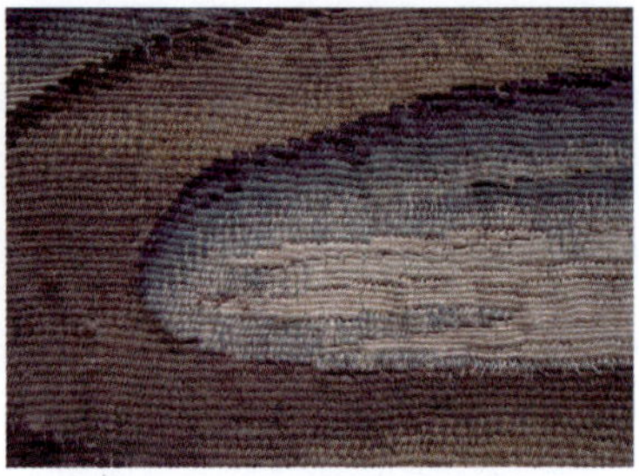
图15-8　“通经断纬”织毯局部

色彩是挂毯的灵魂，尽管由于当时的技术所限，只能染出20余种颜色，但是凭借着高超的编织技术，织工们依然能织出色彩变化丰富、明澈的挂毯。比如通过在一股线上混合几种颜色和燕尾接合颜色的复杂方法，可以获得微妙的色彩过渡，用来复制绘画是再好不过了。而在毛线中添加丝线，也有助于色彩的多样化和层次的丰富性。如果是王公贵族的挂毯编织，那就可以运用大量的金银线，以达到靓丽华贵的视觉效果。

同缂丝一样，奥布松挂毯采用“反面编织”技术。织工们织造时所面对的，其实是挂毯的背面，在整个织造过程中他们所看到的，也只是一片交织的彩色线网。由于一幅完整的挂毯需要多名织工通力合作，所以只有当全部完成时才能看到最终的效果。

第二节
英国的马毛纺织技艺

珍妮纺织机
和飞梭织机

英国是近代工业革命的发源地，以珍妮纺纱机和飞梭织机的发明为代表，下面仅以马毛纺织为例介绍。在英国，马毛编织是一种家庭代工产业，主要位于萨默塞特郡（英国西南部）、萨福克郡（英国东南部）和苏格兰，有关马毛织品用于座椅布料的文字纪录最早可追溯至1750年。

1. 马毛选用与分类

马毛有华贵的光泽，低调奢华，舒适感强而且耐磨，生产中易于梳理。目前英国的马毛织品主要采用蒙古和西伯利亚马毛，在蒙古那样寒冷气候下长出的马毛更加强韧。会根据布料的颜色需求使用不同颜色的马毛，例如黑色或深颜色的布料选择黑色或深色马毛，白色马毛用于接近白色或浅色的布料。白色马毛价格相对昂贵，因为纯白马毛的需求量比较大，如常用作小提琴的弓毛。

马毛布料使用的是活马的马尾毛，死动物的毛发缺少光泽，染色困难。

马毛剪下之后，就要和羊毛一样进行清洗和分类。将马毛依据长度进行分类，如图15-9所示。短马毛用作刷子、毛皮袋（苏格兰裙上的小袋子）、法官假发等。而长马毛则用作小提琴的弓毛、钓鱼线和绳子，当然，也可以用来编织成布料。

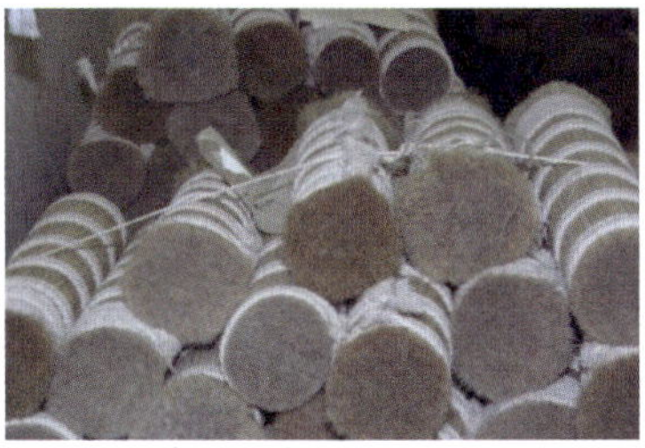

图15-9　马毛分类

2. 染色

工厂内的马毛会依照需求，以小束的形式进行染色，如图15-10所示。因为是天然材料，染后颜色都有些细微变化，如图15-10所示。

3. 梳毛

马毛经过染色后，要穿过一个大排针（有着铁制梳针的大梳子）进行梳整，如图15-11所示，以便之后进行经纬交织。若直接使用白色马毛的话，就要先手工将所有深色的毛都挑出。

图15-10　马毛绑扎与染色

图15-11　梳毛

4. 织造

在梳理过后，马毛才会送入织机织造，如图15-12所示。马毛织品经细纬粗，经纱线密度较小，包含棉、丝或亚麻。马毛以纬纱形式织入面料，如图15-13。在编织完成后，还要将布料压平（见图15-14），其表面的光泽才会显露出来。

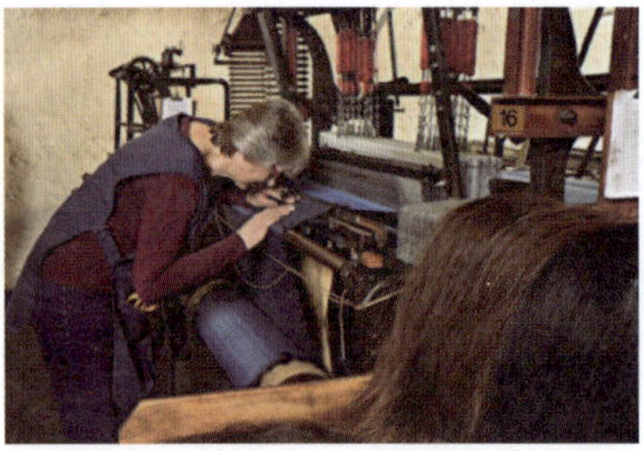

图15-12　织造

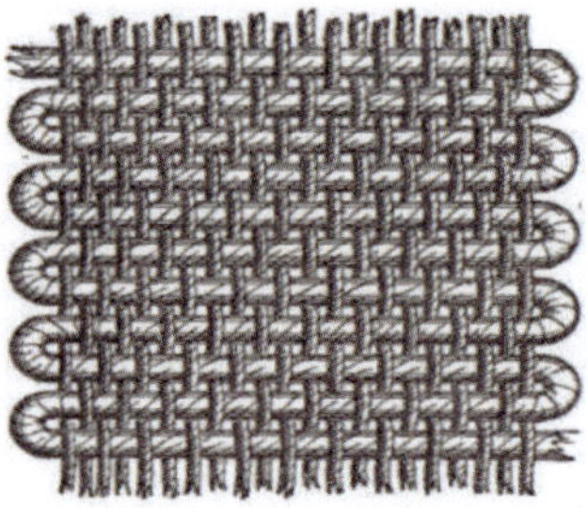

图15-13　马毛作纬示意

图15-14　压布

5. 实际应用

马毛主要应用于服饰行业，如鞋具、提包、皮带、袖口、领口和夹克口袋边缘，等等。除此之外，马毛还用作家居面料，尤其用在那些不容易维修的家具上，如座椅布料。顾客通常偏好素色的座椅布料，经典素面黑马毛缎布一直都很热销，其他如灰褐色、米色和白色也很受欢迎。马毛面料如图15-15所示，马毛座椅面料如图15-16所示。

图15-15　马毛面料

图15-16　马毛座椅

马毛纺织品是独一无二的布料，不仅耐用度超过百年，而且通过了相关的防火测试和声学测试，所以它也用在许多现代化设备中，如音响室和电影院里。这些独有的特性，让马毛织品成为历久不衰的多功能布料，就像祖辈流传下来的古董家具一样。

欧洲传统纺织
服饰面料画廊

第三节
意大利海丝绸纺织技艺

意大利海丝绸

一、海丝绸——来自海洋的，比蚕丝还珍贵的丝绸

意大利传统丝绸织造

海丝绸是一种历史悠久、价格昂贵的特殊丝绸，最早可以追溯到2、3世纪，希腊作家甚至把海丝比做海洋里的金色羊毛。一件由海丝织成的衣服价值超过一千枚金币。

关于海丝的制作总是带有一些神话色彩。早在5000多年前，美索不达米亚的妇女们便学会了使用这种极其轻盈的纤维为国王缝制衣物。考古专家们发现，所罗门王的长袍、埃及王后奈菲尔提蒂的手镯以及祭司、甚至是法老的祭服等，都是用这种纤维制成的。在大英博物馆内，也收藏着不少海丝织品，被当作是镇馆之宝。目前发现的最早的海丝织品，是罗塞塔石碑曾提到的海洋丝绸，它们就被陪葬在古埃及法老王的陵墓之内。古埃及、古希腊和古罗马人都认为，海丝是最上乘的纺织材料。

海丝最显著的特点就是会在阳光下闪闪发亮——海丝用柠檬汁和香料加工处理过后，一旦暴露于阳光之下，就会发出金子般的光亮，如图15-17所示。

Smithsonian博物馆有一只由海丝和羊毛混合织成的手套，德国自然历史博物馆至今还存有一只来自17世纪的海丝长袜，如图15-18所示。在世界各地博物馆中，大约有60件海丝织成的衣物，它们都有着古老的历史，极其珍贵。

图15-17　处理后的海丝

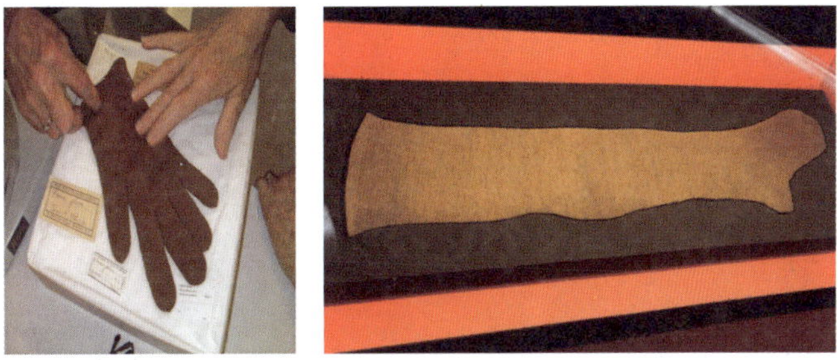

图15-18　海丝手套和长袜

二、海丝纺纱

1. 海丝来源——耳廓扇贝吐出的“丝”

海丝是从稀有的耳廓扇贝（拉丁语中叫做Pinna Nobilis）中提取的天然丝线，重量极轻，海丝本身呈亮白色，但在阳光下会发散金色光芒，其质地细腻坚韧，直径只有人类头发的三分之一。

耳廓扇贝是一种巨大的海洋软体动物，如图15-19所示，可以长到一码（约 91 cm）长，平时附着在海底和岩石上。这种巨蛤分泌出来的蛋白物质与海水接触后会变成丝，这就是世界上最珍贵的丝——海丝，也叫“足丝”，如图15-20所示。海丝实际上是耳廓扇贝因受到海浪冲进贝壳的沙粒刺激而分泌出的、变成了固体的唾液。

撒丁岛南岸是20世纪50年代世界上少数几个生产海丝的地方之一，生产足丝的海洋生物就藏在环绕着圣安蒂奥科岛周围的蔚蓝海水中。这里海水不深，是一片未被污染的原始区域。

图15-19　耳廓扇贝

图15-20　海丝（足丝）

2. 海丝提取与纺丝

（1）工艺流程：海水浸泡→淡水浸泡→浸柠檬和香水混合液→自然晾干→清洁→梳理→纺线→（染丝）→织造，如图15-21～图15-25所示。

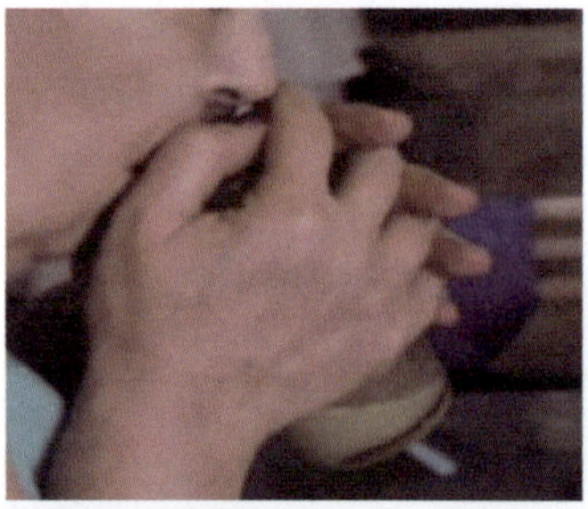

图15-21　浸柠檬/香水混合液

图15-22　晾干

图15-23　梳理

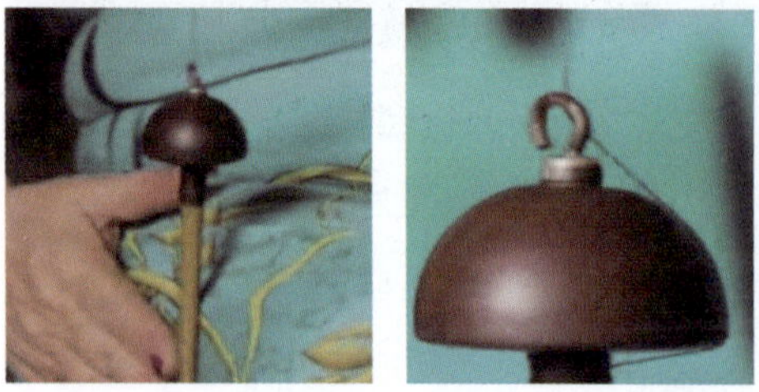

图15-24　纺纱

图15-25　织造

（2）工艺要点：海丝原料经海水浸泡后，要再放在淡水中浸泡25天，浸泡的淡水必须白天黑夜不间断地更换，直到原料不含一点盐分；然后再用柠檬水浸泡，以使海丝颜色变成更明亮的金色且富有弹性；原料捞出后放到阴凉处晾干；之后再梳理，梳理过程要耗费数小时；海丝梳理好以后使用手工缠绕在一个小型的木质纺锤上，将海丝提取出来。

3. 织物染海丝

海丝染色的染色剂，是从124种水果、花卉和贝壳中提取的天然染料，不仅颜色鲜艳，对人体无毒副作用，更能保持几百年不褪色。只有经过上述步骤处理过后的足丝成品，才可以被用来纺织和刺绣。

每年春天只有很短的一段窗口期可以收集海丝，而一只Pinna Nobilis耳廓蛤蜊每年只能生产10 g左右的海丝原料，10 g的海丝原料只能制造出1 g海丝线，通常潜水300～400次，才能搜集到200 g的海丝。

三、海丝的特征

海丝（足丝）的另外一个特点就是它轻如蝉翼。基娅拉•维戈的海丝纺织工作室坐落在意大利撒丁岛正西南方的圣安蒂奥科岛上，它又称为“足丝博物馆”。维戈让前来采访的英国广播公司（BBC）记者麦克斯•帕拉迪索闭上眼睛伸出手去触摸，虽然麦克斯知道维戈想让他干什么，但他仍感觉不出维戈是何时将一小块足丝织物放在他手上的。

目前，拖网捕鱼破坏了这种巨型蛤蜊的栖息地，导致这种巨型蛤蜊濒临灭绝，这也是导致足丝编织这项古老技艺的传承人越来越少的原因。

第四节
欧洲传统织机与织造方式

欧洲传统织机类型主要有：重锤织机、双轴织机、腰机、双综双蹑织机等。

重锤织机

1. 重锤织机

重锤织机是一个直立的宽织机（见图15-26），与高地地区的挂毯（见图15-27）织造有关。由于挂毯的织造要求经线紧密，因此经纱通常不会被卷在横梁上，而是由织工自己站起来完成从下到上的织造。

（1）织造方式：经线被拉挺放置于两根梁之间与立柱固定。重锤织机一般是直立的，有时靠在墙上或天花板的梁上。首先，经线的起始边被缝到上梁上，然后依靠重锤的拉力下挂至底部固定。为了使织造速度更快，经线可以分成很多层，这样经线被绑成一个个综棚（即综页），综棚数量的多少可以根据织工的织造需求而定，组织越复杂，则综棚越多。织造时，一个人站在织机前面，织工通过改变综棚来打纬。

（2）适应性：重锤织机适用于织造密集的斜纹织物和粗犷的平纹织物。不过因为各地区技术和需求的不同，织机上所生产的织物各地区也会有所不同。

重锤式织机广泛使用于欧洲和近东的许多地区，匈牙利、希腊、意大利、瑞士、英国以及斯堪的纳维亚半岛都有记载。

（3）织造特色：织造采用了四周织边的方法，使织布在织造之后无需剪裁：每件纺织品都织成一个特定的尺寸和形状，用于预期用途。在织机的四周插入重绳，这样织造完成后能把织物完整地从织布机上拆下。

2. 腰机

腰机如图15-28所示。使用腰机织造织物时，织工通过身体的力度来增加或减少经线的张力，保证织造梭口清晰。

图15-26　重锤织机

图15-27　古代高地织毯

图15-28　古代腰机

3. 双轴织机

有观点认为双轴织机起源于叙利亚或美索不达米亚，但最早的图像证据显示，双轴织机出现于公元前2000年前。还有人提出，这种织布机可能是为羊毛纺纱开发的。双轴织机有经纱轴和卷布轴两个轴，采用经轴退绕送经，经纱送出和织物卷取配合协调，是现代织机织轴和卷取辊的雏形，片纱张力更加均匀、梭口容易开清。手工纺纱机如图15-29所示，双轴织机如图15-30所示。

图15-29　手工纺纱机

图15-30　欧洲双轴织机

4. 双综双蹑、多综多蹑的手工飞梭织机

欧洲织机发展的较高阶段是脚踏开口的双综双蹑织机和多综多蹑织机。脚踏开口，在杠杆原理的作用下，通过织机上方辘轳式吊综装置提升或下降不同综页，如图15-31所示。

1750年手拉投梭的飞梭专利授权，使得较宽织物的织造不再需要两人配合手动抛梭了，织机速度和效率大幅度提高，可以说是引纬技术的一次飞跃。如图15-32所示，投梭绳A和B套过圆环与拉伸绳相连，当织工向下手拉垂直的绳时，投梭绳A在垂直拉绳右侧受到向左上的拉力，在投梭结处向左的分力将梭子推向织机左侧后，完成从右侧到左侧的一次投梭引纬；此时圆环移动到垂直拉绳的左侧，投梭绳A变得松弛，B张紧，再次向下拉动垂直拉绳时，投梭绳B受到向左上的拉力，其向右分力在投梭结作用下将梭子推向右侧，如此循环。对于宽幅织物，要有意识地改变拉绳方向。

意大利多综多蹑织机织造

图15-31　意大利多综多蹑织机

图15-32　飞梭引纬原理示意

随着欧洲工业革命的推进，欧洲的传统手工织造技艺逐渐被蒸汽机和电动机驱动取代（见图15-33）。今天意大利传统织造技艺只是作为经典艺术纺织品设计与织造方式而存在。

欧洲传统纺织目前在博物馆还可活态展示，在某些艺术特色小镇以家庭纺织艺术作坊形式存在，图15-33为荷兰恩斯科德市纺织博物馆中蒸汽机驱动的机械提花织机。图15-34为荷兰家庭纺织作坊用重磅手动木织机织造厚重织物。

图15-33　蒸汽机驱动的机械提花织机

图15-34　荷兰重磅手工织机

荷兰蒸汽机驱动的大提花织机

荷兰手动重磅木质机

西班牙瓦伦西亚丝绸小镇

意大利科莫时尚丝绸小镇

第十六章　非洲纺织非遗技艺

本章内容：

（1）北非——埃及纺织非遗技艺；
（2）印度洋岛国——马达加斯加纺织非遗技艺；
（3）西南非——加纳纺织非遗技艺；
（4）东非国家——埃塞俄比亚阿姆哈拉族纺织非遗技艺；
（5）西非——尼日利亚纺织非遗技艺；
（6）西北非——马里泥染布技艺；
（7）西南非——科特迪瓦泥染布技艺；
（8）非洲典型传统织机和技艺图例。

第一节
北非——埃及纺织非遗技艺

埃及地毯和挂毯

一、古埃及人的亚麻纺织

埃及地毯和挂毯画廊

埃及是四大文明古国之一，古埃及很早就会用亚麻来制作衣服，亚麻织布最早出现在公元前五千至四千年。在公元前16世纪中期，埃及第十八王朝时期的陵墓浮雕中就有了纺织机。收取亚麻是在内行妇女的监督下进行的，她们甚至在收割时就已经能判断出将来面料的价格。收割下来的亚麻杆浸泡在水中，再捶打平整，用梳子梳理成缕并晒干，用纺锤织成线，最后再用亚麻线在织机上编织成布。

亚麻面料轻便，在炎热的季节穿起来非常舒服。一般男子腰部以上赤裸，下身子只穿一件白色短裙，女子着一白色连衣长裙。亚麻布会裹在身体上然后系在某个地方，要么用带子串连起来。在古埃及的衣着和制衣方面，缝纫的作用很小。衣服的颜色大都是白色的，上面几乎没什么图案，只有几个衣褶而已，如图16-1所示。古埃及人也饲养绵羊，用羊毛织毛衣，但这种情况较少。

二、埃及的传统织机及工艺

1. 立式织机

在埃及，纺纱和立式织机历史至少可以追溯到公元前4000年的前王朝时代，如图16-2所示，两人在两侧用木质分纱棒将经纱分成两层，引入纬纱，再变换位置，使两层经纱分开方向与上次相反，再分开经纱，如此反复。

古埃及立式织机由男性织工操作。在Luxor附近的Theban墓葬群中发现了带有立式织机图像的壁画。在这些图像中，有时由单个织工操作，有时则有两位织工一起织造，这意味着立机的布幅可以达到100 cm或更宽，可以用来织宽大的外袍（toga）。这类宽幅织物的实物可以在古埃及法老图坦卡蒙的陵墓中找到，这位法老死于约公元前1323年。

图16-1　古埃及壁画里的亚麻织物服装

图16-2　古埃及纺纱和织造壁画

2. 埃及双轴织机

平织机或双轴地面织机是埃及历史上发展最为迅速的一种织机。这种织机可以在公元前5000—前3100年前王朝时期的巴达利亚陶器等上面看到。经线在两根横梁之间水平拉伸，四周由四个钉入地面的桩子固定。最末端有绳子绕着经线以保持线的织造顺序，如图16-3所示。

3. 埃及地毯织机及地毯

（1）织毯历史：埃及人很早以前就开始使用立机织毯了，如图16-4所示。地毯织机分布广泛。靠近金字塔的吉萨的地毯手工作坊较出名，该织机的原料是针状桃木。

手工地毯编织是埃及一项极具历史、文化和地域特色的传统技艺。公元前3000年，北非尼罗河流域居民织制亚麻地毯，并饰以色彩鲜艳的布边；公元前1449—1423年，埃及已经可以织制多彩提花地毯；目前保存最好的要算法国里昂织物博物馆中4—5世纪间遗留下来的埃及提花织毯。

图16-3　双轴织机

图16-4　埃及地毯编织和纹样

（2）地毯特色：埃及的手工地毯闻名遐迩，在阿拉伯世界独树一帜，图案以阿拉伯自然风光为主，色彩丰富、用料考究、织法细腻，采用8字结，图案精美，充满了大自然的气息，深受许多顾客的青睐。地毯也是埃及人生活中非常重要的物件。除了用作家庭装饰外，人们每天数次的祈祷也多是在小地毯上进行。

（2）地毯题材：埃及地毯的题材非常丰富，其中表现出来的埃及固有的历史、地域的神秘和典雅，受到了世界各地收藏家的追捧。主要题材有：①“金秋”系列，以花卉、瓜果图案为主，色彩艳丽，富有动感；②“尼罗河”系列，古朴神秘，充满浓郁的古埃及地域特色；③“银河”系列，具有星空般的绚烂色彩，现代前卫；④“宫殿”系列，庄重典雅；⑤“田园”系列，清新质朴；⑥“钻石”系列，绚烂华美。如图16-5所示。

图16-5　埃及地毯纹样

三、古埃及“哥普特”纺织艺术

1. 纺纱与纱线染色

古埃及手工拈纱和纺锤拈纱同时存在。纺纱出现之后便是纱线染色，主要用一种纤维染剂浸泡，以此提高吸色率，比如红色染料就曾经从埃及的茜草中提取，也用胭脂红代替过，蓝色染料则从埃及本土出产的法优姆或者一些进口的材料中提取，其他的色彩则由红、黄、蓝等多种颜色混合而成。

2. 古埃及哥普特人传统织机的演变

哥普特人使用的立式织机被称为织毯机，有两根经轴，经线一般安装在两根经轴之间，下面的经轴则卷好已经织好的织物。哥普特纺织一般是按照花样底稿来织造，如图16-6所示。

图16-6　哥普特立式织毯机

虽然立式织机广泛使用，但是人们还是没有放弃采用卧式织机的想法，到了3世纪的时候，哥普特人开始从波斯引进手工提花织机，中国发明的手工提花织机也开始在埃及出现。为了制作希腊袍服的编织花边，哥普特人发明了一种特殊的工具——卡片式织机。埃及的织匠们按照底稿上的勾线来织造，人们在埃及发现了两片莎草纸，纸上图样与织物上的极为相似，人们认为这就是花样底稿。

3. 古埃及麻纺织

从第一王朝时期开始，麻布不仅是人们主要的纺织品，同时也被人们视为神圣、高贵的纺织物。麻手工业是当时古埃及的支柱产业，麻纺织带动了古埃及的经济发展，人们对纺织也进行了相应的分工，比如男性负责种麻、抠麻、打麻等烦琐工序，女性则纺麻、织布。麻布除了用作服饰以外，还用于制作室内用品与木乃伊，木乃伊常用回收的旧麻布包裹里层，将新布包在外面。麻布还可以用来换取食物和支付工钱。

第二节
印度洋岛国——马达加斯加纺织非遗技艺

马达加斯加是位于印度洋西部的非洲岛国，隔莫桑比克海峡与非洲大陆相望，是世界第四大岛屿，非洲第一大岛屿。

一、单综织机+妆花技法

马达加斯加织机类型丰富，其中最常用的是单综织机，如图16-7所示。几乎全部采用白经彩纬、纬线显花、过管挖花的妆花技术。自然开口和提花开口是通过操纵开口木杆形成的。单个综片被安稳地放置于支架上，连续的经线装在两个轴面上。马达加斯加东南部的一些部落则使用腰机。

二、高地织锦机

高地织锦机是指马达加斯加安塔那那利佛附近高地地区的织机，带一个简单的框架。有一排叫作“haraka”的综杆，可以用来提升经线，综杆使用灵活，可以为织造图案而自由增加综杆排数，如图16-8所示。所生产的织物宽0.8～0.9 m，长2.5 m。

马达加斯加高地织机

图16-7 单综织机+妆花技艺

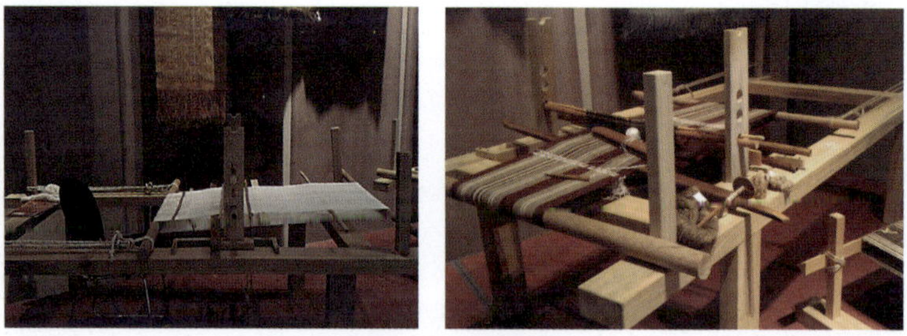

图16-8 高地织机

三、阿克索（Akotso）织机

阿克索织机来自马达加斯加安巴拉沃地区。Akotso的意思是“边界”，因其大幅的条纹边而命名。这类织机与高地织锦机的不同之处在于它的综杆只有一种模式，没有单独为图案的织造而设置的综杆。织工们需记住图案构成，然后使用提花的纬线来织造，图案部分的材质经常是用白色的棉线，如图16-9所示。

马达加斯加酒椰缬染织造和阿克索织机手工挑花

四、酒椰纤维织物

椰棕榈叶纤维是一种从原产于马达加斯加酒椰棕榈树的叶柄中获得的强韧纤维组织。酒椰棕榈叶纤维颜色鲜明，通常一束为一磅重，是织布、线、编织竹藤器具以及其他工艺品的常用材料。

酒椰纤维织物采用缬染絣经织机织造，如图16-10所示，即先按图案扎染酒椰纤维的经纱，再絣经织造，缬染絣经织物如图16-11所示。

此外，马达加斯加代表性妆花织物，以块格纹样为特色，通经断纬织造，难度大，色彩艳丽，对比强烈，以人物和动物、植物题材为主，充满岛国风情，如图16-12所示。

图16-9 阿克索织机

图16-10 缬染絣经酒椰纤维织物织机

图16-11 絣经织物

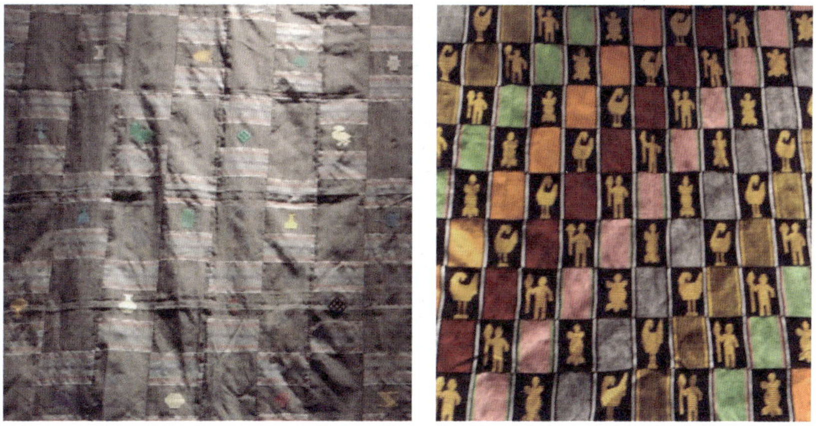

图16-12 马达加斯加妆花织物

第三节
西南非——加纳纺织非遗技艺

加纳肯特布织造

一、加纳织机

在西非加纳（Ghana）地区，人们主要用一种双轴织机来织造经显花的窄条纹织带，如图16-13所示，这些织带会边对边地缝到一起。在加纳南部，织机都有两个甚至三对综，织工们能够织出纬显花和经显花织物，织物通常带有纬浮图案。

各种加纳织机中，三对综的使用是亚桑织机中最复杂的技术之一。埃维地区的织造传统是用两重经线生产，两重经显花织物。

二、肯特（Kente）布——狭长的华丽衣料

肯特布是西非最著名的布料，其织造过程和成品，如图16-14所示。通常织成3～5 英寸宽，5～6英尺长的狭长的条状。单条的肯特可以作为头巾，也可以作为围巾送给尊贵的客人（类似中国藏族的哈达）。多条肯特可以拼缝在一起作为衣服，男子的布料最多可以拼缝24条，面幅5×8英尺，而女子的上下两件套通常需8～12条拼缝。肯特布的图案有很多，而且男人和女人所穿的图案是不一样的，不同的图案也都有不同的名字。

图16-13　加纳织机

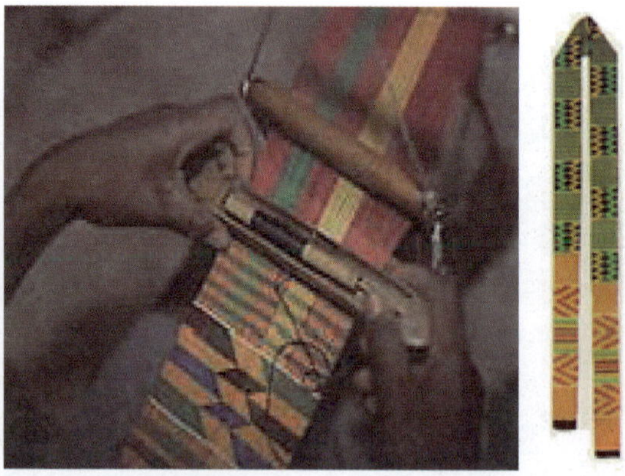

图16-14　肯特布的织造

肯特布以往属于王室贵族的专用面料，随着社会的发展，后来一些中产阶级也都穿上了肯特布。用肯特布制作的服饰通常只有在重要的场合才会穿，例如：婚礼、葬礼、聚会、庆典，等等。虽然肯特布都是普通工匠手工织成，但由于价格比较贵，所以一般的普通老百姓还是很难拥有一块属于自己的肯特布。肯特拼缝的服装如图16-15所示。

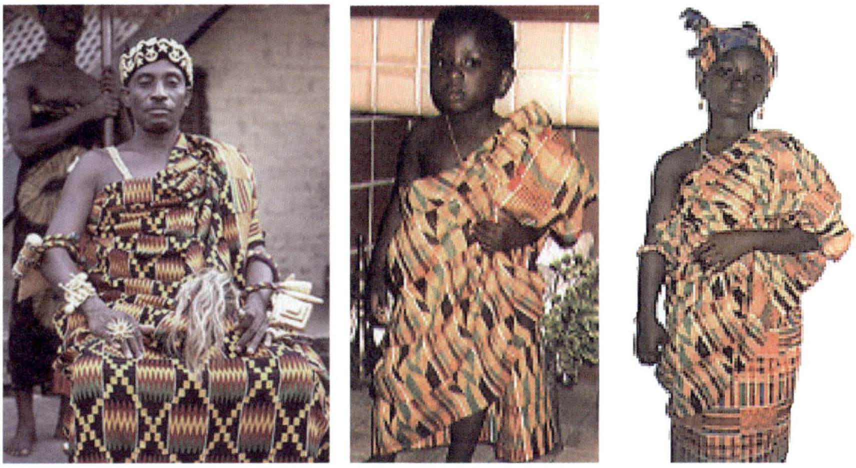

图16-15　加纳肯特织物拼缝的服装

三、阿丁克拉布（Adinkra）——符号织物

阿丁克拉符号源自阿散蒂王国，如今已成为加纳的象征。每个符号都具有各自特别的含义与概念，或者指代某种事物，或者传达传统智慧，还经常与谚语联系在一起。这些符号被广泛用于织物纹饰，如图16-16所示。传统上，只有王室和宗教领袖在特殊场合时，才会身穿阿丁克拉布料所围的服饰，但现在任何人都可以穿着；随着近年来旅游业的兴起，在T恤、珠宝等观光产业上，也可以看到它的应用。

图16-16　符号印制模板和织物

制作阿丁克拉布料需要一种坚硬树皮Badie所制成的染料，在白色、黑色或深褐色的棉布上印制花纹。将树皮泡水一天后，再将其敲打出汁，接着沸煮两天，便会得到黑色黏稠的染料Adinkra Aduru。压印前，先在布面上使用刷子刷出方格，然后在每个方格中盖上具有象征意义的阿丁克拉符号，一件经典的阿丁克拉织品就完成了。

加纳传统纺织技艺介绍

加纳传统服饰面料画廊

第四节
东非——埃塞俄比亚纺织非遗技艺

埃塞俄比亚民族服饰面料展示与织造

埃塞俄比亚是东非古国，具有3000年的文明史，有自己的文字——阿姆哈拉文。埃塞俄比亚首都亚的斯亚贝巴是非洲联盟的总部的所在地。阿姆哈拉民族服装用质地细软的薄棉布Mulmul制作，然后在衣襟、衣领、袖口处再缝制装饰纹样，如图16-17所示。

一、民族服装面料Mulmul织造流程

埃塞俄比亚民族服装面料Mulmul采用传统双综双蹑、脚踏开口、手工抛梭的织机织造，织造流程如下：先根据纹样需要，对纬纱绑扎后进行缬染，绞纱自然晾干后，将绞纱绕于4根间距约10 m的垂直或水平的木杆上进行整经，整经后经纱穿入综框和筘中；纬纱用摇纱架卷纬，如图16-18所示；然后在双综双蹑织机上织造。如图16-19所示，织造平纹漂白织物时，采用手动抛梭、脚踏开口，两页综通过辘轳吊挂于上部横杆上。因为经纱较粗、织物密度不大，故不需要经纱上浆。

埃塞俄比亚民族服饰画廊

图16-17 阿姆哈拉族服装

图16-18 摇纱作纬

图16-19 平纹织造

二、面料花纹

阿姆哈拉民族服装面料花纹装饰的织造方式有三种：缬染纬纱絣织、色纬在机上挑花与面料绣花。

（1）缬染纬纱絣织：按花纹设计，对白色纬纱进行局部扎染（缬染），再在织机上絣织，在经纬交织过程中，缬染点有规律地出现在不同部位，并和相邻纬纱的缬染点组成花纹，组织仍为平纹，如图16-20所示。

（2）纬纱挑花：白经色纬，根据花纹需要，利用不同颜色的纬纱在经纱上下挑织，花纹精细、随心所欲，但费工费时，如图16-21所示。

（3）绣花：利用色线在服装对襟、衣领、袖口、前片绣上花纹，一般是几何纹样，颜色一般为亮丽的原色，如黑色、金色、蓝色，尤以红、绿、黄的国旗色较为常见。

图16-20　缬染后絣纬平纹织造

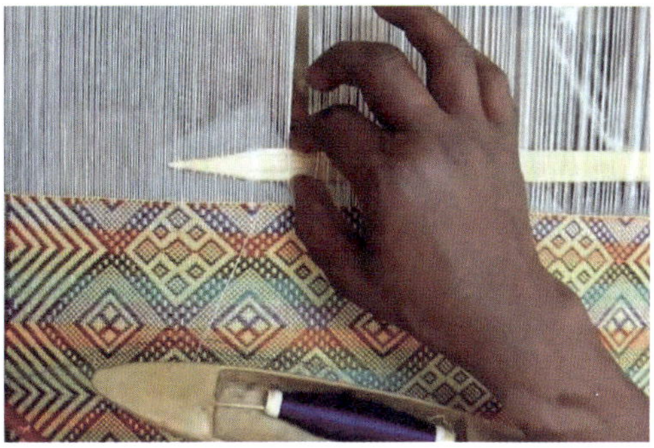

图16-21　纬纱挑织花纹

第五节
西非——尼日利亚纺织非遗技艺

尼日利亚
传统纺织技艺

尼日利亚位于西非东南部，总人口2.1亿，是非洲第一人口大国，同时也是非洲第一大经济体。尼日利亚传统纺织技艺归纳如下。

一、阿克维特布（Akwete）

尼日利亚传统
纺织服饰画廊

阿克维特布是尼日利亚伊博人出产的一种独特的手织纺织品，因尼日利亚阿比亚州的阿克维特镇而得名。是以剑麻、大麻、棉花或其他纤维加工而成的。粗糙的椰子纤维材料过去用于制作战士的头盔，现在则用于制作假面舞会的道具；大麻材料被用来编织毛巾、绳子和手提包；更舒适和艳丽的棉纺则被用来编织日常穿着的布料。

织造阿克维特布的织机有两种类型，即男性使用的水平织机和女性使用的立式织机。如图16-22所示为立式织机和织物。传统上，大部分的纺织工作都是由妇女完成的。通常经线为布料提供一个纯色的背景，如果使用两种颜色的经纱则会产生混合的颜色效果。当经纱是一种颜色，而底纬是另一种颜色时，也可以产生彩虹色效果。织物可编织为单面或双面。

图16-22　立式织机和阿克维特布

二、阿迪尔蓝染布（Adire）

尼日利亚西南部约鲁巴的蓝染工艺技术有着千年历史，这种蓝染技术称为阿迪尔（Adire），约鲁巴语中即代表“绑”和“染”的意思。

当地妇女们会采集具有蓝靛素的植物叶子，干燥后制成球状，再添加碱性溶剂发酵后进行染色，布料绑成的样式不同，染出来的花纹也会有所不同。如图16-23所示。除此之外，约鲁巴族妇女也会在未染色的棉布表面涂上面粉糊或木薯粉糊，待面糊干了之后拿去染色，涂有面糊的部分则不会染上蓝色，使布匹上的花纹更精美，如图16-24所示。

图16-23　阿迪尔蓝染布

图16-24　以羽毛沾取木薯粉糊绘制花纹

第六节
西北非——马里泥染布技艺

马里泥染布

马里是西非面积第二大的国家，也是一个内陆国家，其疆土从南方的热带草原一直延伸至北边的撒哈拉沙漠中心，农业是马里的主要产业。马里的农用地只占国土面积的2%，但80%的劳动力都从事农业劳动。马里南部温暖且相对湿润，自古适合种植棉花，大多数人集中在南部，这也促进了织布与泥染技艺的发展。

一、泥染布溯源

泥染布原名为Bògòlan或Bògòlanfini，来自西非马里的班巴拉语，Bògòlan的意思是“用泥做成的”，而fini则是指“布料”，因此又有泥布之称。马里的泥染工艺流传超过800年，最远可追溯到12世纪，由当地的班巴拉民族发展出来。在班巴拉人的传统生活里，泥染布举足轻重。对于男性猎人来说，泥染布表达了与自然的联结和对自然尊敬，给予他们面对挑战的勇气；而在一些特殊的场合与仪式中，比如出生、结婚、生产或是葬礼时，女性则会穿上泥染布缝制的服饰。

泥染布上的几何图样是抽象的文字记录，描绘了他们的日常生活、历史事件或英雄事迹，如图16-25所示。传统上，泥染布的制作都是女性完成，由母亲传授给女儿，带着女儿一起从捻线、编织到染色。近年来，因为欧美市场对泥染布的需求大增，使得许多年轻男性也加入了制作。

图16-25　班巴拉泥染布

二、泥染工艺的步骤（见图16-26）

（1）捻线纺织：使用当地种植的棉花，手捻成线后以当地传统织带机（double-heddle strip loom）编织成15 cm宽的棉布，并进行一次水洗曝晒。由于织带机的宽度有限，所以多数泥染布由幅宽不大的布条拼接而成。

（2）泥染料制作：从池塘中挖出泥浆，置放发酵数月至一年。

（3）基础染色：将西非特有的落叶乔木和灌木的枝叶敲打出汁后，泡入水中一整天或直

图16-26　泥染布加工

接一同滚煮数分钟，即可得到富含单宁酸的褐色染料；将布料浸泡其中，待其呈现深黄色后再拿出晒干。此步骤让布料之后能与泥浆充分结合。

（4）泥染上色：使用树枝或金属工具，进行彩绘上色。待干燥后，沾有泥浆的地方会变成浅灰色，以清水洗净去除多余的泥浆。重复2～3次，使沾有泥浆的灰黑纹路颜色变深。

（5）其他色染制：结合不同的染料，染出其他的颜色。完成整块泥染布的流程需花费数周。

第七节
西南非——科特迪瓦泥染布

科特迪瓦传统纺织技艺

一、科霍戈泥染布（Korhogo）艺术溯源

科特迪瓦位处非洲西部，靠近赤道且临海，气候温暖湿润，十分适合棉花种植，全国以农业为主要的产业。科霍戈泥染布技艺是由居住在科特迪瓦的北部的塞努沃族（Senufo）人发展起来的。塞努沃族人认为天地万物——自然、动植物、环境与气候都是有灵魂的，他们的手工艺品闻名世界，充满了艺术色彩，其中多以文化主题和宗教信仰为特色。到了当代，“塞努沃”一词已经成为艺术收藏领域的一个类别，代表着西非的传统艺术，并且陈列于世界知名的博物馆中。

二、科霍戈泥染布（Korhogo）技艺

科霍戈布与西非马里的泥染布有异曲同工之妙。科霍戈布从棉花生产、捻线、织布到染色都是纯手工完成，由妇女将棉花捻成线并制作染剂，男性则负责织布及绘制花纹，如图16-27所示。

图16-27　织布、制泥及花纹绘制

传统的科霍戈布是白底，然后使用混合发酵泥巴与煮过的树叶汁液进行绘画，使图案带有黑色或深褐色的线条。红色、赭色与黑色搭配为主要的颜色。

最开始绘制科霍戈布的工具是刀，先用刀沾上泥巴与树汁制成的涂料，在布面上压出刻纹，进行第一次构图；然后再将其他颜色的染剂滴在草图上，第一层染剂所形成的毛细现象，让第二次滴上去的颜色不会晕开到其他地方。

图案通过对动植物、太阳、月亮等元素的描绘，表达人们对于自然的敬重和人与自然的关系。每一种动物和自然元素都有其特别的含意，例如名为珠鸡的鸟类，代表女性的内在美；鸟象征自由，鱼象征活力与丰收，蛇象征大地富足，猎人象征人生的奥妙，山羊代表男性的实力，雄狮象征王权等，如图16-28所示。

图16-28 泥染布的图案元素

科特迪瓦传统服饰面料画廊

第八节
非洲典型传统织机和技艺图例

非洲典型传统织机和技艺图例

非洲典型传统织机如图16-29～图16-35所示。

图16-29 加纳肯特双综双蹑织机与花纹编织

图16-30　北非织毯机

图16-31　尼日利亚立式织机

图16-32　非洲腰机

图16-33　马里双综双蹑织机

图16-34　拖拽式经纱张力调节方式

图16-35北非通经断纬花纹织造技艺

第十七章　南美洲、中美洲和北美洲纺织非遗技艺

本章内容：

（1）南美洲秘鲁的印加原住民羊驼毛纺织技艺；

（2）南美洲玻利维亚的印第安原住民挂毯和织锦技艺；

（3）中美洲危地马拉的玛雅人传统织锦和缬染技艺 ；

（4）北美洲墨西哥印第安人织毯和绒线编织技艺。

第一节 秘鲁印加原住民的羊驼毛纺织技艺

秘鲁披肩制作

秘鲁披肩画廊

一、秘鲁的原住民印第安人织机

秘鲁为古代印第安人建立的印加帝国所在地，是南半球安第斯文明的发源地，1533年沦为西班牙的殖民地，1821年独立。

1. 秘鲁腰机

最简单的织机基本上由两根棍子组成，在安第斯山脉地区从公元前2500年使用到今天。纱线以垂直方向交织，使用单、双、三重的经纬线，能够织出复杂的纺织结构。纹样完全依赖于织工的创造和记忆。在一个没有文字的文化中，前哥伦布时代的纺织者从历史中汲取知识，代代相传。

如图17-1所示的腰机是传统的安第斯织布机，来自秘鲁钦切罗区，钦切罗是位于乌鲁班巴省的一个小镇，海拔 3763 m，当地专业的织工闻名遐迩。

图17-1　秘鲁安第斯山印加原住民腰机

图中腰机上有一部分已经织好的用作妇女肩部斗篷的织物。完成的织物由两部分组成，沿着中心缝合在一起。

2. 秘鲁脚踏多综多蹑织机

除了腰机，秘鲁印加人还使用着殖民前的脚踏式多综多蹑织布机，即踏板织机，如图17-2所示。这种织机幅宽较大，织造简单花纹织物的效率较高。如果需要织造复杂花纹的织物，则采用通经断纬的妆花技艺。

图17-2 秘鲁印加人踏板多综多蹑织机

二、秘鲁传统羊驼毛纺织工艺

1. 捻线

秘鲁塔奇丽岛受殖民文化影响相对较小，还维持着殖民前的原始传统和生活习惯，包括善于纺织的男人。秘鲁作为羊驼种群最多的国家，羊驼毛产量世界第一。羊驼毛比马海毛更细，更柔软，纤维是中空的，具有14种天然的颜色，其强力和保暖性均远高于羊毛。如今的秘鲁纺织品因羊驼毛而在世界范围内大受欢迎。

从羊驼身上薅下的毛，会先放入泡有树叶和果实的水中清洗几下后进行漂白，待其晾干后再捻成线，如图17-3所示。

2. 靛蓝提取

在安第斯山脉地区，纺织和染色工艺都有着悠久的历史。在普雷塔遗址Huaca Prieta的纺织物中，人们竟然发现在约6200年前的织物上有靛蓝染料的痕迹，将人类使用靛蓝染料的记录往前推了约2000年。

与其他一些天然有色物质不同，靛蓝染色比较烦琐：人们需要将植物提取物经过发酵等一系列处理，染色时利用还原反应把靛蓝变成靛白，再溶于碱液，染色之后在空气的氧化作用下，靛白再慢慢变回靛蓝，这才有了最终的蓝色，如图17-4所示，而这样复杂巧妙的工艺，秘鲁人6200年前就已经掌握。

3. 毛线天然染料染色

印加人使用的所有染料均源自大自然，比如仙人掌上的白色真菌就是红色的颜料，无论是仙人掌、西红柿、土豆，还是各种树木枯枝或叫不出名字的植物叶子，都是印加妇女的染料来源，如图17-5所示。经过世代传承，她们知道任何一种颜色的出处。

妇女将从植物中提取的染料放入锅中，用炉火加热，然后再将毛线放入锅中煮，如图17-6所示。约一个小时的水煮之后，将毛线取出放在太阳底下晾晒，待其变干，就可以收获各种颜色的毛线了，如图17-7所示。

图17-3　捻线

图17-4　靛蓝染料

图17-5　植物染料

图17-6　毛线染色

图17-7　染后晾干的毛线

4. 整经

将染好晾干的毛线，绕过两根垂直的木柱整经，圈数与织物全幅根数相适应；色纱排列与织物中的经纱排列相符，如图17-8所示。

5. 上机

整经完成后，前端绕经纱的木柱两侧用粗绳固定，粗绳中间呈环状挂在地面的木柱上或者房梁上，织工在经纱后端坐好，绷紧经纱，如图17-9所示。

图17-8　整经

图17-9　上机

6. 分经

将一个分经杆按经纱排列的奇偶数分开两层穿入，形成类似梭口的开放区，例如奇数经纱在杆上，偶数经纱在杆下，再将一根细绳一端固定，另一端沿分经杆以螺旋线形式分上下依次绕过奇数经纱和偶数经纱，这样当分经杆提起时，经纱被分成上下两层，这实际上是穿综的过程。

（1）单综形式：对于手工挑花的织造形式，采用单综形式即可，即只要将经纱分成两层，以便手工挑花织造，如图17-10所示。

（2）多综形式：对于除了花纹，还有基础组织如平纹、斜纹、菱形花纹的织物，可采用多综形式以减少挑花工作量，即使用若干分经杆以不同次序将螺旋线绳绕过经纱，当提起不同分经杆时，螺旋线绳带起不同排列位置的经纱，相当于提起不同的综页，引入纬纱与经纱交织成不同的组织规律。当然多综形式也可进行复杂花纹的挑织，可以用多综织造不需要花纹的地部，如图17-11所示。

图17-10　单综挑织

图17-11　多综织造

7. 挑织

经纱经分经杆分开后，由铲纬刀扩大和稳定梭口，然后手工进行花纹挑织，花纹意匠全在当地印加人的心中，无须对照纸质纹样，有通经通纬和通经断纬两种形式，如图17-12所示。成品和日常应用实例如图17-13所示。

图17-12　花纹挑织

图17-13　成品和日常应用实例

三、秘鲁传统印加原住民传统纺织品

1. 秘鲁印加原住民纺织品应用

在秘鲁，纺织品代表了古人的智慧和今人的传承，同时也承载了众多节庆仪式中的重要元素。人们用纺织品纪念地球母亲Pacamama，也用它作为求爱的礼物，这些传统至今仍在延续。

秘鲁纺织品最具特色的是印加艺术风格的羊驼毛提花织物，如图17-14所示，用于外衣面料、裙子、披肩、斗篷、帽子、围巾、毛毯等，这些温暖又多彩的织物仿佛就是秘鲁给人们留下美好印象。

（1）男人帽子：男人的帽子编织技艺的高低代表着其生活能力的强弱，做出的帽子越精致细密，他在婚恋市场就越“紧俏”。

名为Chullo的帽子多半采用当地羊驼毛，由父亲为儿子编织，它们通常内外都有花纹，可两面穿戴，还会有垂下的耳罩，用以保护耳朵，如图17-15所示。

图17-14　印加原住民羊驼毛织物

图17-15　印加原住民帽

（2）日历腰带：腰带在秘鲁是记述一年仪式、农业活动的日历，这项工艺在2005年被联合国教科文组织列为人类非物质文化遗产，如图17-16所示。

（3）帕拉卡斯毛毯：秘鲁人纺织毛毯的历史最早可追溯到1万多年前，甚至早于制作陶器的时代。举世闻名的帕拉卡斯毛毯，最早可追溯到公元前600年左右。干燥的沙漠为物品的保存创造了得天独厚的条件，出土的帕拉卡斯毛毯残片如图17-17所示，人们在两千多年后还可分辨出约100种颜色。

图17-16　印加原住民日历腰带

图17-17　出土的帕拉卡斯毛毯残片

2. 秘鲁印加原住民纺织品的艺术特色——钻石纹样，彩虹色

（1）钻石（菱形）配彩虹色：安第斯山脉地区的古印加人信奉多神，有的和动物相关，有的和自然相关，比如太阳神因蒂（Inti）、月亮女神、大地之母以及彩虹神等。彩虹神被印加人认为有着彩虹的七彩之光，人们为她建神庙顶礼膜拜，并相信春天里苏醒的双头蛇会化身为彩虹，横跨天宇，在另一个春天到来之际入土消失。彩虹神法力无边，是风调雨顺的象征。因为一旦彩虹当空，就意味着秘鲁雨量充沛的季节到来了，万物将随之蓬勃生长。

印加帝国虽然早已消失在历史的长河里，但是印加的文化和传统纺织技艺却传承下来。安第斯山脉地区纺织品的典型特征是钻石（菱形）的纹样和强烈的色彩，并采用渐变色实现由明到暗的过渡，如图17-18所示。这里的印加原住民从头到脚的服装色彩和层次极为丰富，但又惊人的和谐。

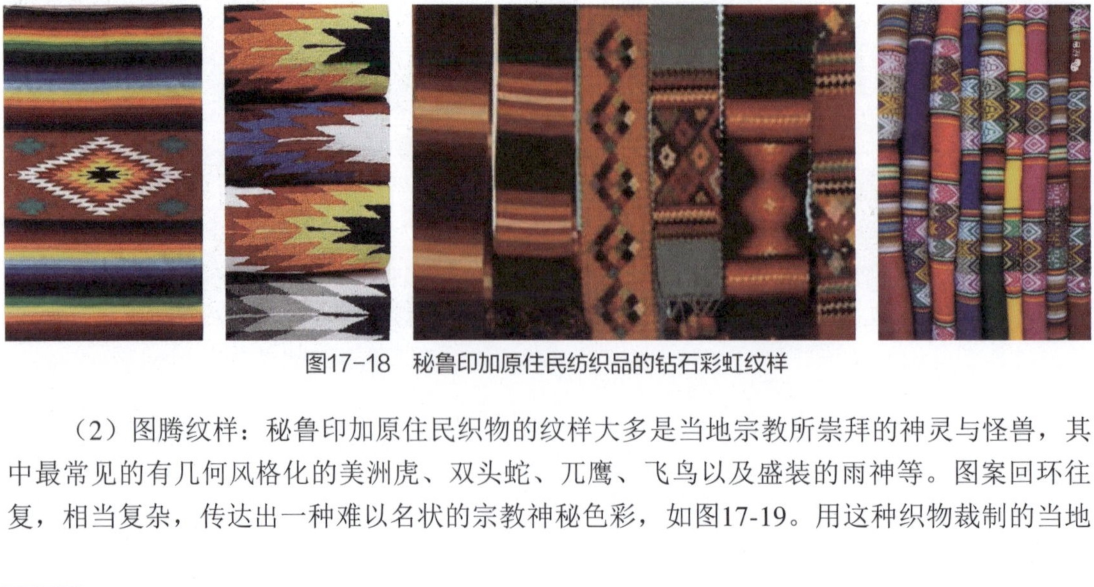

图17-18　秘鲁印加原住民纺织品的钻石彩虹纹样

（2）图腾纹样：秘鲁印加原住民织物的纹样大多是当地宗教所崇拜的神灵与怪兽，其中最常见的有几何风格化的美洲虎、双头蛇、兀鹰、飞鸟以及盛装的雨神等。图案回环往复，相当复杂，传达出一种难以名状的宗教神秘色彩，如图17-19。用这种织物裁制的当地

最流行的套头衫，其实仍是一整块布料，只是在其中部有一开口，穿着时，只需将其套于头上即可，是一种穿着极为方便的服饰。

图17-19　图腾纹样

第二节
玻利维亚印第安原住民挂毯和织锦

玻利维亚挂毯织造

玻利维亚是位于南美洲中部的内陆国家，13世纪为印加帝国的一部分，1538年沦为西班牙殖民地，1825年独立。玻利维亚人口主体为印第安原住民。

一、玻利维亚印第安原住民挂毯技艺

玻利维亚织毯和织锦画廊

玻利维亚印第安妇女们用羊驼或者羊的毛捻线，再用天然的植物煮出来的染料将其染出颜色，紫色就来自当紫黑色的玉米。

有一种挂毯叫Axsus，以染成红黑两色的羊毛织就。这种织物最早仅作为衣服上的装饰品，现在为挂毯。其图案纹样由复杂的几何图案和动物图案构成，颇具神秘色彩。

当地织造挂毯的织机是一种仅有一页综的立式织机。操作时，织女拉起分经杆，分经杆带动下边的环形线圈将部分经纱提起，再引入纬纱按花纹需要交织，构成图案，如图17-20所示。

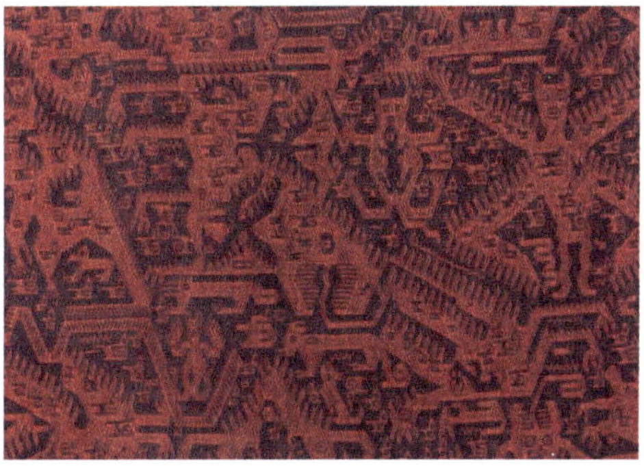

图17-20　Axsus挂毯及在立式织机上挑织操作

二、玻利维亚印第安原住民织锦的艺术特色

玻利维亚印第安原住民采用立式织机手工挑织织锦织物，如图17-21所示。这种织物纹样来自大自然的动物、植物以及生活中的方方面面的细节，如狩猎、耕作、舞蹈、庆典、房舍、宗教等，有四周有几何纹样衬托中心主题，整体规整，逼真细腻，配色和谐，画面感强。图17-22～图17-24所示为玻利维亚苏克雷（西班牙语：Sucre）土著纺织品的博物馆藏品。

图17-21　立式织机织造

图17-22　动物纹样织锦

图17-23　庆典纹样织锦

图17-24（a）　日常劳作题材纹样织锦（局部）

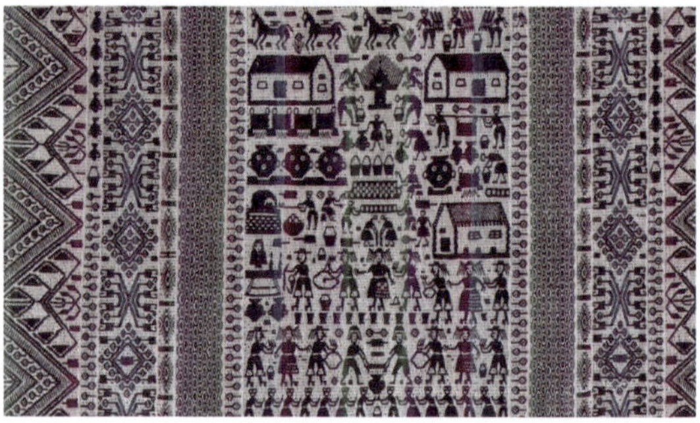
图17-24（b）　日常劳作题材纹样织锦（局部）

第三节
危地马拉玛雅人传统织锦和缬染技艺

危地马拉玛雅织锦

危地马拉是古代印第安人玛雅文化的中心之一，1524年沦为西班牙殖民地，1821年宣布独立，现代玛雅人仍在传承古玛雅人的文化与技艺。

危地马拉玛雅织锦画廊

一、玛雅人的织锦技艺

玛雅传统纺织材料是棉和龙舌兰的纤维，染料取自动植物。女人们先将

纤维捻线，再用腰机（背带织机）织造布料。她的织造技艺中包含提花技法，用添加纬纱之法（即重纬组织）造出织锦。

（1）纺纱、染纱　采用传统的手锭旋转纺纱，如图17-25所示。玛雅人用的染纱颜料取自植物和动物，比如接益、竹果、金盏花、金银花、胭脂树、墨水树这些植物以及胭脂虫、海螺这些动物，此外还有矿物质染料，如图17-26所示。

（2）整经　按照设计的色经排列和根数在木框上整经，同时按照木框柱的奇偶数排列进行分绞（见图17-27），以便穿入分经线杆、分绞杆、铲纹刀。

图17-25　纺纱

图17-26　纱线染色

图17-27　整经

（3）腰机上机　将整好的经纱片一端用木杆套挂在房梁上，另一端通过腰带挂在织工腰上，靠前后移动调整经纱张力，如图17-28所示，图中最大的铲纹刀有打紧纬纱和稳定梭口以利于引纬的双重作用。

（4）织造　玛雅织锦采用重纬组织，由花纬和地纬交替与经纱交织。

地纬通织：地纬采用通梭织造，手提分经杆将经纱分开梭口，用长管绕一色地纬的纬纱穿过梭口，如图17-29所示。

花纬挑织：采用反织法，花纬为彩色纬线，铲纹刀扩开和稳定梭口，织工根据设计的花纹，挑开经纱将色纬与经纱交织，是通经断纬、纬线显花技艺，与我国织锦技艺异曲同工，如图17-30所示。

图17-28　上机

图17-29　地纬通织

图17-30　花纬挑织

编织于古玛雅人而言不仅是日常用品，也是艺术品，更是家庭财富，编织从来就是玛雅妇女对其家庭经济贡献的核心：制作精美、质地精良的织物经常被作为进献统治阶层的贡品；在某些地区，织物还可以在一定程度上代替货币的功能。女孩的编织手艺也是直接影响其婚嫁的一个重要因素。在玛雅文明里，她们认为是编织使她们与祖先保持联系。女人们为自己和家人编织衣服，她们有深植于心的美学法则，对设计、颜色和风格的选择无不显示对玛雅文化和自身身份的认同。作为编织鼻祖的伊希切尔女神，其形象之一便是坐在一架背带织机上，织机的一头连在她的腰间，另一头系着生命之树。

通常一个社区会有合作社的代表从妇女们手中收集所有的成品织品，合格的织品会被送到裁缝那里制成生活中方方面面都需要的产品。

（5）玛雅织锦作品　玛雅织锦采用妆花技艺、做工精细，以折线、菱形、平行四边形等几何元素构成象形纹样，如树木、神灵、动物等，规整中富于变化，如图17-31所示，通过同色系渐变的晕色来调和对比色，配色和谐，浓而不艳。

图17-31　几何元素象形纹织锦

当地女装类似短袖上衣，古典纹样和现代款式毫不违和，保存着独特的玛雅文化，传统纹样代表了女性的力量和勇气，如图17-32所示，花鸟纹织锦如图17-33所示。

图17-32　玛雅女上装

图17-33　花鸟纹织锦

二、高地玛雅人的缬染技艺

危地马拉玛雅高地的手艺人至今还使用玛雅传统复杂的手工扎染技术染出丰富多彩的图案，以加工玛雅特色的服饰。当地玛雅人称这项手艺为Jaspe。

手艺人要把线绑在杆上，打上百个结，然后把线浸泡到深色染料中，取出来后，把原来的结解开，多样的图案便呈现出来。手艺人用扎染过的线编织成布料，这些布料通常被用来制作玛雅特色女式披肩（tzuts）或裙子（cortes）。具体工艺流程如下。

（1）打结、制作图案　绑扎线须扎牢，染液才不会进入结中，如图17-34所示。

（2）染纱　将线浸泡到染液中着色，如图17-35所示。

（3）晾干　染后挂起来自然晾干，如图17-36所示。

（4）解结　扎线解开后，被覆盖部分原来颜色便呈现出来，如图17-37所示。

（5）整经/卷纬　染好的纱线，按图案对花整经，絣成花型，并完成卷纬，如图17-38所示。

（6）絣织　絣后的经纱在脚踏多综多蹑织机上织造，也可根据扎染纬纱的扎染位置进行絣纬织造，如图17-39所示，成品如图17-40所示。

图17-34　扎结

图17-35　染纱

图17-36　晾干

图17-37　解结

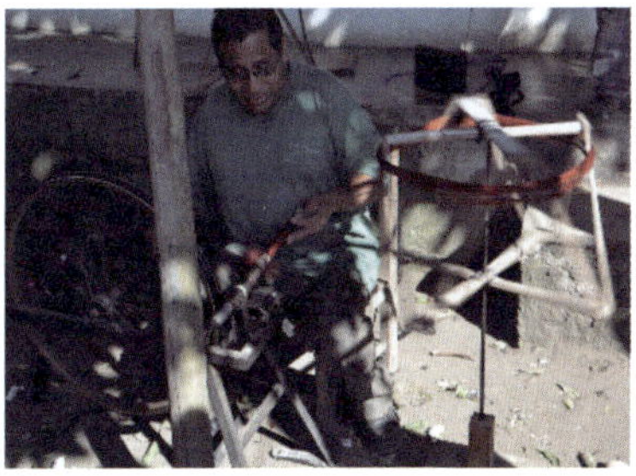
图17-38　整经/卷纬

图17-39　脚踏织机絣织

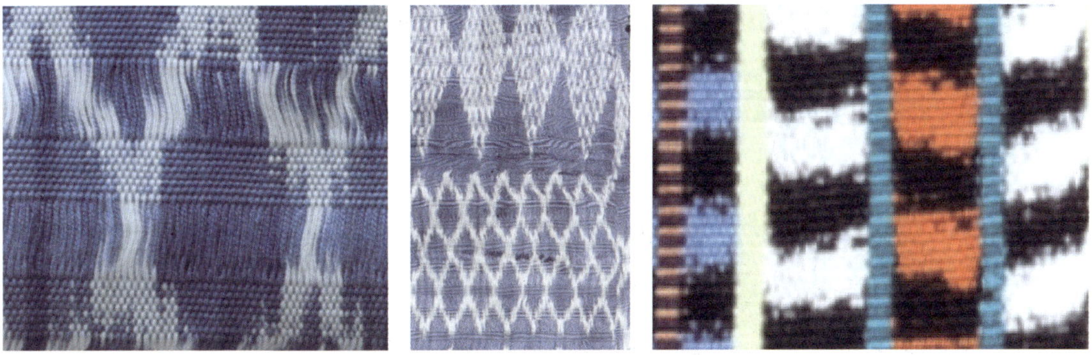
图17-40　缬染织造的成品

第四节
北美墨西哥印第安人织毯和绒线编织技艺

墨西哥是北美洲印第安古文明中心之一，孕育了包括玛雅文明在内的众多印第安古文明。墨西哥是拉丁美洲第二人口大国。

一、墨西哥的织毯技艺

1. 印第安原住民织毯工艺

墨西哥印第安人毛毯做工精细、质地厚实、风格朴实、纹样粗狂大方、色彩热烈。

图17-41所示照片摄于1904年，在一棵巨大的树干之下，印第安一名纳瓦霍族妇女正在树荫中编织毛毯。她所使用的是本民族传统的立式织布机。织造方式为纬向织入毛纱进行分段打结织造，经线用横木杆起到分绞作用，分出奇数经纱和偶数经纱，引入地纬。

图17-42所示为国际友谊博物馆馆藏毛织印第安人斗篷，长150 cm，宽82 cm，为1973年4月墨西哥艺术家赠中华人民共和国国务院总理周恩来的礼物。

图17-41　墨西哥印第安人织毯

图17-42　毛织印第安人斗篷

墨西哥纳瓦霍地毯编织

图17-43　多综多蹑木织机织造毛毯

墨西哥纳瓦霍地毯画廊

2. 多综多蹑织机织毯

墨西哥毛毯采用多综多蹑织机织造，用不同色彩的纬纱通过“通经断纬、过管挖花”的方式进行局部几何花纹的盘织，由于花型规整，织造效率比一般妆花技艺要高，如图17-43。品种有Serapes，Falsa毛毯和Saltillos毛毯等。

3. 墨西哥毛毯的艺术风格

墨西哥毛毯色彩热烈、对比鲜明，纹样以几何纹样为主，以平行四边形元素相互勾连，组成菱形块，多个不同颜色的菱形块向心排列，组合成一个整体，间或配以渐变色或对比色，颇具热带风情，如图17-44所示。

图17-44　墨西哥毛毯纹样

二、墨西哥的绒线编织技艺

1. “天使之眼”编织技艺

“天使之眼”又叫“上帝之眼”，是墨西哥的民间绒线编制技艺。以前，当墨西哥印第安小孩出生时，父亲会用两支竹子或木条交叉固定住，用毛线或棉线缠绕几圈，往后每年增加一点点，所以“天使之眼”在墨西哥寓意着健康及长寿，起到护佑和祈福作用。目前“天使之眼”主要用于室内装饰，其基本编织方法如下。

墨西哥
天使之眼编织

（1）材料和工具准备：毛线（颜色自选），剪刀，木棍子（可以是筷子、铅笔、干净的树枝等）。

（2）确定中心点：在木棍的中间将毛线的一端绑紧，如图17-45所示。

（3）缠线：用毛线将两根木棍在中间捆绑固定，做成一个十字架的样子。固定十字架后不需要剪断毛线，接着以交叉方式在十字架上缠绕毛线，如图17-46所示。

（4）换色：需要换其他颜色时，将两种颜色的毛线接驳在一起，继续以这样的菱形图案缠绕十字架，如图17-47所示。图案完成时，只要把毛线的末端固定在棍子上即可，成品如图17-48所示。

图17-45　确定中心点

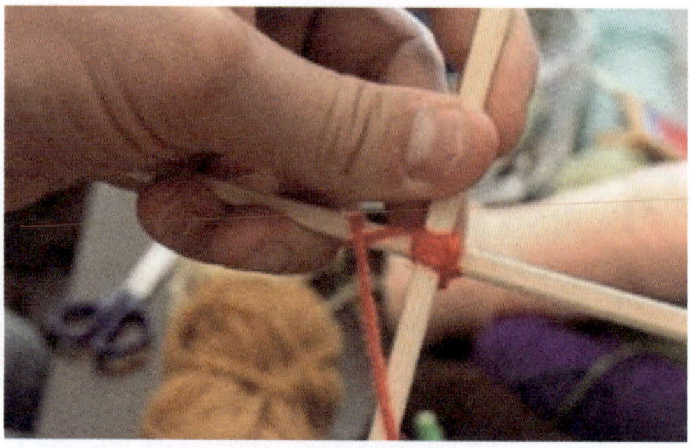

图17-46　缠线

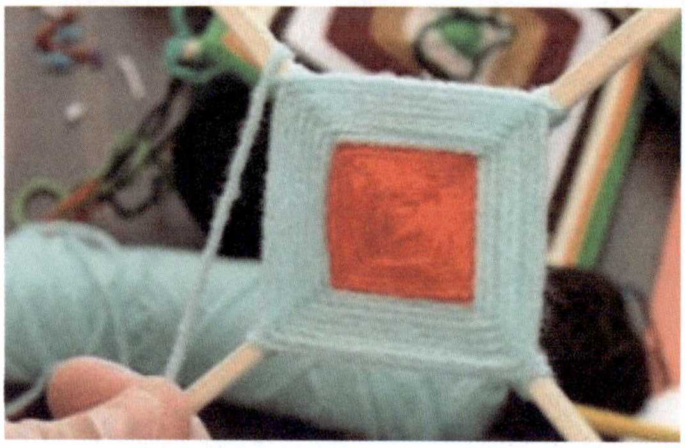

图17-47　换色

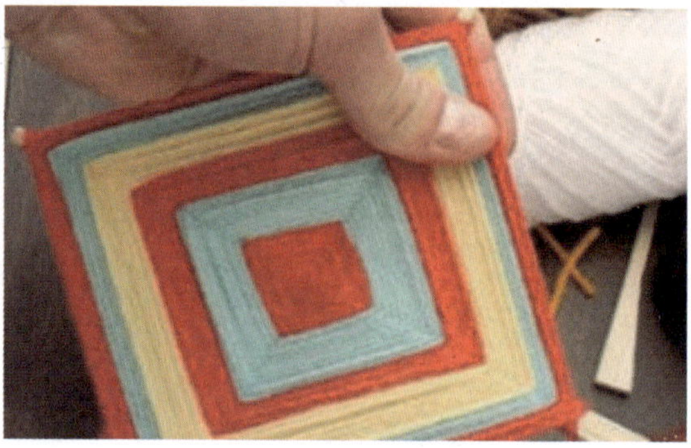

图17-48　成品

2. “天使之眼”编织作品

“天使之眼”编织作品如图17-49所示。

图17-49　“天使之眼”绒线编织作品

参考文献

[1] 佟昀．实用机织面料设计与创新[M]．北京：中国纺织出版社，2018.

[2] 钱小萍．中国织锦大全[M]．北京：中国纺织出版社，2014.

[3] 佟昀．几种仿大提花织物的设计方法[J]．棉纺织技术，2018（1）：61.

[4] 成爱芳，陈文娟，朱军骋．细号高密服装用布的生产实践[J]．棉纺织技术，2007（4）：61.

[5] 佟昀．经向局部管状织物的生产实践[J]．棉纺织技术，2016（8）：71.

[6] 佟昀．基于现代织造工艺的缂丝技艺创新[J]．棉纺织技术，2020（8）：51.

[7] 俞征智，顾平．南京云锦绝艺的手工织造性解说[J]．国外丝绸，2005（1）：38.

[8] 郭永禄．织锦工艺技术的变革[J]．江苏丝绸，2018（8）：37.

[9] 赵阅书．浅析云锦色彩形成因素[J]．江苏纺织，2010（12）：59.

[10] 包铭新．妆花缎初探[J]．华东纺织工学院学报，1983（3）：76.

[11] 李斌，刘安定．中国古代小花楼织机形制的研究[J]．武汉纺织大学学报，2013（10）：6.

[12] 黄利筠，易林．南京云锦纹样的艺术形式及制约因素探析[J]．艺术科技，2016（1）：24.

[13] 佟昀．机织试验与设备实训[M]．北京：中国纺织出版社，2018.

[14] 丁一芳．纹织CAD应用示例及织物模拟[M]．上海：东华大学出版社，2007.

[15] 张文宏．电子提花织机产品设计浅谈[J]．天津纺织科技，2012（2）：15.